Michael Will

Kefalonia · Ithaka Zakynthos

50 ausgewählte Touren

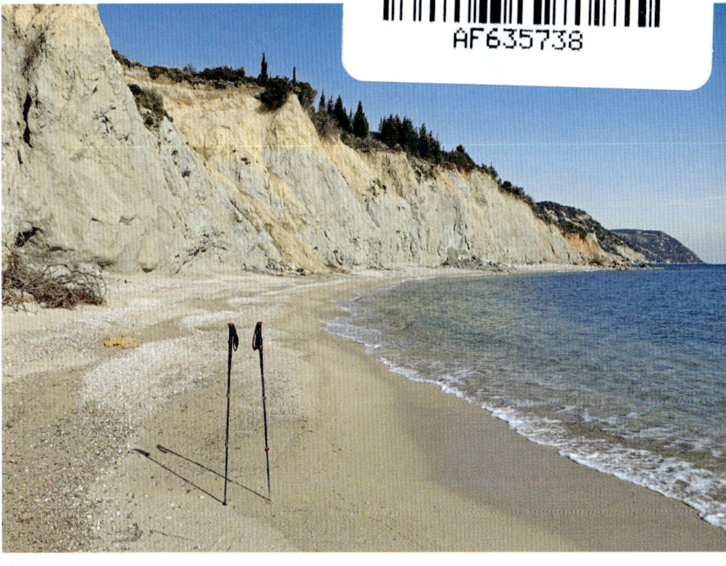

ROTHER
BERGVERLAG

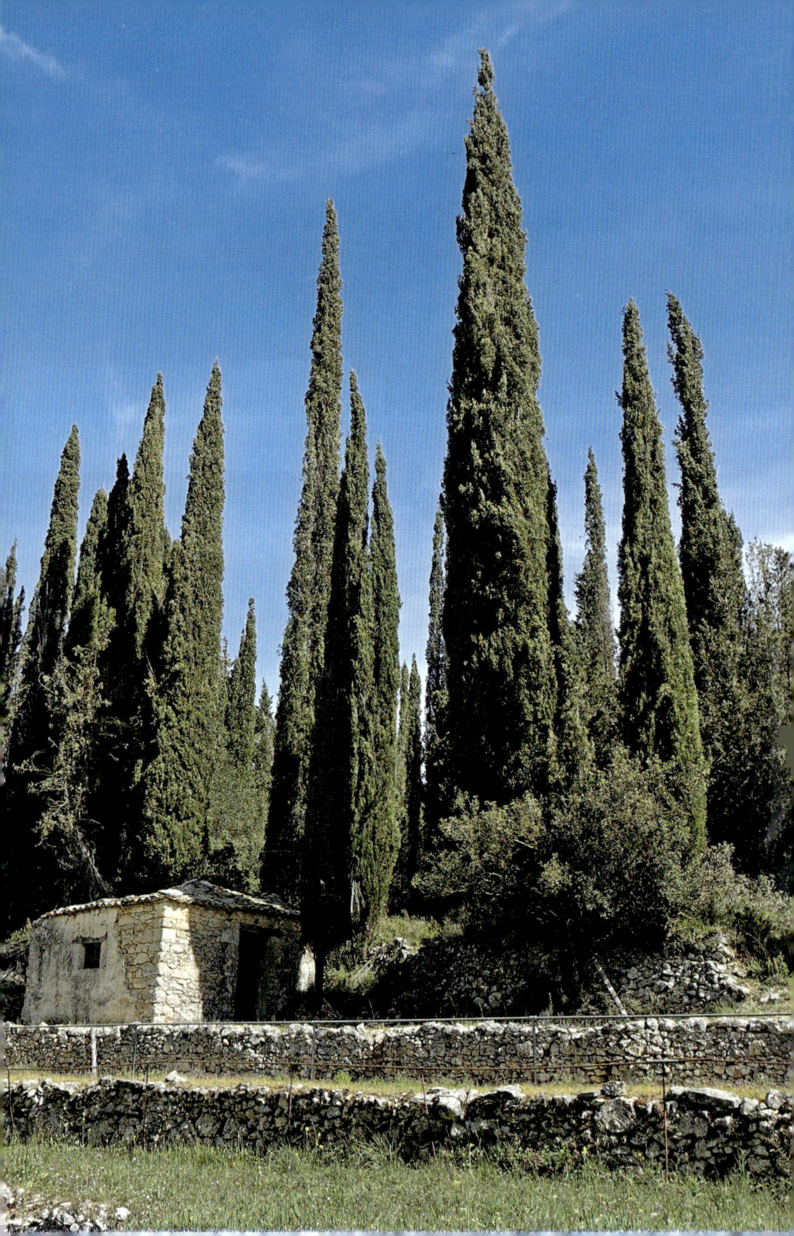

VORWORT

Wenn man die Segel setzt, mit dem Flugzeug aufbricht oder mit dem eigenen Fahrzeug losfährt, so hofft man auf eine Reise voller spannender Erlebnisse und Entdeckungen. Diese Erwartungen werden auf dem insgesamt mehr als 400 Kilometer langen Wanderabenteuer aus diesem Führer mehr als erfüllt: Er beinhaltet 25 Touren auf der Insel Kefalonia – die immer noch ein Geheimtipp ist –, 5 Touren auf der beschaulichen und wildromantischen Insel Ithaka und 20 Touren auf Zakynthos, der Insel der großen Gegensätze.

Die Eilande präsentieren sich mit einer üppig grünen Natur – begünstigt durch die gemäßigten Niederschlagsmengen im Winter – und extrem abwechslungsreichen Landschaften, so zum Beispiel den beeindruckenden Gebirgszügen und dem höchsten Berg im Ionischen Meer. Aber auch eine Vielzahl von Naturwundern gibt es zu bestaunen: einzigartige geologische Phänomene, mit die schönsten Strände Griechenlands, Dünenlandschaften, imposante Steilküsten, Wasserfälle, Bachläufe, unbekannte Höhlen, Lagunen, einsame Höhen, dunkle Tannenwälder, alles eingerahmt vom kristallklaren, türkisblauen Mittelmeer.

Natur ohne Kultur? In Griechenland nicht vorstellbar. Die lange und bewegte Geschichte der Inseln von der mykenischen Periode bis heute hinterließ antike Stätten, uralte Klöster, ehrwürdige Kirchen und ursprüngliche Bergdörfer; viele davon liegen an den hier beschriebenen Wanderrouten. Dabei trifft der Wanderer auf den 50 Touren aus diesem Buch auf insgesamt 147 teils schon bekannte und teils jetzt neu erkundete Sehenswürdigkeiten – literarischer Stoff für gleich mehrere Urlaube!

Gelebte Gastfreundschaft hat in Griechenland eine lange Tradition. Der Gast wird nicht nur kulinarisch verwöhnt, es erwartet ihn auch ein warmherziger Service.

Die drei Ionischen Inseln Kefalonia, Ithaka und Zakynthos sind aufgrund ihrer Vielfältigkeit ein faszinierendes Outdoor-Abenteuer. Wer sie erlebt und bewandert hat, den lässt der ursprüngliche Charme dieser Eilande wahrscheinlich nicht mehr los!

Kiel, im Frühjahr 2024 — Michael Will

Säulenzypressen sind die prägendsten Nadelgehölze des Mittelmeerraums.

INHALTSVERZEICHNIS

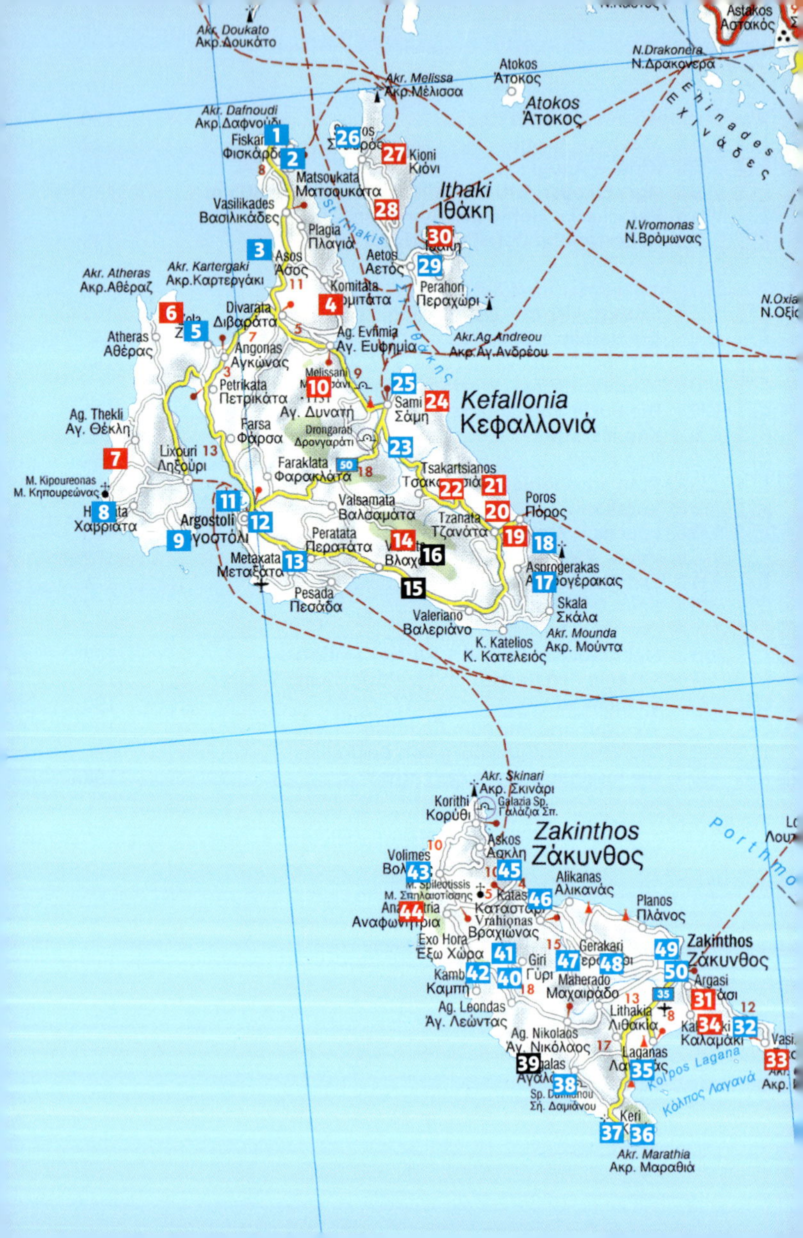
Akr. Doukato
Ακρ. Δουκάτο
Akr. Melissa
Ακρ. Μέλισσα
Atokos
Άτοκος
N. Drakonera
Ν. Δρακονερα
Astakos
Αστακός
Akr. Dafnoudi
Ακρ. Δαφνούδι
Kioni
Κιόνι
Matsoukata
Ματσουκάτα
Ithaki
Ιθάκη
Vasilikades
Βασιλικάδες
Plagia
Πλαγιά
Aetos
Αετός
Perahori
Περαχώρι
N. Vromonas
Ν. Βρόμωνας
N. Oxia
Akr. Atheras
Ακρ. Αθέρας
Akr. Kartergaki
Ακρ. Καρτεργάκι
Asos
Άσος
Divarata
Διβαράτα
Ag. Evfimia
Αγ. Ευφημία
Akr. Ag. Andreou
Ακρ. Αγ. Ανδρέου
Atheras
Αθέρας
Angonas
Αγκώνας
Petrikata
Πετρικάτα
Melissani
Ag. Dynati
Αγ. Δυνατή
Sami
Σάμη
Kefallonia
Κεφαλλονιά
Ag. Thekli
Αγ. Θέκλη
Farsa
Φάρσα
Drongarati
Δρογγαράτι
Lixouri
Ληξούρι
Faraklata
Φαρακλάτα
Tsakartsianos
M. Kipoureonas
Μ. Κηπουρεώνας
Valsamata
Βαλσαμάτα
Poros
Πόρος
Argostoli
Tzanata
Τζανάτα
Χαββριάτα
Peratata
Περατάτα
Metaxata
Μεταξάτα
Asprogerakas
Pesada
Πεσάδα
Skala
Σκάλα
Valeriano
Βαλεριάνο
Akr. Mounda
Ακρ. Μούντα
K. Katelios
Κ. Κατελειός
Akr. Skinari
Ακρ. Σκινάρι
Korithi
Κορύθι
Galazia Sp.
Γαλάζια Σπ.
Zakinthos
Ζάκυνθος
Askos
Volimes
M. Spileotissis
Alikanas
Αλικανάς
Planos
Πλάνος
Anafonitria
Αναφωνήτρια
Vrahionas
Βραχιώνας
Exo Hora
Έξω Χώρα
Giri
Γύρι
Gerakari
Zakinthos
Ζάκυνθος
Argasi
Kambi
Καμπή
Maherado
Μαχαιράδο
Ag. Leondas
Άγ. Λεώντας
Lithakia
Λιθακιά
Kalamaki
Καλαμάκι
Ag. Nikolaos
Άγ. Νικόλαος
Laganas
Kolpos Lagana
Κόλπος Λαγανά
Sp. Damianou
Σπ. Δαμιάνου
Keri
Akr. Marathia
Ακρ. Μαραθιά

ALLGEMEINE HINWEISE

Gehzeiten

Die beiden Hauptkriterien für die Festlegung der Gehzeit sind die zu absolvierenden Höhenmeter und die zu laufende Wegstrecke. Als Referenzwerte wurden herangezogen: je nach Wegverhältnissen durchschnittlich 4 km/Stunde im flachen Gelände, 300 Höhenmeter/Stunde im Aufstieg und 500 Höhenmeter/Stunde im Abstieg. Pausen sind nicht mit eingerechnet. Die tatsächlich benötigte Gehzeit schwankt unter anderem je nach Trainingszustand und Kondition des Bergsteigers/Wanderers sowie nach der Geländebeschaffenheit und den Witterungsbedingungen.

Ausrüstung

Die Mobilfunk-Netzabdeckung auf Ithaka, Kefalonia und Zakynthos ist nur an sehr wenigen abgelegenen Orten gering. Eine sehr sinnvolle Alternative, um die eigene Sicherheit zu verbessern, ist der Einsatz von nur 100 g leichten Zusatzgeräten, die die Satelliten mit einbeziehen.

SCHWIERIGKEITSKATEGORIEN

■ = Leicht

Blau gekennzeichnet sind Spaziergänge oder einfache Wanderungen auf breiten Wegen und gut begehbaren Pfaden ohne besondere Gefahrenstellen. Kräftige Steigungen, steinige oder rutschige Abschnitte sind jedoch möglich. Beschilderungen bestehen nicht überall, deshalb kann es auch bei leichten Touren zu Orientierungsproblemen kommen.

■ = Mittel

Rot gekennzeichnete Touren führen in unwegsame und abgelegene Küstenstreifen, Bergregionen und Schluchten. Einzelne Passagen können felsig und abschüssig sein. Diese erfordern dann Trittsicherheit, Schwindelfreiheit und die nötige Wandererfahrung. Manche dieser Strecken setzen guten Orientierungssinn im freien Gelände voraus.

■ = Schwierig

Schwarz gekennzeichnete Routen sind technisch anspruchsvoll und fordern zudem meist eine gute Kondition. Grundvoraussetzung für diese Touren sind Erfahrung und Kenntnisse bei der Orientierung anhand von Landschaftsmerkmalen und/oder der sichere Umgang mit Navigationsgeräten im nahezu weglosen Gelände. Es ist mit schmalen, steilen, abschüssigen, rutschigen Abschnitten und schwierigen Passagen durch Schluchten zu rechnen. Diese Bereiche setzen absolute Trittsicherheit, Schwindelfreiheit und teilweise etwas Klettererfahrung voraus. Die Routen befinden sich oft in entlegenen Gebieten, wo keine rasche Hilfe zu erwarten ist.

SYMBOLE

Symbole im Tourenkopf

- mit Bus erreichbar
- Einkehrmöglichkeit
- für Kinder geeignet

Symbole im Höhenprofil

- Ort mit Einkehrmöglichkeit
- Café, Gasthaus
- Bushaltestelle
- Hafen, Fähranleger
- Parkplatz
- Gipfel / Wegkreuz, Schrein
- Brücke
- Kirche, Kapelle, Kloster
- archäologische Stätte
- Burg, Schloss, Ruine
- Denkmal
- Leuchtturm
- Aussichtspunkt
- Höhle
- Baum(-gruppe)
- Strand, Bademöglichkeit
- Quelle
- Wasserfall

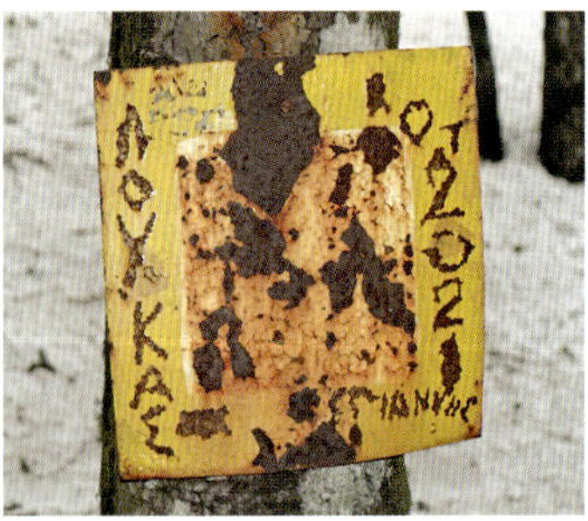

Interessanter Wegweiser.

Auf allen roten und schwarzen Wanderwegen benötigt man stabile, über die Knöchel reichende Wanderschuhe mit einer festen Profilgummisohle. Gute Schuhe geben (Tritt-) Sicherheit und sind daher sehr wichtig. Ein leichter Wanderschuh, oder sogar ein Turnschuh, eignet sich nur bedingt auf den blauen Touren.

Da viele Wege auf sehr rutschigem Untergrund verlaufen, sind Wanderstöcke zur weiteren Unterstützung hilfreich. Extralange Gamaschen sind auf zahlreichen Pfaden durch stacheliges Gestrüpp sehr sinnvoll! Sie reichen bis übers Knie und sind aus strapazierfähigem Nylon mit wasserdichter PU-Laminierung. Ein festes Band arretiert die Gamaschen unter der Schuhsohle.

Bekannterweise nimmt die Lufttemperatur in der Standardatmosphäre um 0,65 °C pro 100 m ab. Aber auf den drei Inseln gibt es nur einen Berg, der über eine Höhe von 1500 m hinausragt, daher ist die abnehmende Lufttemperatur auch nur für diese Wanderung relevant. Hier empfiehlt sich rasch trockene Funktionskleidung, ein warmer Pullover sowie eine wind- oder wasserfeste Jacke. Es ist zu beachten, dass alle Schichten, die man übereinander trägt, aus Funktionsmaterial bestehen sollten. Nur so ist gewährleistet, dass die Feuchtigkeit von der Haut weg nach außen trans-

portiert wird. Auf Reservekleidung kann man aufgrund der hohen Durchschnittstemperaturen verzichten. Regenbekleidung ist nur in den Wintermonaten notwendig.
Bei Wanderungen im Hochsommer sind Sonnencreme sowie ein passender Strohhut oder eine sonstige Kopfbedeckung sinnvoll. Wichtige Utensilien auf den meisten Küstenwanderungen sind Badebekleidung und ein kleines Handtuch – denn immer wieder ergeben sich Möglichkeiten zum erfrischenden Bad. Eine kleine Reiseapotheke, unter anderem mit Desinfektionsspray für kleine Verletzungen, Blasenpflaster und einer Trillerpfeife für den Notfall gehören zur Standardausrüstung eines Rucksacks.
Da nicht immer Einkehrmöglichkeiten an der Wanderroute liegen, sollte Tourenverpflegung eingeplant werden. Zudem wird es aufgrund der sehr intensiven Sonneneinstrahlung in den Sommermonaten sehr heiß. So sollten mindestens 1,5 l Wasser pro Person für eine dreistündige Wanderung eingeplant werden. Wenn die Tour schattenlos ist, lange Anstiege hat oder man im Hochsommer unterwegs ist, so sollte der Wasservorrat 4–6 l ausmachen. Je nach individuellen Bedürfnissen reichen Müsliriegel, ein paar Bananen oder eine Handvoll Kekse als Wegzehrung meist aus. Viele Wanderungen führen durch Dörfer. Dort kann man manchmal in Tavernen oder kleinen Läden Getränke und ein paar Grundnahrungsmittel nachkaufen. In den Tourenbeschreibungen sind diese Einkehrmöglichkeiten mit Kilometerangabe erwähnt.

Gratwanderung zum Nachbargipfel des Aenos (Tour 14).

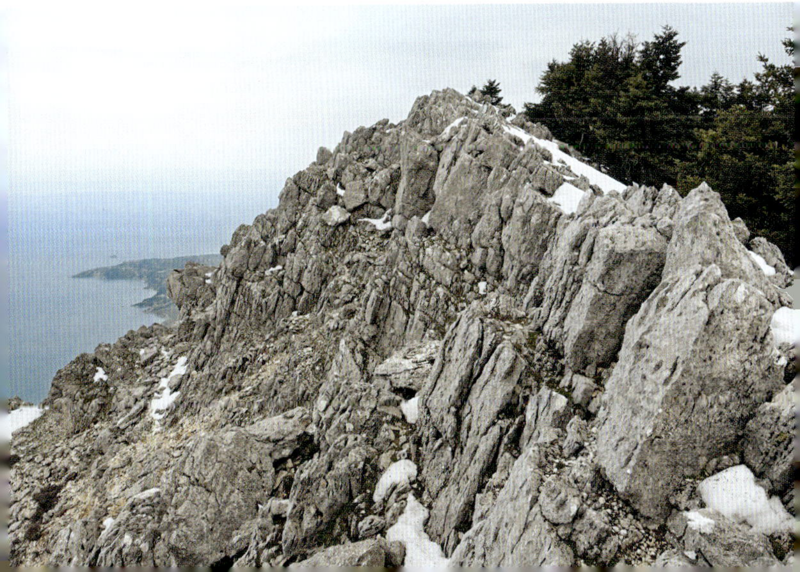

Einkehr und Unterkunft

Einkehrmöglichkeiten werden bei der jeweiligen Tour genannt. Übernachtungstipps sind auf den Einführungsseiten der einzelnen Inseln aufgelistet. Dabei sind Richtwerte für die Preise pro Nächtigung/Person mit Frühstück durch Eurozeichen angegeben: € für unter 50, €€ für 50–90, €€€ für über 90 Euro.

Zelten außerhalb der offiziellen Campingplätze ist in Griechenland verboten!

- **Campingplätze auf Kefalonia**
  Camping Argostoli, camping-argostoli.gr (38.191307 20.471784)
  Camping-Karavomilos, camping-karavomilos.gr (38.250705 20.637995)
- **Campingplätze auf Zakynthos**
  Camping Zante, zanteweb.gr/zakynthos.zante/en/camping-zante (37.824189 20.850822)
  Alykés Camping, alykescamping.gr (38.250724 20.638000)
- Auf **Ithaka** gibt keinen ausgewiesenen Campingplatz.

Orientierung und Markierung

Die meisten der in diesem Wanderführer beschriebenen Wege werden regelmäßig begangen. So ist meistens ein Pfad zu erkennen, aber auch Markierungen helfen bei der Orientierung. In Gebirgsregionen und im unwegsamen Gelände unterstützen vereinzelt aufgestellte Steinmännchen oder rote Markierungspunkte die Wegfindung. Im nahezu weglosen Gelände orientiert man sich an Landschaftsmerkmalen. Dazu benötigt man einen guten Orientierungssinn und die Fähigkeit, sein Ziel intuitiv zu finden. Die nötigen Erfahrungen und Kenntnisse bei der Orientierung werden bei der jeweiligen Beschreibung der Wanderung explizit hervorgehoben. Zur unterstützenden Orientierung sind zum Ausgangspunkt der Wanderung, bei Tipps sowie auch bei empfohlenen Unterkünften die GPS-Koordinaten im

GPS-TRACKS UND KOORDINATEN DER AUSGANGSPUNKTE

Auf **gps.rother.de** stehen zu diesem Wanderführer GPS-Tracks und die Koordinaten der Ausgangspunkte zum kostenlosen Download bereit. Dieser QR-Code führt direkt zum Download.
1. Auflage, Passwort: **462601zDr**
Die GPS-Tracks können in die **Rother App** importiert werden. In der App kann man unterwegs stets sehen, wo man gerade ist und wo es langgeht. **Anleitungen dazu: rother.de/gps**
Trotz sorgfältiger Prüfung können wir Fehler und zwischenzeitliche Veränderungen nicht ausschließen. Verlassen Sie sich für die Orientierung niemals einzig und allein auf die GPS-Daten, sondern beurteilen Sie die Verhältnisse vor Ort.

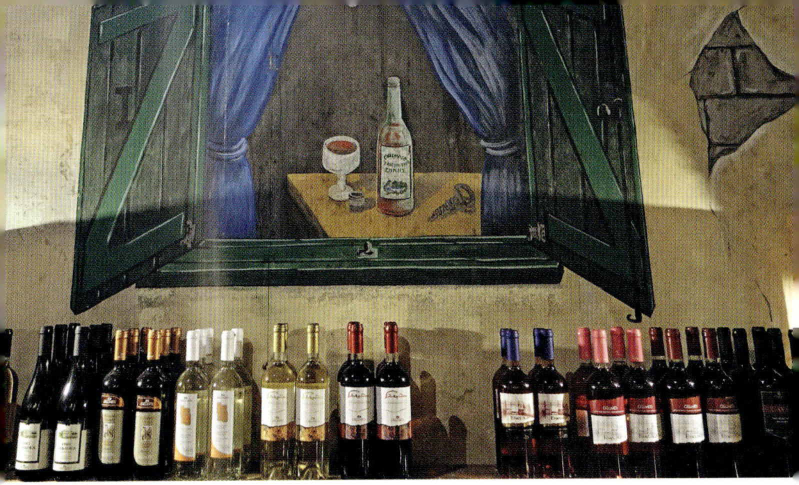

Im Museum des Weinguts Callinico.

Dezimalgrad angegeben. So definieren z.B. die GPS-Koordinaten 38.119693 20.505016 den Parkplatz am Flughafen von Kefalonia.

Mögliche Gefahren

Der **Massentourismus** auf Zakynthos führt immer mal wieder zu Konflikten zwischen Einheimischen und Urlaubern. So kann es z.B. vorkommen, dass öffentliche Zufahrten und Straßen ohne Vorankündigung abgeriegelt werden. Auch sind Privatgrundstücke oft nicht eindeutig markiert und zudem nicht konsequent abgesperrt. Während der Recherchereise stand ich mehrmals vor einem verschlossenen Zaun, oft allerdings nicht schon beim Betreten eines Grundstückes, sondern erst beim vermeintlichen Ausgang. Gefragt ist das nötige Feingefühl, um die jeweilige Situation immer wieder neu zu bewerten und im Zweifelsfalle umzudrehen.

Nur bei Wanderungen auf den höchsten Gipfel Kefalonias kann unerwartet dichter **Nebel** aufkommen. Dort gibt es aber zahlreiche ausgetretene Pfade mit adäquaten Markierungen, sodass die Orientierung auch bei schlechter Sicht eindeutig ist.

Gewitter kündigen sich durch die hoch aufschießenden Kumuluswolken an. Findet man keinen Schutz in Gebäuden, so wählt man einen niedrigen Punkt, beispielsweise eine Senke, auf freiem Gelände. Am sichersten ist es, sich dort hinzuhocken – die Füße möglichst nah beieinander – und damit den Kontaktbereich zum Untergrund so gering wie möglich halten. Entgegen der landläufigen Meinung sollte man sich nicht auf den Boden legen. Auch breitbeiniges Stehen gilt es zu vermeiden, empfehlen die Gewitterforscher.

Der Umwelt zuliebe ...

Auch beim Wandern hinterlassen wir einen ökologischen Fußabdruck, aber im Einklang mit der Natur unterwegs zu sein, ist gar nicht so schwer!

VORBEREITUNG UND ANFAHRT

- Sich vorab informieren, worauf in Bezug auf Natur und Umwelt in der jeweiligen Wanderregion besonders zu achten ist.
- Soweit möglich mit Bahn und Bus anreisen, Wander- und Rufbusse nutzen.
- Ist eine Anfahrt mit dem Auto nötig, Fahrgemeinschaften bilden.
- Bei weiten Anfahrten Mehrtagestouren planen oder von einem Quartier vor Ort aus mehrere Touren absolvieren.
- Flugreisen möglichst reduzieren und durch Beiträge zu Klimaschutzprojekten kompensieren.

KLEIDUNG UND AUSRÜSTUNG

- Beim Kauf von Outdoor-Kleidung auf umweltfreundliche und faire Herstellung achten und Kleidungsstücke möglichst viele Jahre nutzen.
- Ausrüstung kann man eventuell auch gebraucht kaufen oder ausleihen.
- Reparieren statt neu kaufen.

VERPFLEGUNG

- Beim Einkauf Bio-Ware, regionale und saisonale Erzeugnisse bevorzugen.
- Hütten und Gasthäuser auswählen, die regionale Produkte verwenden.
- Auf Einwegflaschen und Plastikverpackungen verzichten, stattdessen wiederverwendbare Trinkflaschen und Brotzeitboxen benutzen.

ÜBERNACHTUNG

- Bei lokalen Anbietern buchen, damit Menschen vor Ort profitieren.
- Auf Hütten und in anderen Unterkünften Strom und Wasser sparen.

UNTERWEGS

- Wege benutzen und Abkürzer vermeiden.
- Sperrungen von Wegen und Schutzgebieten respektieren.
- Keine Blumen pflücken und keine Pflanzen entnehmen.
- Waldbrandgefahr beachten.
- Müll wieder mit nach Hause nehmen und dort entsorgen.
- Toilettengänge in freier Natur möglichst vermeiden.
- Lärm vermeiden.
- Hunde an die Leine nehmen.

ROTHER
BERGVERLAG

Mit der einhergehenden globalen Erwärmung kommt es zunehmend häufig zu **Waldbränden**. Bitte beachten Sie dementsprechende Warnungen von Hotelrezeption, Vermietern, Medien oder Ortskundigen, die Sie unterwegs treffen. Durch verantwortungsbewusstes und aufmerksames Verhalten und Handeln kann jeder Wanderer seinen Teil dazu beitragen, den Wald vor Bränden zu schützen.

Was tun, wenn man doch unterwegs auf ein Feuer trifft? Wer als Urlauber in eine Waldbrandregion hineingerät, sollte »immer quer zum Wind flüchten« und peinlichst genau darauf achten, nicht in die Rauchwolken hineinzukommen.

In den Sommermonaten ist die Hitze verbunden mit sehr geringer Luftfeuchtigkeit und sehr hoher **Sonneneinstrahlung** nicht zu unterschätzen. Es ist empfehlenswert, Wanderungen frühmorgens zu beginnen. Selbst in dichter bewaldeten Regionen liegen die Forstwege oft in der prallen Sonne.

Mit einer Kette an einer Hundehütte angebunden, werden oft **Wachhunde** an Ein- und Ausgängen zu Ziegenhaltungen positioniert. So soll verhindert werden, dass die Ziegen ihr Revier verlassen. Neuankömmlinge wie wir Wanderer werden in der Regel durch aggressives und lautes Bellen gewarnt. Trotzdem erschreckt man jedes Mal wieder, insbesondere wenn die Hunde an einer langen Leine gehalten werden.

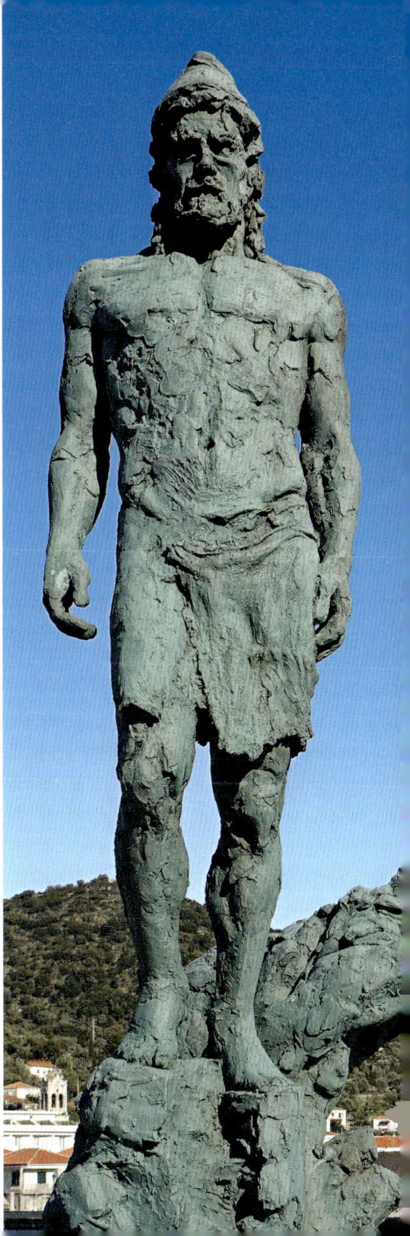

Die Statue von Odysseus im Hafen von Vathi (Tour 29).

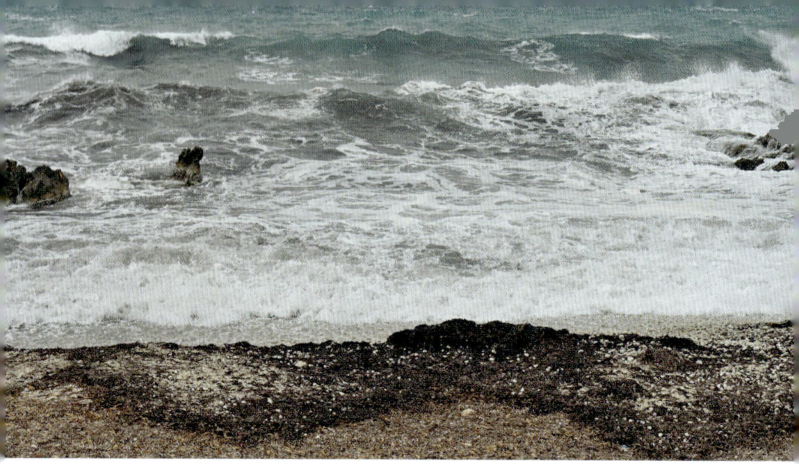

Der Lagadakia-Strand bei Orkan (Tour 8).

Auf Kefalonia, Ithaka und Zakynthos gibt es **Skorpione**. Die meisten leben in wasserarmen Gebieten und verstecken sich tagsüber unter Steinen oder abgelagertem Holz. Dreht man diese Steine oder Holzstücke um, so geraten die Skorpione in Bedrängnis, und es besteht die Wahrscheinlichkeit, gestochen zu werden. Alle Skorpionarten sind giftig, der Stich ist zum Teil sehr schmerzhaft. Nach Skorpionstichen sollte ein Arzt aufgesucht werden! Auf vielen Wanderwegen wird das ständig nachwachsende Gestrüpp nicht beseitigt. Beim Durchlaufen kann es dann leicht zu Verletzungen durch das **stachelige Buschwerk** kommen. Für solche Wegabschnitte sind eine lange Hose oder Gamaschen sehr sinnvoll.

Gemäß Statistik ergeben sich die meisten Unfälle auf Wanderungen aufgrund von **Überschätzung der eigenen Fähigkeiten**. Bereiten Sie sich auf alle Wanderungen gut vor. Für viele Besteigungen ist es nötig, im Vorfeld entsprechend zu trainieren, um die Anforderungen an die Kondition zu erfüllen.

Wandern mit Kindern

Auf mehr als der Hälfte der 50 Wanderungen können wir als Familie auf Entdeckung gehen. Dabei nehmen wir nicht die Kinder mit – sie nehmen uns mit! Kinder brauchen keine Gipfelbesteigung, ihre Erfüllung liegt im Abenteuer oder in Begegnungen mit Tieren, Pflanzen und Wasser. Auch gemeinsames Wandern mit Gleichaltrigen macht den Kindern viel mehr Spaß als alleine mit den Eltern! Als Richtwert für die Gehstrecke nennt der Deutsche Wanderverband: Lebensalter x 1,5. Ein siebenjähriges Kind schafft so zum Beispiel ca. 10,5 km. Im gebirgigen Gelände entsprechen 100 Höhenmeter einem Streckenkilometer.

Wanderkarten für die Inseln

Zum Erkunden der Inseln mit dem Auto sind nachfolgende Karten empfehlenswert:

- Kefalonia 1:50.000 Auto- und Freizeitkarte, Freytag und Berndt, ISBN 9783707900156
- Zakynthos 1:50.000 Auto- und Freizeitkarte, Freytag und Berndt, ISBN 9783707917130
- Für alle Wanderer, die mit einem GPS-Gerät navigieren, bietet sich die georeferenzierte Karte von Anavasi an. Diese gibt es aber nur für Kefalonia und Ithaka: Kefalonia – Ithaka, Wanderkarte 1:65.000/1:25.000, Anavasi 9.3, wetterfest, EAN 9789609412131

Geführte Wanderungen

- Geführte Touren auf Ithaka gibt es von Outdoorithaca, outdoorithaca.com/hiking, und Ithaca Walks, ithacawalks.business.site.
- Geführte Touren auf Kefalonia werden angeboten von Outdoor Kefalonia, outdoorkefalonia.com, und Kefalonia Tours, kefaloniantours.com/hiking-in-kefalonia.
- Geführte Touren auf Zakynthos kann man mit Fora Zakynthos, forazakynthos.wordpress.com, unternehmen.

Auf einem alten Pilgerpfad in Richtung der nächsten Einsattelung (Tour 7).

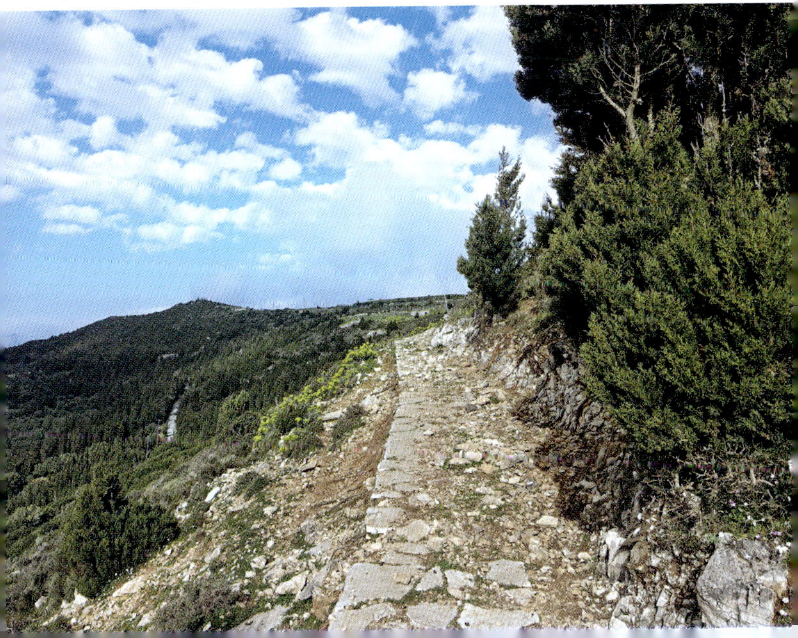

TOP-TOUREN

Sissia – Katsonas – Lefka
3 Traumstrände und 2 Klöster: Wie Perlen an einem Strang reihen sich drei wunderschöne verborgene Strände aneinander. Zuvor geht es an einem neu errichteten Kloster und den Ruinen eines ehemaligen Klosters vorbei *(Tour 15, 2.15 Std.).*

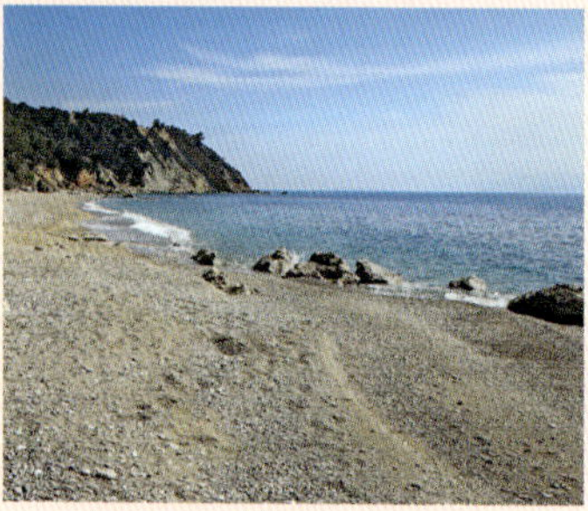

Aenos, 1628 m
Die härteste Tour aus diesem Wanderführer führt zum höchsten Berg der Insel *(Tour 16, 8.15 Std.).*

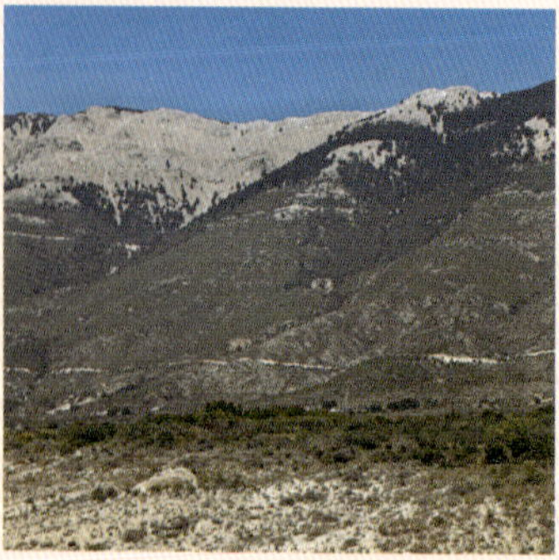

Atros, 872 m
Das älteste Kloster auf Kefalonia und ein fantastischer Aussichtsberg *(Tour 20, 4.45 Std.).*

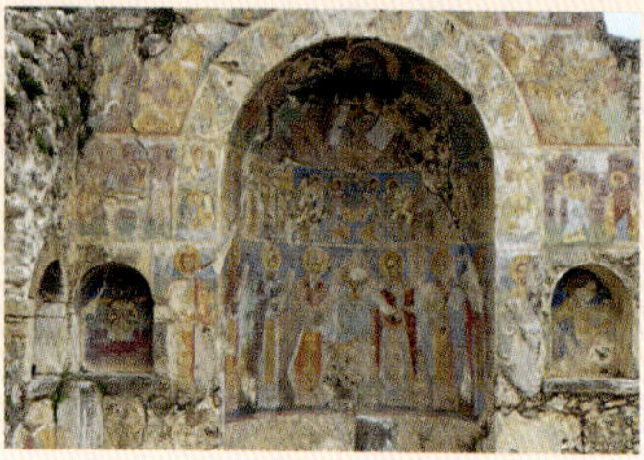

Sami – Antisamos-Strand
Antike Stätten und ein abkühlendes Bad *(Tour 25, 4.00 Std.).*

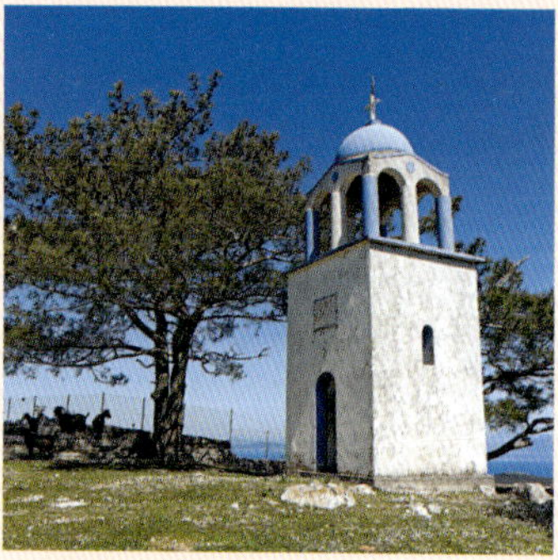

Stavros – Exogi
Unbekannte Höhen auf Ithaka: eine besondere Rundwanderung mit zahlreichen Sehenswürdigkeiten *(Tour 26, 3.15 Std.).*

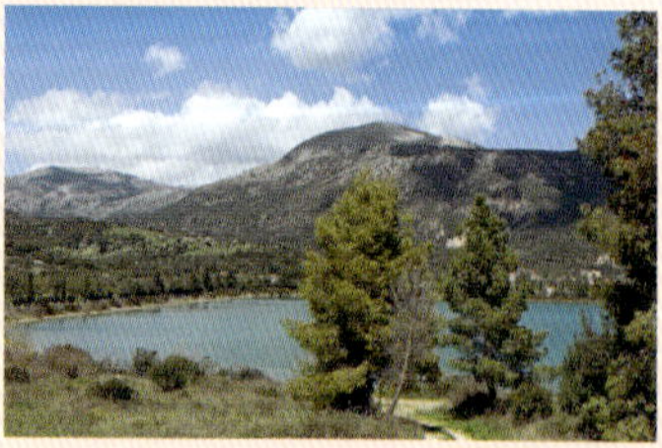

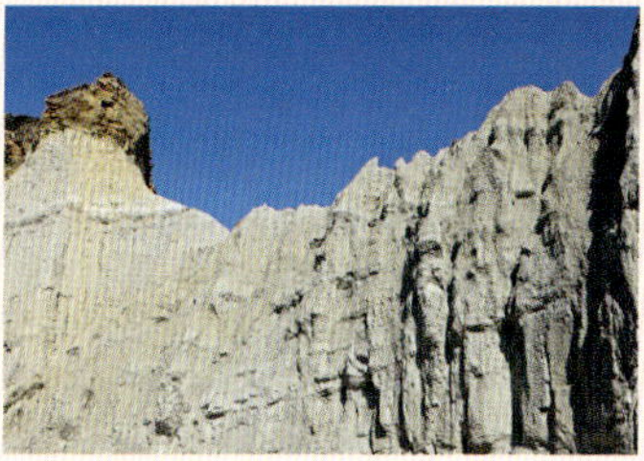

Clay-Schlucht
Eine der spektakulärsten Erkundungen auf der Insel Zakynthos *(Tour 33, 1.30 Std.).*

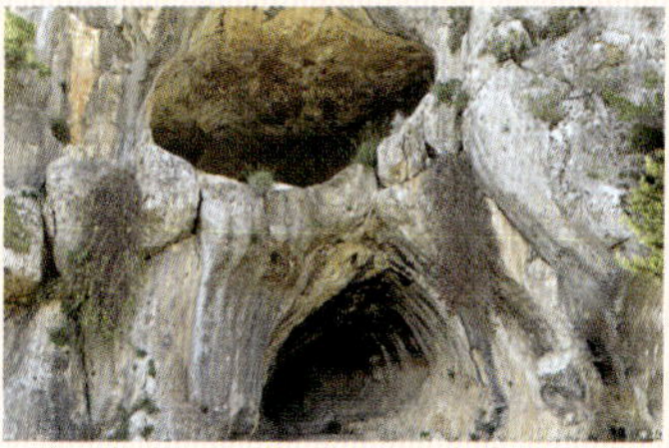

Damianoshöhle – Andronios-Brunnen
Entdeckungstour von 12 Brunnen und einer doppelstöckigen Höhle *(Tour 38, 2.15 Std.).*

Das Schiffswrack
Diese »Fotoshootingtour« führt entlang der Kante der 140 bis 230 m hohen Steilküste, die senkrecht in den Abgrund zum Navagio-Strand abfällt *(Tour 44, 1.00 Std.).*

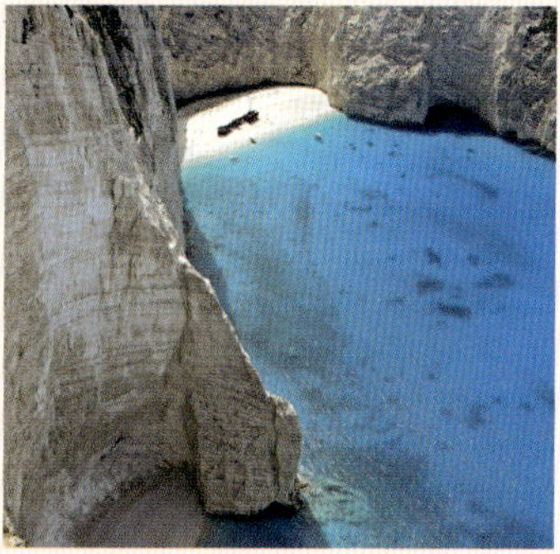

Makris-Gialos-Strand – Kloster Spiliotissa
Die Geschichte eines Klosters und Wanderung durch reichlich Natur mit anschließender Bademöglichkeit *(Tour 45, 4.45 Std.).*

Die Inselhauptstadt Zakynthos
Ein Feuerwerk der besonderen Sehenswürdigkeiten! *(Tour 50, 2.00 Std.)*

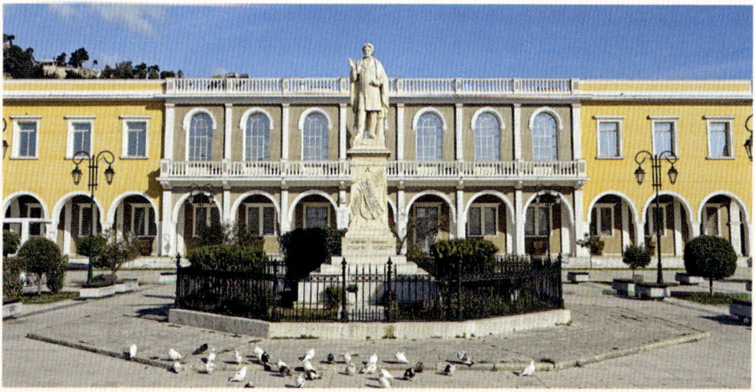

PRAKTISCHES VON A BIS Z

Anreise mit dem Flugzeug

Mit dem Flugzeug erreicht man Zakynthos (Flughafen Dionysios Solomos ZTH) und Kefalonia (Flughafen Argostolion EFL). Detaillierte Informationen zur Anreise mit dem Schiff befinden sich im nachfolgenden Kapitel »Fährverbindungen«.
Die kleine Insel Ithaka erreicht man ausschließlich mit dem Schiff.

■ Flüge nach Kefalonia

Mit Lufthansa (book.lufthansa.com) geht es in 6.30 Stunden Reisezeit über München und Athen nach Kefalonia. TUI Fly (tui.com) benötigt 8.40 Stunden für die gleiche Strecke. Von Hamburg gibt es keinen internationalen Direktflug, man muss in Athen umsteigen. Die günstigste Verbindung bietet Aegean Air (de.aegeanair.com) an, allerdings mit einer Übernachtung in Athen. Die Anreise von Zürich erfolgt ebenfalls mit einem Zwischenstopp in Athen. Einmal wöchentlich fliegt Austrian Airlines (myholiday.austrian.com) nonstop von Wien.
Aufgrund der schlechten Flugverbindungen nach Kefalonia ist es einfacher, einen Direktflug nach Zakynthos zu wählen und mit der Fähre nach Kefalonia überzusetzen.

■ Flüge nach Zakynthos

In den Sommermonaten hat Condor (condor.com) eine wöchentliche Nonstop-Verbindung von Hamburg. Die Flugzeit beträgt 2.55 Stunden. In den Sommermonaten fliegt Condor von München zweimal wöchentlich nonstop in 2.20 Stunden, ebenso zweimal wöchentlich die Airline Edelweiss (booking.flyedelweiss.com) nonstop von Zürich. Mehrmals wöchentlich fliegt die Austrian Airlines (myholiday.austrian.com), nonstop von Wien.

Die Bushaltestelle am Laganas-Strand (Tour 35).

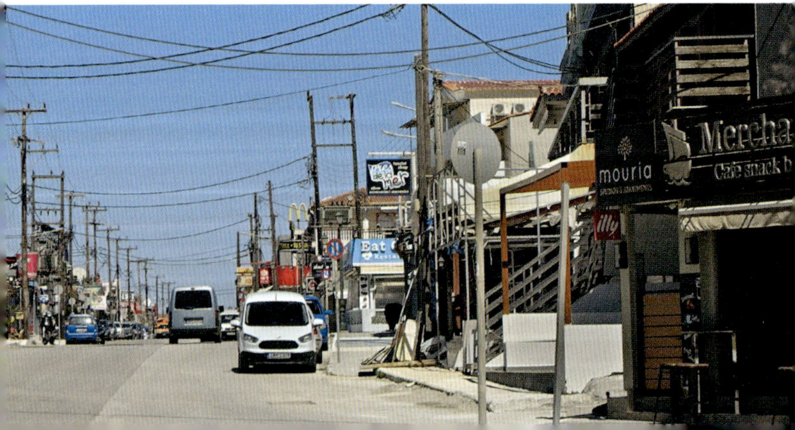

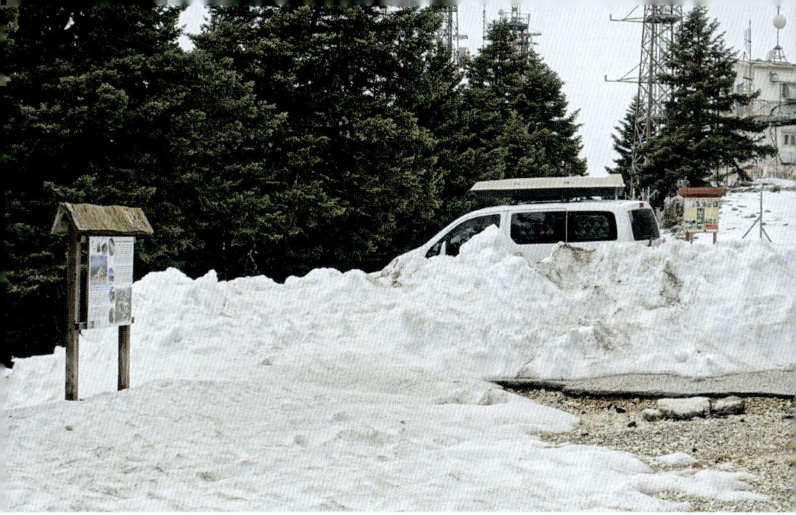

Parkplatz am 1628 m hohen Aenos – hier herrschen manchmal durchaus winterliche Verhältnisse (Tour 14).

Anreise mit eigenem Fahrzeug

Mit dem Fahrzeug sind es von Hamburg, Berlin, Frankfurt, München oder Stuttgart zwischen 2000 und 2500 Kilometer und von Wien etwa 1700 Kilometer bis nach Patras auf der Peloponnes – von wo Fähren nach Kefalonia und Zakynthos fahren. Bei all diesen Ausgangspunkten ist die Balkanroute die kürzere und kostengünstigere Alternative. Nur ab Zürich (ca. 1800 Kilometer) ist die Fahrstrecke durch ganz Italien (und von Brindisi mit der Fähre nach Griechenland) streckenmäßig kürzer als die Balkanroute.

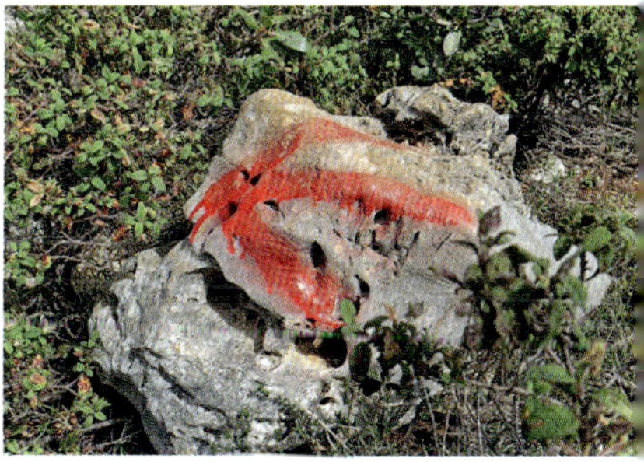

Ein roter Richtungspfeil am Wegesrand.

Zur Berechnung der Länge der Fahrstrecke und den sich ergebenden Mautkosten für die Gesamtstrecke liefert die Webseite des ADAC (maps.adac.de) eine sehr gute Übersicht.

Auf der ADAC-Webseite adac.de/reise freizeit/maut-vignette gibt es zusätzlich eine sehr nützliche Übersicht zu Maut oder Vignette in dem jeweiligen Urlaubsland.

Die aktuellen Kraftstoffpreise erhält man auf der Webseite avd.de/kraftstoff/benzinpreisvergleich.

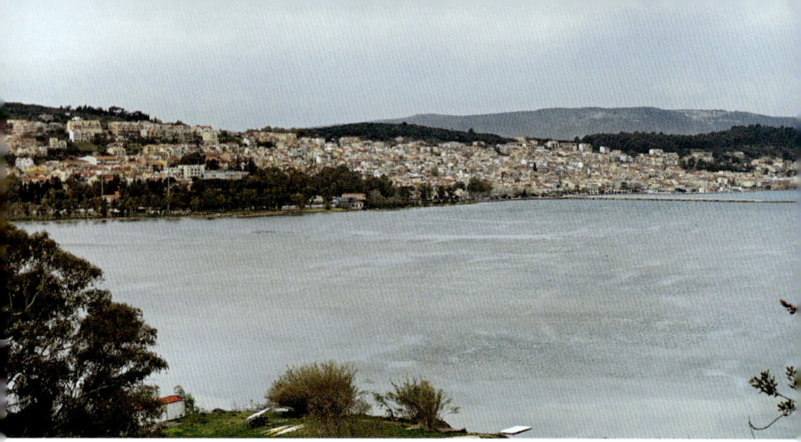

Freier Blick auf Argostoli, die Hauptstadt der Insel Kefalonia (Tour 12).

Ärzte und Krankenhäuser

In Griechenland ist man mit der europäischen Krankenversicherungskarte (European Health Insurance Card – EHIC) der gesetzlichen Krankenversicherung geschützt. Empfehlenswert ist der Abschluss einer privaten Auslandsreisekrankenversicherung, die weitergehende Leistungen übernimmt, wie einen medizinisch notwendigen Rücktransport. Auf der Webseite vrisko.gr/en findet man nahe gelegene Apotheken oder Krankenhäuser.

Briefmarken – Postfiliale – Mobilfunknetz

Eine **Postkarte** von Griechenland nach Deutschland, Schweiz oder Österreich hat eine Laufzeit von 2 bis 4 Werktagen, die **Briefmarke** kostet 0,85 €. Weitere Informationen über das Porto erfährt man im Internet unter mediaeltaportal.dev.ibserver.gr/images/0/0/idiwtes/agg_tim_epistolikou_07_2020_.pdf. Briefkästen gibt es an vielen Ecken, sie sind gelb lackiert, haben in blauer Schrift das Wort POST aufgedruckt und als Piktogramm den Kopf des Hermes mit der Aufschrift EΛTA. Die Adressen von Postfilialen sind auf der Webseite fastpost.elta.gr/branches zu finden.
Griechenland hat ein dichtes **Mobilfunknetz**. Nur in den abgelegenen Regionen ist die Netzabdeckung schlecht. In den größeren Städten gibt es öffentliche Telefonzellen (die aber selten funktionieren!) mit Telefonkarten. Von diesen Telefonzellen aus kann man Gespräche ins Ausland führen. Die Vorwahl nach Griechenland ist +30, die Vorwahl von Griechenland nach Deutschland +49, nach Österreich +43 und in die Schweiz +41.
Im Jahr 2017 wurden die EU-Roaming-Gebühren abgeschafft. Wer in Griechenland mit dem Handy telefonieren, eine SMS oder MMS verschicken oder mobiles Datenvolumen nutzen möchte, kann dies anbieterübergreifend zu den Konditionen seines normalen Inlandstarifs machen.

Botschaften

- Österreichische Botschaft Athen, Vasilissis Sofias 4, 10674 Athen, bmeia.gv.at/oeb-athen, Tel. +30 210 7257270
- Botschaft der Bundesrepublik Deutschland, Karoli & Dimitriou 3, 10675 Athen-Kolonaki, griechenland.diplo.de/gr-de/vertretungen/botschaft, Tel. +30 210 7285111
- Schweizerische Botschaft in Griechenland, Iassiou 2, 11521 Athens, eda.admin.ch/countries/greece/de/home/vertretungen/botschaft.html, Tel. +30 210 72303646, +30 210 7249209

Busverbindungen

Der öffentliche Verkehr auf Kefalonia, Ithaka und Zakynthos beschränkt sich auf Busverbindungen, es gibt kein Schienennetz. In den Sommermonaten verfügen die Inseln über ein sehr gut ausgebautes Busnetz. In den Wintermonaten gilt ein ziemlich abgespeckter Fahrplan. Die Internetseite des Busunternehmens KTEL auf Kefalonia (eticket.ktelkefalonias.gr/en) gibt detaillierte Fahrplanauskünfte. Bei der Planung ist die Karte von Kefalonia mit den eingezeichneten Busverbindungen sehr hilfreich (ktelkefalonias.gr/en/tourist-guide/tourist-maps). Auch auf der Internetseite des Busunternehmens KTEL auf Zakynthos (ktel-zakynthos.gr/en) befinden sich Fahrplaninformationen.
Zudem fahren täglich KTEL-Busse von Zakynthos nach Athen (5 Std.), Patras (2 Std.) und Thessaloniki (9 Std.).

Zentraler Busbahnhof in Zakynthos.

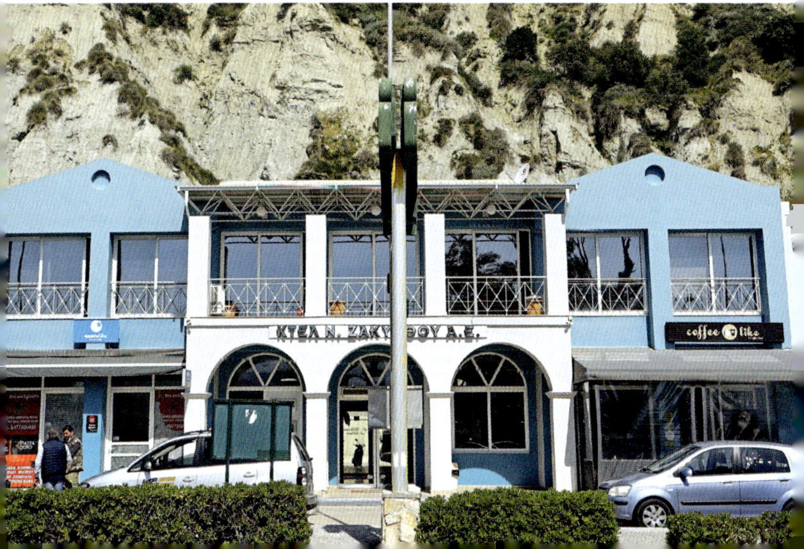

Fährverbindungen zwischen Italien und Griechenland

Es gibt zahlreiche Fährverbindungen vom italienischen Festland nach Griechenland, zum Beispiel mit der Fähre von Brindisi (Italien) (40.646993 E17.9623584) nach Igoumenitsa (Griechenland) (39.489289 20.258250). Fahrzeit ca. 8 Std., Entfernung: 268 km (Infos uner grimaldi-lines.com/de).

Fähren zwischen den Inseln und der Peloponnes

Die Levante Ferries verkehren auf folgenden Strecken; nähere Infos dazu auf der Webseite der Levante Ferries: levanteferries.com.

- Fähre vom Fährhafen Kilini (Peloponnes) (37.937665 21.1480605) nach Zakynthos (37.779837 20.9022322), Fahrzeit ca. 1.30 Std.
- Fähre vom Fährhafen Kilini (Peloponnes) (37.937665 21.1480605) nach Poros (Kefalonia) (38.147526 20.7829725), Fahrzeit ca. 1.15 Std.
- Fähre vom Fährhafen Patras (Peloponnes) (38.226303 21.7189735) nach Sami (Kefalonia) (38.254273 20.6476190), Fahrzeit ca. 2.45 Std.
- Fähre von Sami (Kefalonia) (38.254273 20.6476190) nach Pisaetos (Ithaka) (38.347664 20.6854060), Fahrzeit ca. 0.20 Std

Netzspannung – Adapter für die Steckdose

Die Netzspannung beträgt wie in Deutschland 230 V bei einer Frequenz von 50 Hz. Ein Reisestecker-Adapter ist daher in Griechenland nicht nötig, wenn Sie elektrische Geräte aus Deutschland verwenden.

Die Levante Ferries verbinden die drei Inseln.

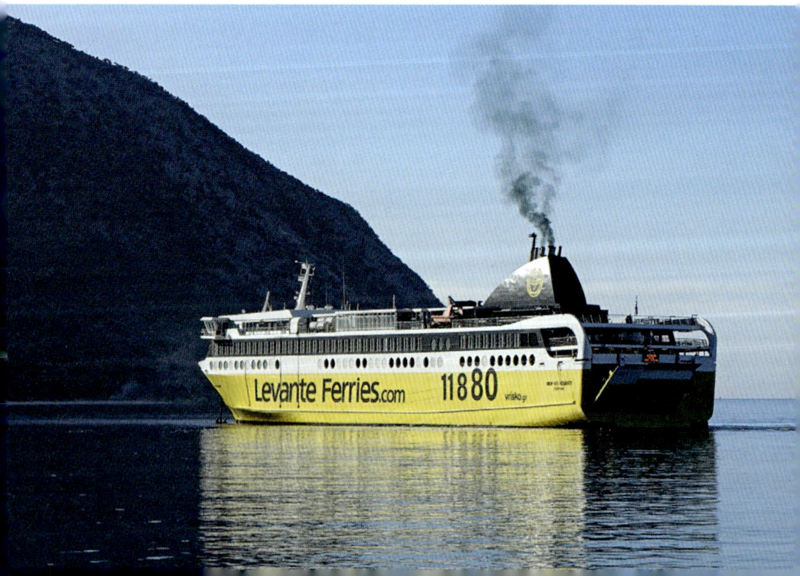

Feiertage

1. Januar	Neujahr
6. Januar	Erscheinung des Herrn
25. März	Griechischer Unabhängigkeitstag
März/April	Orthodoxer Karfreitag, Ostersonntag und Ostermontag. Das griechische Osterfest richtet sich nach dem julianischen Kalender, dem Vorläufer des heute normalerweise gebräuchlichen gregorianischen Kalenders.
1. Mai	Tag der Arbeit
15. August	Mariä Himmelfahrt
28. Oktober	Ochi-Tag (Tag des »Nein«) – Ablehnung des von Benito Mussolini am 28. Oktober 1940 an Griechenland gestellten Ultimatums vor dem Beginn des Griechisch-Italienischen Krieges
25. Dezember	Weihnachtsfeiertag
26. Dezember	Weihnachtsfeiertag

Öffnungszeiten

- Tankstellen sind von 7.00 bis 21.00 Uhr geöffnet; in größeren Städten und entlang größerer Straßen Tag und Nacht.
- Die Geschäfte sind in der Regel geöffnet von: Montag und Mittwoch 9.00 bis 15.00 Uhr; Dienstag, Donnerstag, Freitag 9.00 bis 14.00 und 17.00 bis 21.00 Uhr; Samstag 9.00 bis 15.00 Uhr.
- Im Ballungszentrum und in der Hochsaison haben manche Souvenirläden längere Öffnungszeiten.
- Öffnungszeiten von Apotheken: Montag, Mittwoch 9.00 bis 14.00 Uhr; Dienstag, Donnerstag, Freitag 9.00 bis 14.00 und 17.00 bis 20.30 Uhr. Ausgewählte Apotheken haben durchgehende Öffnungszeiten. Auf der Webseite vrisko.gr/en findet man Apotheken in der Nähe.
- Die Banken sind Montag–Donnerstag von 8.00 bis 14.30 Uhr geöffnet, am Freitag von 8.00 bis 14.00 Uhr.
- Die Öffnungszeiten der Post sind Montag–Freitag von 7.30 bis 14.00 Uhr.
- Die Öffnungszeiten der archäologischen Ausgrabungsstätten und Museen sind sehr unterschiedlich, in der Regel jedoch zumindest von 8.00 bis 15.00 Uhr. Viele sind montags oder dienstags geschlossen, einige archäologische Stätten schließen erst bei Sonnenuntergang.

Fremdenverkehrsämter – Informationen vorab

- Griechische Zentrale für Fremdenverkehr, Holzgraben 31, 60313 Frankfurt am Main, visitgreece.gr, info@visitgreece.com.de, Tel. +49 69 2578270
- Griechische Zentrale für Fremdenverkehr, Löwenstrasse 25, 8001 Zürich, visitgreece.gr, info@visitgreece.com.ch, Tel. +41 44 2210105
- Griechische Zentrale für Fremdenverkehr, Fichtegasse 2/4. Stock/Top 26, 1010 Wien, visitgreece.gr, info@visitgreece.com.at, Tel. +43 1 5125317

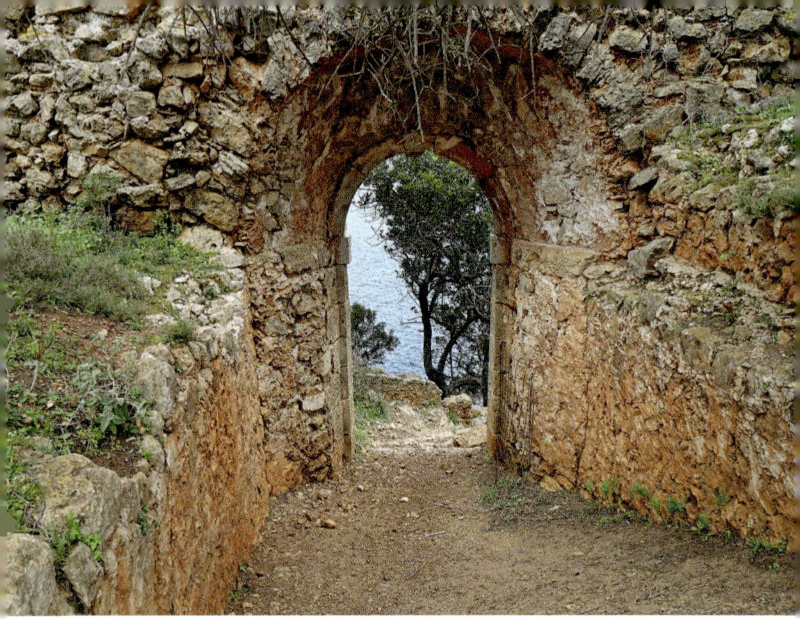

Ein Ausgang aus der Venezianischen Festung bei Assos (Tour 3).

Taxi – Trampen – Mietwagen

In größeren Orten gibt es Taxistände oder Telefonnummern im Internet, mit denen man ein **Taxi** rufen kann. In den größeren Städten Griechenlands unterliegen lizenzierte Taxiunternehmen festgelegten Beförderungsentgelten. 2022 betrug der Preis 1,30 € pro Kilometer oder 0,20 € pro Minute. Immer darauf achten, dass der Taxameter angestellt ist! In einem nicht lizenzierten Taxi sollte vor Abfahrt der endgültige Fahrpreis fest vereinbart sein, damit es keine Überraschungen gibt.

Trampen, die kostenlose Mitreise in einem fremden Kraftfahrzeug, ist sehr verbreitet. So stellt man sich einfach an den Straßenrand und erhebt den Daumen oder versucht bei Tankstellen Kontakt mit Fahrern aufzunehmen. Relativ schnell ergibt sich eine Mitfahrgelegenheit. Auf Nebenstraßen oder in der Nebensaison kann es aber zu langen Wartezeiten kommen. Wer mit dem eigenen Fahrzeug über die Inseln fährt, sollte natürlich auch Anhalter mitnehmen.

Ein **Mietwagen** ist sehr sinnvoll, um abgelegene Wander-Ausgangspunkte und Sehenswürdigkeiten zu erreichen. Die gängigsten Mietwagenfirmen haben ihre Niederlassungen an den Flughäfen. Wer spontan ein Fahrzeug mieten möchte, wird in vielen Urlaubsregionen auch Mietwagenverleiher vor Ort vorfinden. Die Corona-Pandemie und Materialknappheit haben dazu geführt, dass die Preise für Mietwagen kräftig gestiegen sind. Für einen kleinen Pkw schwanken die Kosten in der Hauptsaison mit Vollkasko zwischen 70 und 100 Euro pro Tag. Voraussetzung zur Anmietung eines Pkw sind eine gültige Fahrerlaubnis, ein Reisepass sowie ein Mindestalter von 18 Jahren, wobei man den Führerschein bereits ein Jahr besitzen muss. Bei Fahrern unter 25 Jahren kann eine »Young Driver Surcharge« verlangt werden. Die besten Angebote erhält man bei den klassischen Mietwagen-Vergleichsportalen im Internet.

Wichtige Notrufnummern

- Euopaweite Notrufnummer: Tel. 112

Kefalonia

- Feuerwehr: Tel. +30 2671 94199
- Polizei Argostoli: Tel. +30 2671 22475
- Touristenpolizei: Tel. +30 2671 22815
- Krankenhaus: Tel. +30 2671 361100
- Flughafen: Tel. +30 2671 29900
- Busbetreiber KTEL: Tel. +30 2671 22281

Zakynthos

- Feuerwehr: Tel. +30 2695 22161
- Polizei: Tel. +30 2695 22100
- Touristenpolizei: Tel. +30 2695 27367
- Krankenhaus: Tel. +30 2695 22100
- Flughafen: Tel. +30 2695 29500
- Busbetreiber KTEL: Tel. + 30 2695 22255

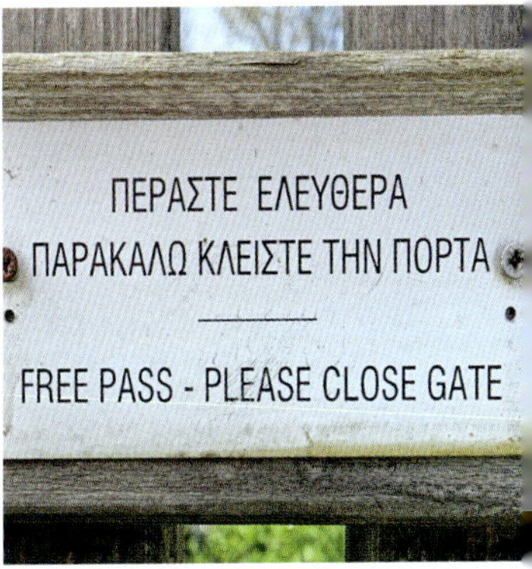

Eine Aufschrift wie diese ermöglicht den Zugang auf Privatgrundstücke.

Die griechische Sprache

Auf den drei Ionischen Inseln wird die offizielle Landessprache Griechisch gesprochen. Aber fast jeder versteht auch ein bisschen Englisch. Da es sehr viele griechische Gastarbeiter in Deutschland gibt und gegeben hat, wird oft auch Deutsch gesprochen. Die Griechen verwenden nicht das lateinische Alphabet, sondern schreiben in griechischer Schrift – dies erschwert das Entziffern von Ortsschildern und Wegweisern in ländlichen Regionen. An größeren Kreuzungen oder wichtigeren Orten sind die Verkehrsschilder auch mit lateinischen Buchstaben angezeigt. Bei Ortsbezeichnungen auf Schildern und Karten finden sich oft unterschiedliche Schreibweisen; dies gilt auch für die im vorliegenden Wanderführer verwendeten Karten.
Auf den nächsten Seiten sind einige wichtige Wörter auf Griechisch und Deutsch aufgelistet. Um eine korrekte Aussprache zu ermöglichen, sind bei den griechischen Begriffen Betonungsakzente gesetzt. (Bei den Eigennamen sind Akzente hingegen nur dort gesetzt, wo die Betonung besonders markant ist.)

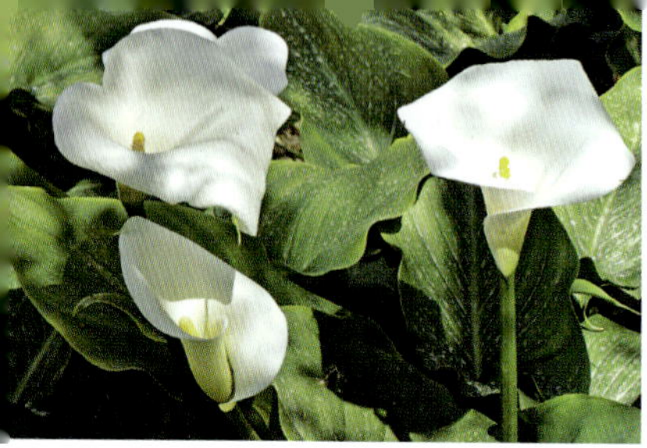

Die Calla beeindruckt mit ihrer Blüte und gilt als Symbol für die Unsterblichkeit.

Zeit

Die Uhrzeit auf den Inseln ist der »Greenwich Mean Time« um 2 Stunden und der mitteleuropäischen Zeit um 1 Stunde voraus. Das bedeutet: Ist die Zeit in Deutschland 10.35, so ist sie schon 11.35 Uhr in Griechenland. Wie in fast allen europäischen Ländern gilt auch in Griechenland die Sommerzeit. Diese beginnt am letzten Sonntag im März und endet am letzten Sonntag im Oktober.

Zeitdruck als elementare Lebenseinstellung gibt es auf den Inseln nicht. Die Griechen bewerten Zeit anders als wir deutschsprachigen Europäer. Hier läuft man nicht, um einen Termin einzuhalten. Hier wird Unpünktlichkeit gelebt, Uhren werden nur als Schmuck getragen, Turm- und Kirchenuhren zeigen selten die wahre Zeit. Dieses Verhalten ist kein Ausdruck von Unhöflichkeit, sondern Bestandteil eines entspannten Lebensstils. Touristische Aktivitäten werden hingegen pünktlich abgewickelt!

WÖRTERBUCH

Minimalwortschatz

nä / óchi / íssos	ja / nein / vielleicht
kaliméra	guten Morgen
kalispéra	guten Tag / Abend
kaliníchta	gute Nacht
signómi	Entschuldigung
efcharistó	danke
parakaló	bitte
oríste	bitte (wenn man etwas gibt)
Ti kánete?	Wie geht es euch?
Ti kánis?	Wie geht es dir?
kalá / polí kalá	gut / sehr gut
oréa / polí oréa	schön / sehr schön
jássu / jássas	hallo, tschüss
onomásomä	ich heiße
símera / áwrio	heute / morgen
ekí	dort
dexiá / aristerá	rechts / links
makriá	weit
Pósso kostísi?	Wie viel kostet es?
Pu íne?	Wo ist?
Pu íne o drómos ja ...?	Wo ist die Straße nach ...?
woíthia	Hilfe
leoforío	Bus
aftokínito	Auto
karáwi	Boot
jermaniká	deutsch
elliniká	griechisch
éna, dío, tría	1, 2, 3
téssera, pénde, éxi	4, 5, 6
eftá, októ, enjá,	7, 8, 9
déka, penínda	10, 50
ekatón, chílja	100, 1000

Begriffe für unterwegs

ágios	heilig
enetikós	venezianisch
drómos / písta	Straße / Piste
monopáti	Pfad
párkink	Parkmöglichkeit
simío théas	Aussichtspunkt
agorá	Markt
chorió	Dorf
ekklisía	Kirche
fáros	Leuchtturm
froúrio	Festung
géfyra	Brücke
kástro	Burganlage

limáni	Hafen
monastíri	Kloster
moussío	Museum
parekklísi	Kapelle
platía	Dorfplatz
pýli	Tor
pýrgos	Turm
sintriváni	Brunnen
spíti / víla	Haus / Villa
táfos	Grabstätte
tíchos	Mauer
trápesa	Bank
akrotíri	Kap
farángi	Schlucht
gremós	Steilküste, Klippen
paralía	Strand
nissí	Insel
spíleo	Höhle
thálassa	Meer
vounó	Berg

Restaurant

psomí	Brot
soúpa	Suppe
kréas	Fleisch
psári	Fisch
barbúni	Rotbarbe
chtapódi	Oktopus
garídes	Garnelen
glóssa	Seezunge
kalamárakia	Tintenfisch
sinagrída	Meerbrasse
tsipoúra	Goldbrasse
xifías	Schwertfisch
frúta	Obst
karpúsi	Wassermelone
pepóni	Honigmelone
stafília	Weintrauben
rodákino	Pfirsich
jaoúrti me méli	Joghurt mit Honig
potá	Getränke
kafé (skéto)	(schwarzer) Kaffee
... me gála	... mit Milch
... me sáchari	... Zucker
tsái	Tee
neró	Wasser
lemonáda	Zitronenlimonade
portokaláda	Orangenlimonade
bíra	Bier
éna bukáli	eine Flasche
éna potíri	ein Glas
móno lígo	nur ein wenig
kalí órexi	guten Appetit
to logarjasmó	die Rechnung

Typische Gerichte

dolmádes	Weinblätter mit Reis und Hackfleisch gefüllt
féta	Schafskäse
skordaliá	Knoblauchcreme (kann sehr scharf sein)
taramosaláta	Fischrogensalat (sehr gut auf Weißbrot)
keftédes	kleine Frikadellen
sutzukákia	Hackfleischbällchen in einer Tomatensauce
biftéki	Gehacktes vom Grill, eine Art Frikadelle
stifádo	Fleisch-Zwiebel-Gericht, meist mit Kalbfleisch
souvláki	Fleischspieß
psitó arní	Lammbraten
paidákia arnísia	Lammkoteletts
moussakás	Auberginenauflauf mit Kartoffeln, Hackfleisch, Tomaten und Bechamelsauce
úso	Anisschnaps
súma	Tresterschnaps (teilweise sehr hochprozentig)
kókkino / áspro krasí	Rot- / Weißwein
retsína	geharzter Wein (gewöhnungsbedürftig ...)

GEOGRAFIE DER INSELN

Die Ionischen Inseln bilden das kleinste geografische Gebiet Griechenlands und bestehen (von Nord nach Süd) aus Korfu, Paxos, Lefkada, Ithaka, Kefalonia, Zakynthos und Kythira, die sich vor der Westküste Griechenlands aneinanderreihen. Ithaka, Kefalonia und Zakynthos liegen mitten im Ionischen Meer, gegenüber der Peloponnes und Zentralgriechenland und ca. 260 km Luftlinie von Athen entfernt.

Kefalonia ist mit 773 km² die größte der Ionischen Inseln und die sechstgrößte griechische Insel. Sie erstreckt sich über eine Länge von ca. 48 km und ist maximal ca. 30 km breit. Die Küstenlänge beträgt ca. 234 km. Der höchste Berg ist der 1628 m hohe Aenos. Von einer Unterkunft in der Inselmitte sind Tagesausflüge in die nördlichen oder südlichen Wandergebiete noch ohne allzu großen Fahraufwand möglich. Von Nord nach Süd fährt man ca. 2 Stunden mit dem Fahrzeug.

Die Insel **Zakynthos** ist mit einer Fläche von ca. 405 km² die drittgrößte Ionische Insel. Sie ist ca. 40 km lang und ca. 20 km breit – klein genug, um sie während eines Urlaubes gut kennenzulernen und alle hier beschriebenen Wanderungen von einem Standort aus zu unternehmen. Die Küstenlänge beträgt ca. 154 km. Die höchste Erhebung im Norden der Insel ist der 756 m hohe Vouni, im Süden der 492 m hohe Skopos.

Zum Mittelmeer ausgerichtete Festungsmauer der Venezianischen Festung bei Assos (Tour 3).

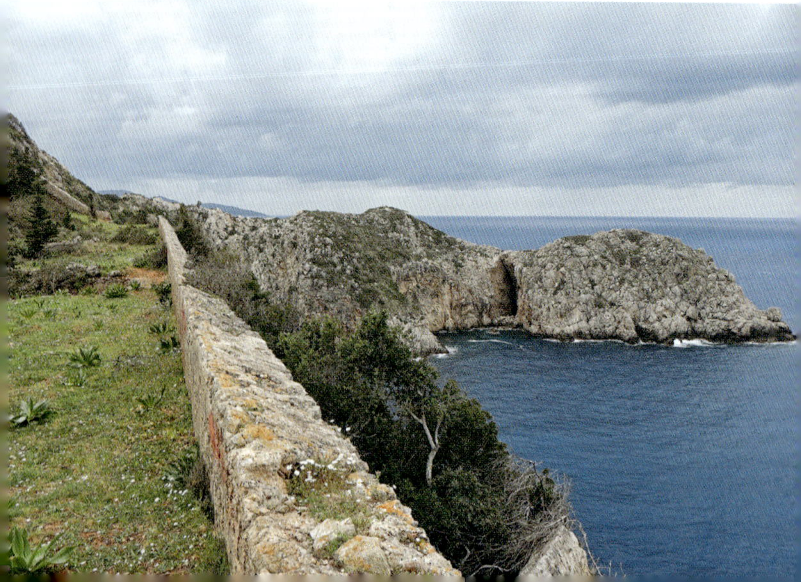

Die Insel **Ithaka** ist mit einer Fläche von ca. 96 km² die fünftgrößte der Ionischen Inseln. Sie erstreckt sich über eine Länge von ca. 22 km und ist maximal ca. 6 km breit. Die Küstenlänge beträgt ca. 84 km. Der höchste Berggipfel ist der 810 m hohe Agia Eleousa. Alle beschriebenen Wanderungen kann man bequem als Tagestouren unternehmen, ohne lange Strecken fahren zu müssen.

Geologie der Inseln

Während des Mesozoikums, auch Erdmittelalter, vor etwa 250 Millionen Jahren war unter anderem das heutige Griechenland vom Tethysmeer bedeckt. Es lag zwischen den beiden großen Landmassen jener Zeit, Laurasia im Norden und Gondwana im Süden. Über Jahrmillionen lagerten sich auf dem Meeresgrund Sedimente ab. Auch lebten dort zahlreiche Organismen, deren Schalen und Skelette von den Sedimenten begraben und versteinert wurden. Am Ende des Mesozoikums, vor etwa 66 Millionen Jahren, begann eine Periode intensiver Erdkrustenbewegungen. Die noch heute andauernden tektonischen Bewegungen führten zum Landschaftsbild der Inseln Ithaka, Kefalonia und Zakynthos, so auch zur Entstehung des Gebirgsmassives des Aenos auf Kefalonia. Dieses besteht hauptsächlich aus Kalkstein und Dolomiten aus der Kreidezeit.
Heute liegen die Inseln an der Plattengrenze von Eurasischer und Afrikanischer Platte. Viele Erdbeben suchten die Inseln in der Neuzeit heim, das schwerste am 12. August 1953, mit 476 Todesopfern und ca. 2500 Verletzten. Eine weitere Folge der Plattenkollision und zugleich Ursache der schweren Erdbeben ist der Hellenische Graben. Seine maximale Tiefe beträgt 5267 m – das ist die tiefste Stelle im Mittelmeer. Dieser sehr bemerkenswerte Unterwassercanyon im östlichen Mittelmeer läuft entlang der griechischen Küste von den Ionischen Inseln bis südöstlich von Kreta.
Die drei Inseln bestehen aus wasserlöslichen Gesteinen, die durch Oberflächen- und Grundwasser ausgelaugt werden. Sie sind also klassische Karstinseln mit kargen und auf Ithaka und Kefalonia steil aufragenden Bergen. So konnten sich die seltsamsten geologischen Formationen bilden, wie zum Beispiel die Grotte von Melissani und die Tropfsteinhöhle von Drogorati auf Kefalonia. Ebenfalls auf Kefalonia führt die Wanderung 12 zur Grouspa-Höhle (auch Razata-Höhle) mit ihren zahlreiche Stalagmiten und Stalaktiten und einer Fledermauskolonie.

Fauna – »in terra«

Die folgende Auflistung erhebt keinen Anspruch auf Vollständigkeit und sind nicht zur klassischen Bestimmung gedacht. Sie beschreibt meine Begegnungen mit der Tierwelt während meiner Recherchereise.
Unter den Nutztieren sind Schafe omnipräsent. Nicht selten versperren – immer wieder sehr überraschend hinter einer Kurve – ganze Herden die Straße. Laut einer Statistik besitzt jeder Einwohner Griechenlands ein Schaf

oder Ziege, also reden wir von ca. 10 Millionen. Berühmte Erzeugnisse sind der aus frischer Schafsmilch erzeugte Feta oder das Lammfleisch.

Streunende Hunde sind auf den Inseln oft anzutreffen. Die meisten sind sehr ängstlich und bellen zwar, beißen aber nicht. Die sehr großen und kräftigen Herdenschutzhunde hingegen können sehr aggressiv werden. Für den Fall der Fälle ist es sinnvoll, Wanderstöcke dabeizuhaben.

Griechenland steht mit insgesamt 53 Reptilienarten (Quelle: Liebscher Naturreiseführer) auf einem der Spitzenplätze in Europa. Auf den drei Inseln gibt es nur drei Schlangenarten, alle sind nicht giftig. Auch ist die Wahrscheinlichkeit, einer Schlange zu begegnen, sehr gering, denn sie flüchten, bevor man überhaupt in ihre Nähe kommst.

Aus der Welt der Insekten hat mir zum Beispiel dieser prachtvolle giftgrüne Käfer Modell gestanden (siehe Foto rechts).

Bisher wurden 237 verschiedene Vogelarten auf Kefalonia entdeckt, wo es aufgrund der hohen Berge sehr viele Rückzugsgebiete gibt. Im Vergleich dazu ist die Artenvielfalt auf Zakynthos mit seiner sanften Hügellandschaft und der dichteren Bebauung nicht so groß. Beide Inseln sind wichtige Rastplätze für Zugvögel.

Auf Wanderungen gibt es mit etwas Glück zu entdecken: Bienenfresser (nur in den Sommermonaten), Grauortolan, Steinschmätzer, Mittelmeer-Steinschmätzer, Weißbartgrasmücke, Wintergoldhähnchen, Gartenbaumläufer, Sommergoldhähnchen, Zwergohreule und Gänsegeier. Sehr oft zu sehen sind hingegen Tannenmeise, Eichelhäher, Elster, Schwarzspecht und Wiedehopf.

Zakynthos ist auch Lebensraum der Unechten Karettschildkröte.

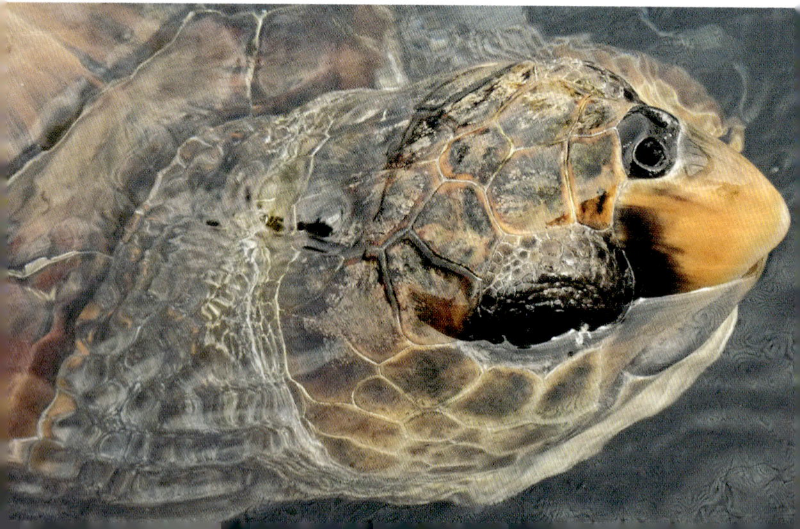

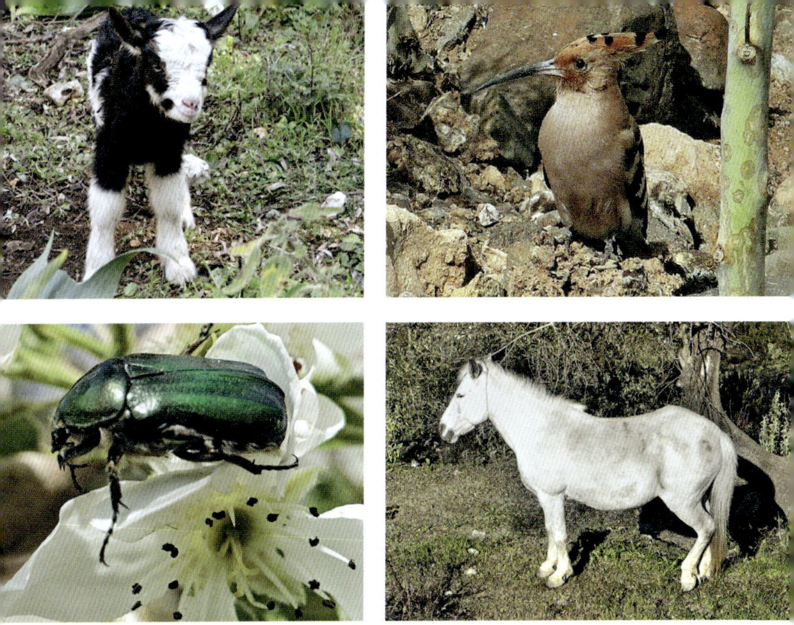

Unterschiedliche Facetten der Fauna auf den Inseln Ithaka, Kefalonia und Zakynthos.

Fauna – »ut aqua«

Fische stehen allerorts auf der Speisekarte. Aber der Schein trügt, denn fangfrische Fische sind Mangelware – die Fanggründe sind leergefischt. Fisch ist inzwischen eine Delikatesse und dementsprechend teuer.

Für tief tauchende Meeressäuger, insbesondere Pottwale und Cuvier-Schnabelwale, ist der Hellenische Graben im Ionischen Meer ein sehr wichtiger Lebensraum.

Die vom Aussterben bedrohte Unechte Karettschildkröte nutzt die Strände Laganas, Gerakas und Sekania auf der Insel Zakynthos als Nistgebiete. Der Zugang zum Sekania-Strand ist ganzjährig gesperrt, denn er ist Teil des 1999 gegründeten Meeresnationalparks. 50 % aller Gelege der Karettschildkröte auf Zakynthos, das entspricht 600–700 Nestern, befinden sich nur an diesem Strandabschnitt. Es ist sehr wichtig, die Gelege zu schützen, da die Überlebensrate der geschlüpften Schildkröten schon von Natur aus extrem niedrig ist: Nur ein bis zwei Schildkröten aus einem Gelege von 1000 Eiern erreichen das Erwachsenenalter. Auf der Insel Kefalonia befindet sich links von der De-Bosset-Brücke nahe der Inselhauptstadt die Koutavos-Lagune, heute ein Naturschutzgebiet und ebenfalls Lebensraum der Unechten Karettschildkröte, die man mit etwas Glück beobachten kann.

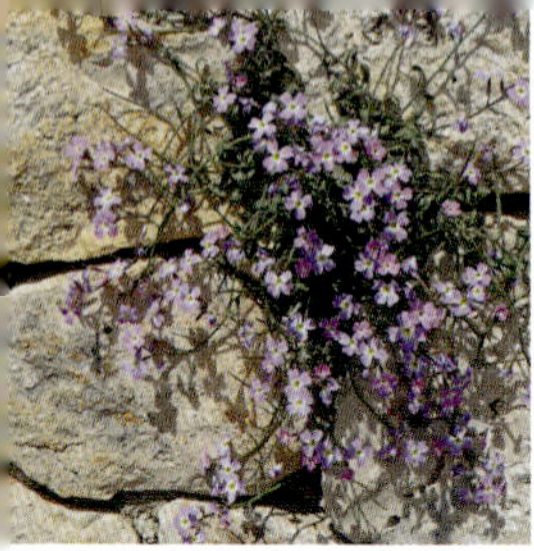
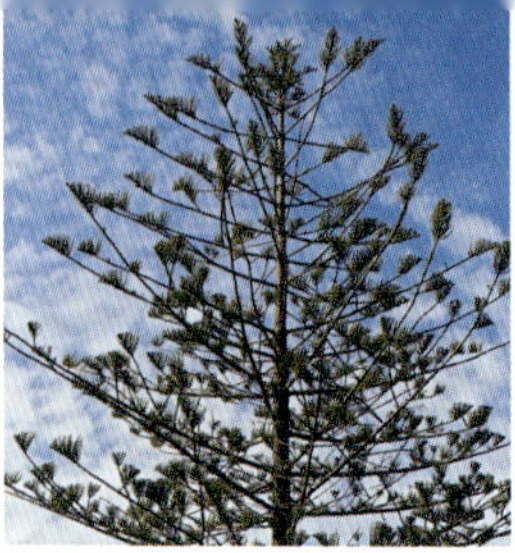
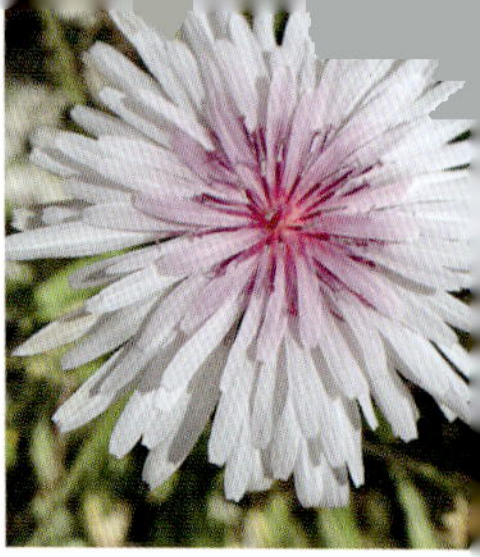
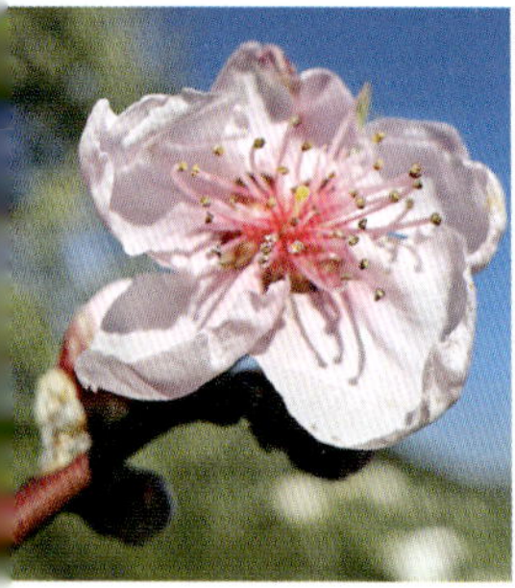
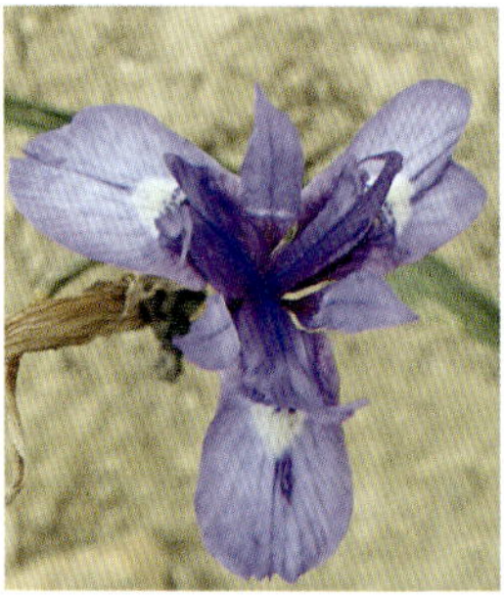
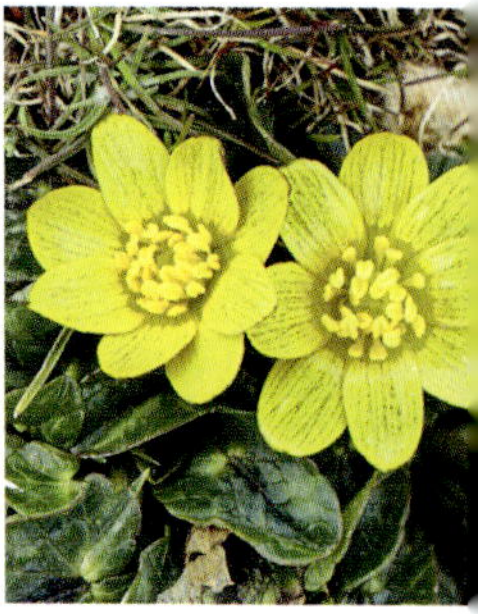
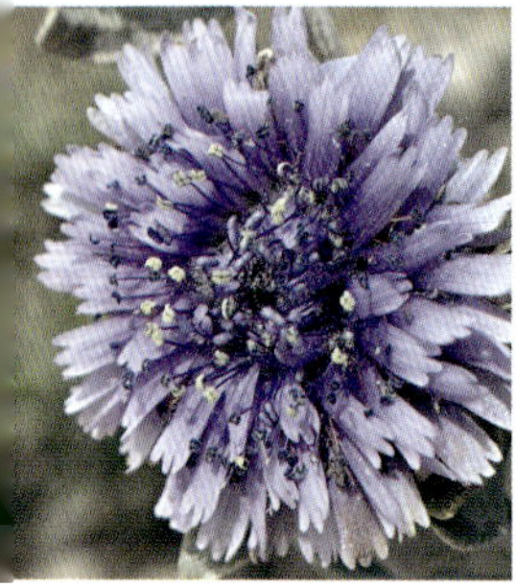
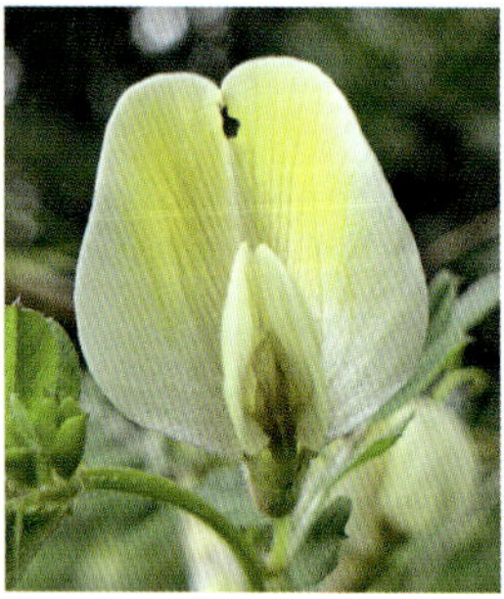
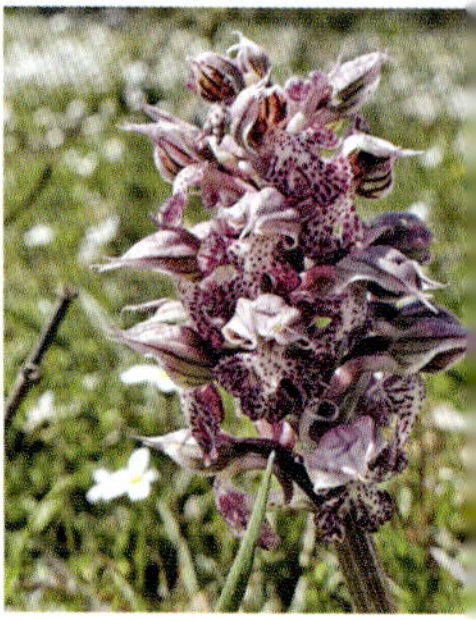
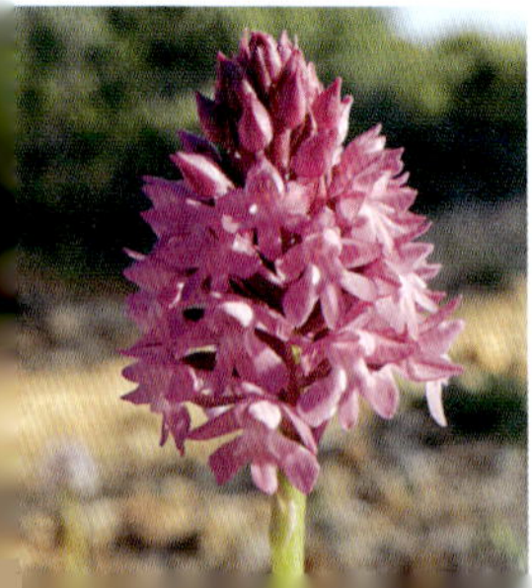
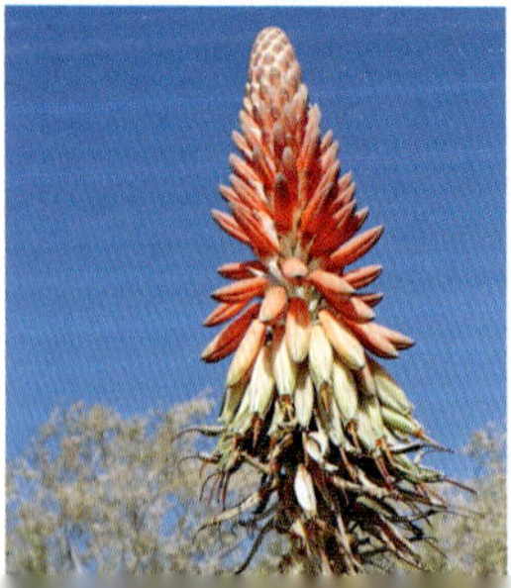
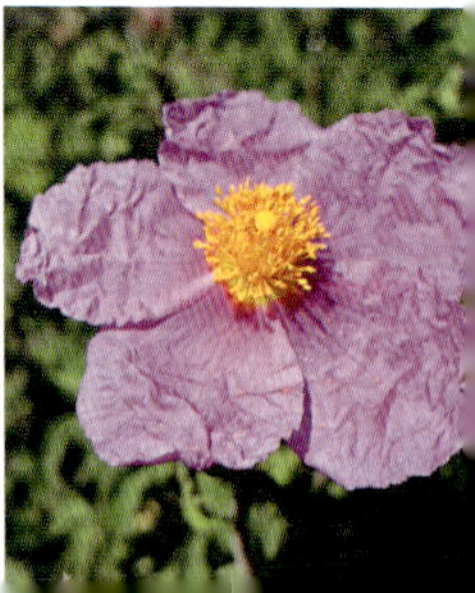

Generell ist es eine große Herausforderung, den Mittelweg zwischen Tourismus und dem Schutz der Unechten Karettschildkröte zu finden.
Weiterhin sind die Gewässer vor den Inseln Lebensraum von Delfinen und der Mittelmeer-Mönchsrobbe Monachus monachus, eines der seltensten Säugetiere Europas.

Flora

In der Vergangenheit bedeckten Wälder die Inseln Ithaka, Kefalonia und Zakynthos. Heutzutage dominiert vielerorts die **Macchia**, die mittelmeertypische Hartlaubvegetationszone mit bis zu 3 m hohen Büschen entlang der Küstenlinie und bis auf etwa 800 m Höhe. Diese Büsche vermischen sich mit verschiedenen Sträuchern wie zum Beispiel Oleander, Erdbeerbäumen, kleinwüchsigen Kermeseichen und Ginster.
Das bis zu 1 m hohe, immergrüne, mit Dornen und Stacheln bestückte Busch- und Strauchwerk der **Phrygana** ist eine Herausforderung für den Wanderer und gegen Fraß durch Ziegen oder Schafe gefeit. Typische Pflanzen dieses Ökosystems sind: Dornige Bibernelle, Dornbusch-Wolfsmilch, Zistrosen, Nadelröschen, Behaarter Stechginster, Strauchiges Brandkraut, Thymus holosericeus aus der Gattung der Thymiane, Griechischer Oregano, Schwarznessel, Weißer Affodill, Traubenhyazinthen und die Weiße Meerzwiebel.
Folgende Orchideenarten sieht man von Mitte März bis Mitte Mai auf den Inseln: Kefalonische Ragwurz, Hufeisen-Ragwurz, Gottfrieds Ragwurz, Ionischer Zungenstendel, Armblütiges Knabenkraut und Vierpunkt-Knabenkraut.
Auf den kultivierten Flächen ist der omnipräsente Olivenbaum zu finden, aber auch Orangen, Zitronen und Wollmistel werden angepflanzt. In Niederungen oder an Seen fühlen sich einige wenige Eukalyptusbäume wohl, in Meeresnähe Tamarisken – die im Frühjahr faszinierend blühen. Selten kommen der Johannisbrotbaum, die Norfolktanne und die Silberpappel vor. Hingegen sind die Aleppo-Kiefer und die Mittelmeerzypresse weit verbreitet. Die immergrüne baumförmige Kermeseiche ist in Höhen zwischen 600 und 1000 m zu finden und kann Wuchshöhen von bis zu 12 Metern erreichen. Ihre Borke ist hellgrau und glatt.
Der Vollständigkeit halber: Agaven und Kakteen kommen eher selten vor.
Ein absolutes Highlight sind die vielen Obstbäume, die hauptsächlich auf Kefalonia zu sehen sind und im April blühen.
Ein komplett eigenständiges Ökosystem mit etwa 400 Pflanzenarten weist der Nationalpark Aenos Kefalonia auf, unter ihnen die endemische, kleine und lila blühende »Cephalonian Violet«, die in Felsritzen zu finden ist. Der 1628 m hohe Berg Aenos wurde von den Venezianern wegen seiner dunklen Farbe »Monte Negro« genannt. Die Farbe geht auf die Kefalonische Tanne (Abies cephalonica) zurück, die in den griechischen Gebirgen endemisch ist.

Impressionen der Flora auf den Inseln.

Klima

Das Klima auf Kefalonia, Ithaka und Zakynthos ist klassisch mediterran mit mäßigen Niederschlägen im Winter und aufgrund des Kühleffekts des Mittelmeers erträglich heißen Sommern. Die durchschnittliche Jahrestemperatur beträgt ca. 19 °C und die Luftfeuchtigkeit ca. 65 %. Es gibt pro Jahr beachtliche 296 Tage mit Sonnenschein. Und statt der vier klassischen Jahreszeiten, wie wir sie in Mitteleuropa kennen, herrscht auf den Inseln auch im Winter herbstliches bzw. frühlingshaftes Wetter. Die beste Zeit für eine Reise auf die Ionischen Inseln hängt davon ab, was man auf den Inseln unternehmen möchte.

Von März bis Mai ist die Blüte- und Reifezeit, und es ist noch nicht so warm. Die beste Reisezeit für einen Wanderurlaub startet im April, es ist noch mit vereinzelten Niederschlägen zu rechnen, und die Durchschnittstemperatur beträgt ca. 15 °C. Die warme und sonnige Zeit auf Kefalonia beginnt im Mai, wo angenehme 24° erreicht werden und den Urlauber eine farbenprächtige Blumenvielfalt erwartet. Außerdem sind zu dieser Zeit nur sehr wenige Touristen auf der Insel.

Von Juni bis Oktober gibt es wenig bis gar keinen Niederschlag. Dies ist die Hochsaison für alle Strand- und Badeurlauber. In dieser sehr heißen Hauptreisezeit sind die Strände und Restaurants sehr belebt. Die Temperaturen

Das Dorf Katsarata vor einem Gewitter (Tour 2).

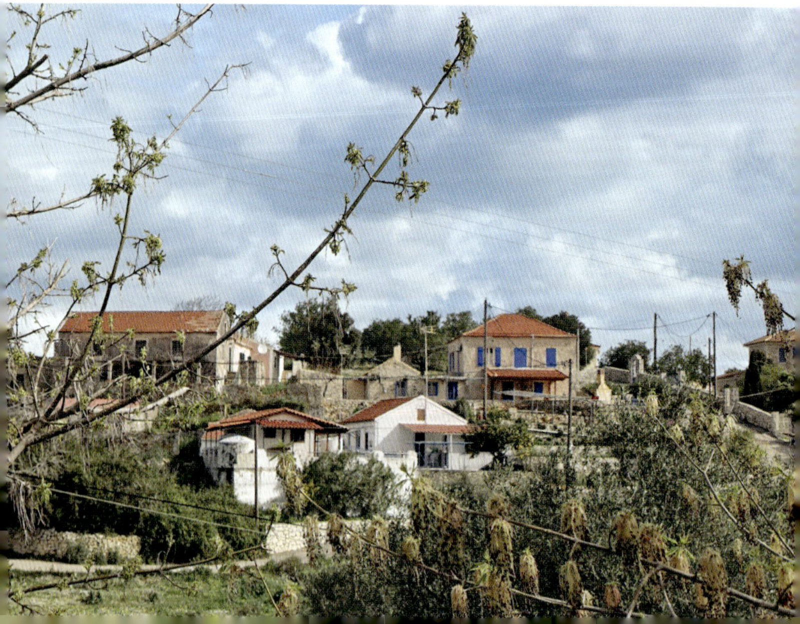

KLIMATABELLE KEFALONIA

		Jan	Feb	Mrz	Apr	Mai	Jun	Jul	Aug	Sep	Okt	Nov	Dez
max. Tagestemperatur	**°C**	14	14	16	19	24	28	31	31	28	24	19	15
min. Nachttemperatur	**°C**	4	5	7	9	13	17	19	19	17	13	10	6
Sonnenstunden	**h**	4	5	6	8	9	11	12	11	9	7	4	3
Regentage		12	12	10	9	5	2	1	1	7	8	14	17
Wassertemperatur	**°C**	14	14	14	16	18	21	23	24	23	21	18	16

KLIMATABELLE ZAKYNTHOS

		Jan	Feb	Mrz	Apr	Mai	Jun	Jul	Aug	Sep	Okt	Nov	Dez
max. Tagestemperatur	**°C**	14	14	16	20	25	29	32	32	29	25	20	16
min. Nachttemperatur	**°C**	8	8	10	13	16	19	22	22	20	17	14	10
Sonnenstunden	**h**	4	5	6	8	9	10	12	11	9	7	5	3
Regentage		13	13	10	6	3	2	0	1	3	8	11	15
Wassertemperatur	**°C**	12	12	13	14	18	22	24	25	23	20	17	16

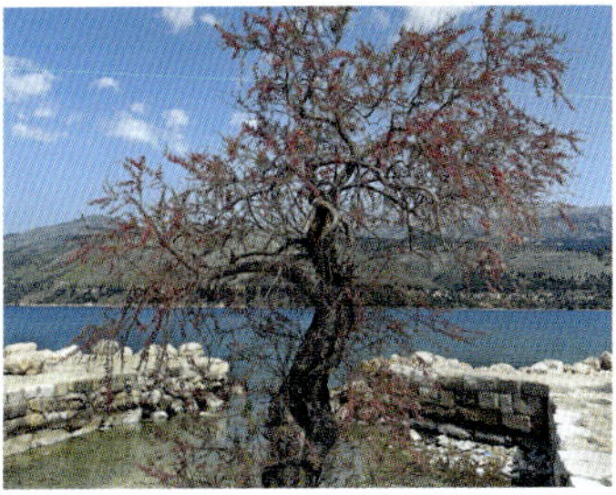

können Spitzenwerte von 40 °C erreichen, die Durchschnittstemperatur beträgt ca. 32 °C, und die Wassertemperatur liegt bei ca. 24 °C. Die Luft wird oft durch eine leichte Brise erfrischt. Mistral, der Wind, der auf den Inseln weht, kommt am frühen Nachmittag auf und weht von Norden nach Süden. Eine besonders schöne Zeit für einen Wanderurlaub auf Kefalonia und Zakynthos ist September. Das Meer ist noch angenehm warm zum Baden und man trifft nur auf wenige Touristen.
Von November bis Februar herrscht Regenzeit, aber die Temperatur sinkt in der Regel nicht unter 10 °C. In den Hochlagen auf Kefalonia fällt Schnee. Sehr viele Unterkünfte auf Kefalonia und Zakynthos haben im Winter geschlossen, was aber nicht bedeutet, dass die beiden Inseln in dieser Jahreszeit nicht sehenswert sind. Für alle Wander- und Radbegeisterte ist Kefalonia im Winter ein Geheimtipp – warme Sachen einpacken und die Insel ganz für sich alleine haben und das Leben der Einheimischen erleben.
Die jeweils verlässlichsten und besten Wetterberichte für 7 Tage mit der Wetterentwicklung für insgesamt 14 Tage erhält man auf den Webseiten von Meteoblue. Es werden jeweils Temperatur, Windrichtung, Windgeschwindigkeit, Niederschlag, Niederschlagswahrscheinlichkeit und zu erwartende Sonnenstunden angezeigt.

■ Wettervorhersage für die Inseln z.B. auf meteoblue.com

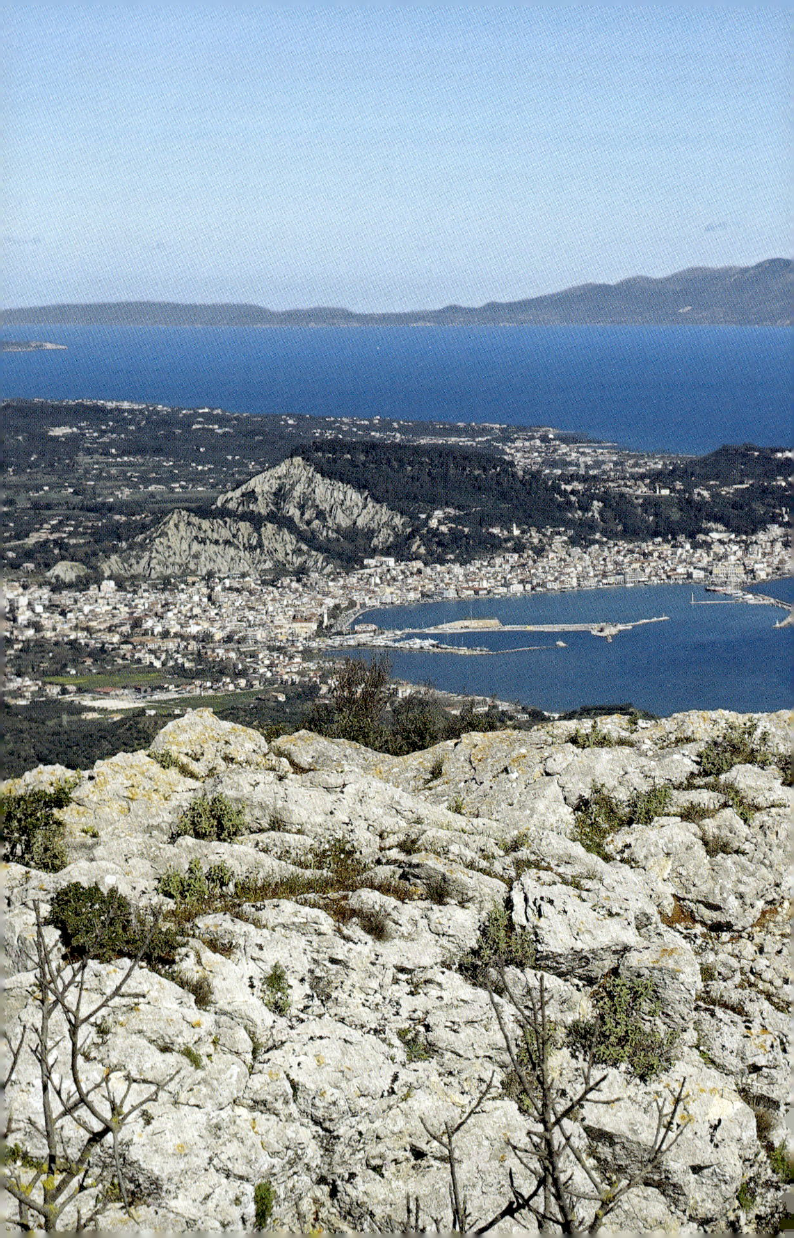

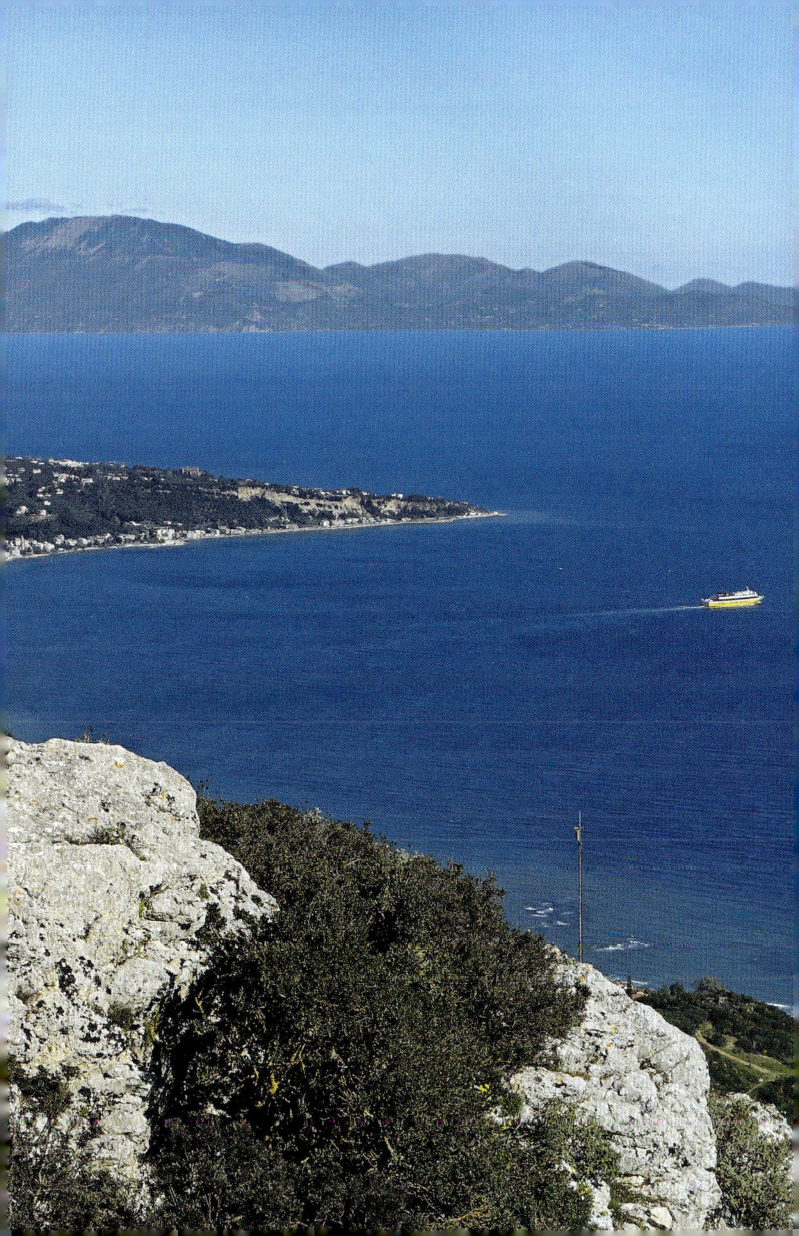

Wanderungen auf der Insel Kefalonia

Kefalonia ist eine vom Massentourismus unentdeckte Perle im Ionischen Meer, mit zahlreichen abgelegenen Stränden, die zu den malerischsten und saubersten in Griechenland zählen. Das Eiland bietet sowohl Strände mit touristischer Infrastruktur als auch Buchten, die man nur zu Fuß oder über enge Serpentinenstraßen erreichen kann. Dort gibt es sogar in der Hochsaison Ruhe und Entspannung. Der 1 km lange Myrtos-Strand zählt zu den schönsten Stränden Griechenlands. Noch leben die Menschen überwiegend vom Wein- und Olivenanbau, der Schafzucht, dem Fischfang und immer mehr vom Tourismus.

Im Bezug auf Wandern ist Kefalonia immer noch ein ungeschliffener Diamant. Dabei ist die Insel dafür wie geschaffen aufgrund der unberührten Natur mit viel Grün, mit dichten schwarzen Tannenwäldern, mit ihren teils versteckten Stränden, hoch aufragenden und vom Tourismus noch nicht entdeckten Gebirgen und dem mit 1628 m höchsten Berg im Ionischen Meer. Aber Wandern auf Kefalonia ist nicht jedermanns Sache – es hat immer etwas Abenteuerliches, da nur wenige Wege und Pfade markiert sind. Historische alte Verbindungspfade sind dabei, zuzuwuchern. Aber gerade das macht einen besonderen Reiz aus, denn immer wieder trifft man auf verlassende Orte und halb verfallene Kirchen. Dazu ergibt sich immer wieder eine atemberaubende Aussicht über Berge und Meer.

10 BESONDERE UNTERKÜNFTE AUF KEFALONIA

Thalassa Boutique Hotel (€€€)
Das 2012 renovierte Thalassa Boutique Hotel überzeugt mit Luxus und Eleganz.
■ Lassi, thalassahotel.gr (38.158076 20.476974; Touren 13, 14)

Hotel Emelisse Nature Resort (€€)
Das Emelisse Nature Resort liegt aussichtsreich wunderschön und oberhalb der Bucht von Emblisi in der Nähe des malerischen Fischerdorfes Fiskardo.
■ Fiskardo, emelisseresort.com (38.466755 20.575368; Tour 6)

F Zeen Retreat (€€€)
In einer spektakulären Lage mit Blick auf den Strand von Lourdas und die Insel Kafalonia steht das neu erbaute Boutique-Hotel F Zeen Retreat.
■ Lourdata, fzeenretreat.com (38.114079 20.6365231; Touren 6–30)

Linardos Apartments (€)
Diese Unterkunft ist 1 Gehminute vom Strand entfernt, in der schönen Bucht von Assos mit zahlreichen Tavernen.
■ Assos, linardosapartments.gr (38.377095 20.539113; Tour 8)

North Point Rooms (€€)
Die North Point Rooms in Markandonata bieten einen Pool, eine Gemeinschaftslounge und einen wunderschön angelegten Garten.
■ Markandonata, northpoint.gr (38.459267 20.549364; Tour 7)

Steinvilla Nemus (€€)
Die Villa Nemus ist ein umgebautes und renoviertes Steinhaus aus dem

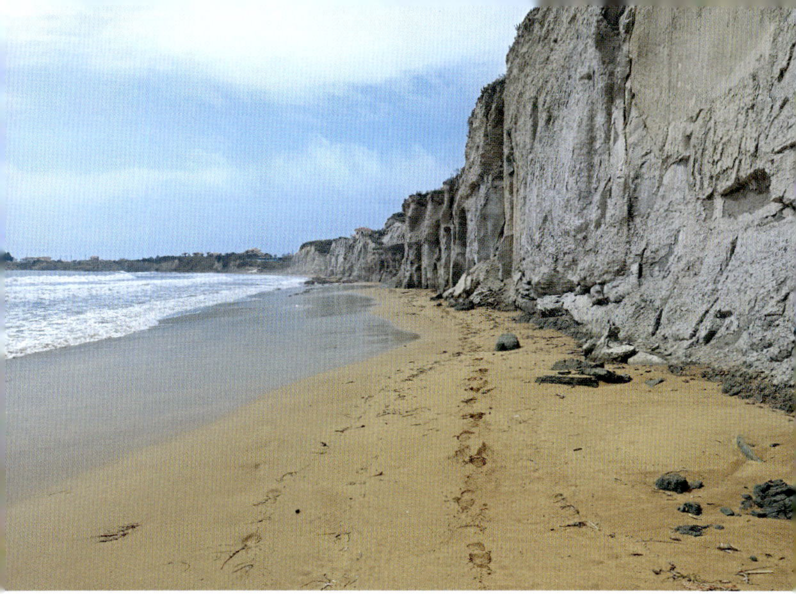

Die einmalige Sandsteinküste kurz vor dem Kap Akrotiri (Tour 9).

19. Jahrhundert in ländlicher Umgebung in der Nähe von Fiscardo.
■ Fiscardo, steliata.gr (38.450329 20.550291; Tour 9)

Hotel Leivatho (€€)
Das familiengeführte Hotel Leivatho liegt am Strand von Avithos und bietet Panoramablick auf das Meer sowie einen Pool, der von einer möblierten Sonnenterrasse umgeben ist.
■ Svoronata, leivathohotel.gr (38.105194 20.537887; Touren 15, 16, 17, 29 und 30)

Koxyli Studios & Apartments (€)
Die schlicht eingerichteten Studios im Koxyli verfügen über eine gut ausgestattete Küchenzeile mit einem Kühlschrank und einem Backofen mit Kochfeldern sowie einen Balkon.
■ Metaxata, koxyli-village.gr (38.123460 20.539053; Touren 26, 27 und 28)

Front Suites (€€)
Die Beachfront Studios sind nur eine Gehminute vom schönen Strand entfernt.
■ Lourdas-Strand, greekislandretreats.com/destinations/lourdata (38.112464 20.636671; Touren 18, 19 und 20)

Tourist Boutique Hotel (€€)
Das Hotel Tourist befindet sich in der Bucht von Argostoli und bietet klimatisierte, schallisolierte Zimmer (da es unmittelbar an der Hauptstraße liegt).
■ Argostoli, hoteltourist.gr (38.177163 20.489585; Touren 10, 11 und 12)

↗ 360 m | ↘ 360 m | 12.0 km

1 Fiskardo – Antipata – Eblissi-Strand

3.15 h

Um das Nordkap von Kefalonia

Die Erkundung des nördlichsten Zipfels von Kefalonia beginnt in dem ehemaligen byzantinischen Hafen Fiskardo – einem malerischen Ort wie aus einem Bilderbuch. Ein historischer Pfad verbindet die Ostküste mit der Westküste der Ionischen Insel. Neben einem wunderschönen Aussichtspunkt befinden sich dort auch die Überreste einer deutschen Kanonenstellung aus dem Zweiten Weltkrieg. Zu sehen sind noch die Befestigungsbolzen der Geschütze auf einer Bodenplatte sowie zwei in den Fels geschlagene Höhlen, in denen das Munitionslager untergebracht war. Auf dem Rückweg erkunden wir drei Buchten mit dem Dafnoudi-, dem Kimilia- und dem Eblissi-Strand – zahlreiche Möglichkeiten, ein Sonnenbad oder ein erfrischendes Bad im Meer zu nehmen. Der Wegabschnitt zwischen den letzten zwei Buchten führt durch einen faszinierenden Wald mit zahlreichen immergrünen Erdbeerbäumen. Sie sind leicht zu erkennen an ihrer auffällig rötlich-braun gescheckten Rinde und je nach Saison an ihren roten, fleischigen Früchten.

Alte und gut erhaltende Verbindungspfade wie diesen gibt es auf Kefalonia selten.

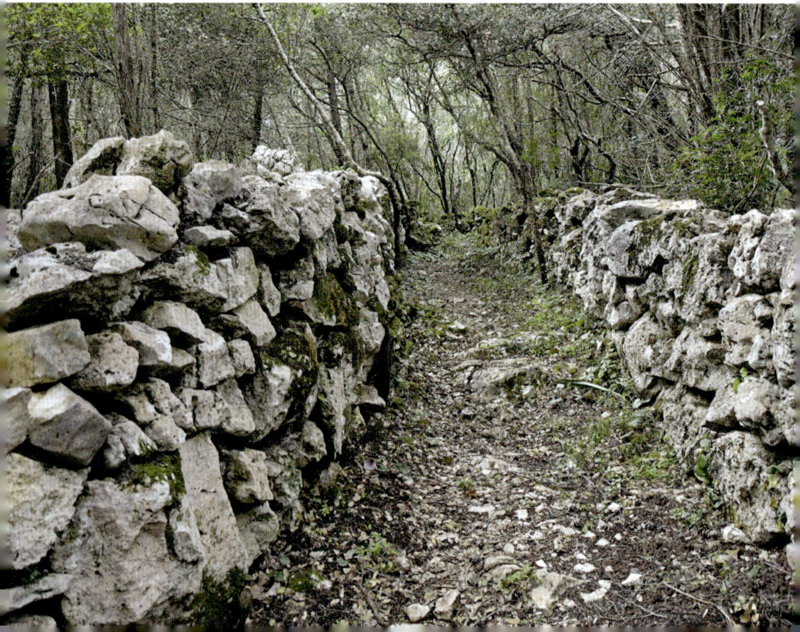

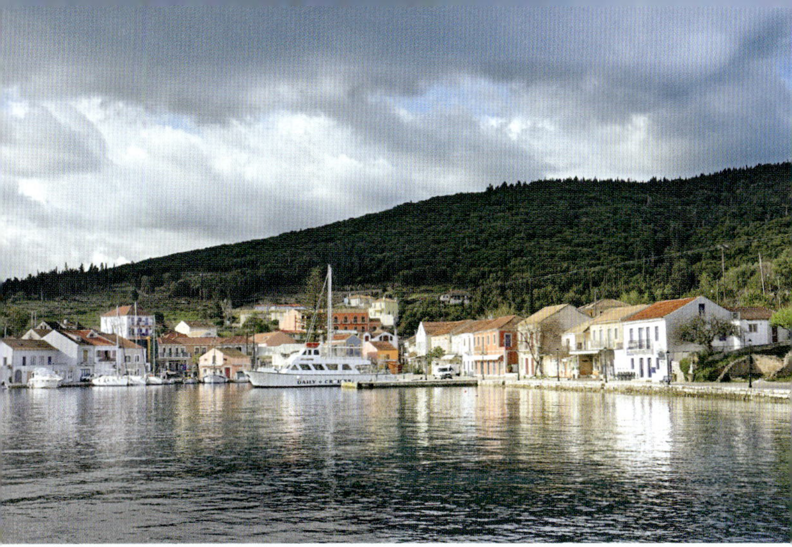

Der ehemalige byzantinische Hafen Fiskardo.

Ausgangspunkt: Marktplatz in Fiskardo, 2 m (38. 462433 20.575800), im Norden von Kefalonia, 48 km von Argostoli. Parkgelegenheiten gibt es im Umfeld des Hafens oder oberhalb des Dorfes (siehe Tour 2). – Öffentliche Verkehrsmittel: Bus von Argostoli nach Fiskardo.

Anforderungen: Auf den langen Wegabschnitten durch den Wald benötigt man einen guten Orientierungssinn. Art des Weges: 30 % Straße, 30 % Pfad und 40 % Piste.
Einkehr: Unterwegs keine.
Tipp: Badesachen nicht vergessen.

Vom Parkplatz an der nördlich gelegenen Hafenmole in **Fiskardo** ❶ gehen wir in südliche Richtung bis zum kleinen Marktplatz mit dem Supermarkt. Den Platz verlassen wir durch die Seitenstraße an der Apotheke vorbei. Im Weiteren überqueren wir die Hauptstraße und verlassen den Ort auf der beginnenden Schotterpiste. Hinter einem allein stehenden Haus passieren wir einen in den Fels gemeißelten Sitzplatz, einen Thron aus der Bronzezeit. An einer Wegkreuzung – mit mehreren Wegweisern – gehen wir geradeaus auf dem Pfad weiter. Der nun historische Weg ist gesäumt von einer Steinmauer, die wiederum dicht mit Moos bewachsen ist.
An einer 3-Wege-Gabelung folgen wir dem geradeaus weiterführenden Arm. Einen nach rechts abbiegenden Pfad – auf Höhe von Ruinen – ignorieren wir. Anschließend gehen wir zwischen den Ruinen des ehemaligen Dorfes **Psilithrias** hindurch und weiter auf der beginnenden Piste. 50 m vor einer querenden asphaltierten Straße marschieren wir links auf der weiß-blau markierten Schotterpiste – nach einigen Metern wird sie zum Pfad –

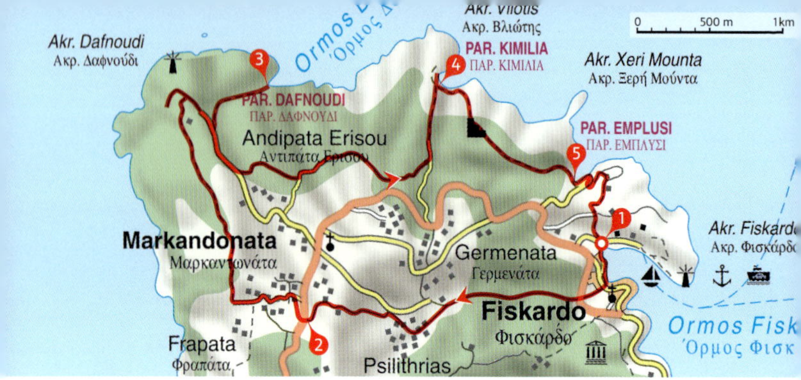

weiter. Der Pfad mündet in eine Schotterpiste, und nach einem Platz gehen wir scharf links. Der Wanderweg passiert die Grundstücksgrenze eines Neubaus. Bei der nachfolgenden Weggabelung halten wir uns links. Auf Höhe einer Zufahrt verlassen wir die Piste nach halb rechts auf dem weiterführenden Pfad. Wo dieser an einer Piste endet, gehen wir rechts und überqueren die Ortsdurchgangsstraße des Dorfes **Antipata** ❷.

Danach wandern wir halb rechts über Felder, bis der Pfad an einer Straße endet. Der Straße folgen wir links hinunter, um dann an der Weggabelung – vor der Kapelle – rechts zu gehen. Abermals gabelt sich die Straße, wir folgen dem halb rechten Arm. Vor einer großen Steinmauer – hinter der man das Meer sieht – halten wir uns rechts und gelangen hinter einem Ziegengatter in einen lichten Wald. Da keine ausgeprägte Trittspur mehr zu sehen ist, orientieren wir uns am Verlauf einer Steinmauer. An einer weiteren Weggabelung – mit einem vertrockneten Baum – marschieren wir halb rechts, ab hier auch weiß-blau markiert. Der Pfad endet und wir schwenken nach links – rechts befindet sich unser späterer Rückweg – bis zu einem schönen Aussichtspunkt und einer **Deutschen Kanonenstellung** aus dem Zweiten Weltkrieg.

Wir gehen bis zur letzten Weggabelung zurück und dann geradeaus weiter Richtung Fiskardo. Nach einigen Metern auf der Straße – in südliche Richtung – zweigen wir scharf links ab und gelangen auf einem mit Steinen verlegten Weg zum romantisch gelegenen **Dafnoudi-Strand** ❸.

Den 50 m breiten Kieselsteinstrand verlassen wir so, wie wir gekommen sind, und folgen dann weiter dem Verlauf der Straße. Auf Höhe von Feldern zweigen wir links auf den ausgeschilderten und blau-weiß markierten Pfad nach Fiskardo ab. Bei einem verknöcherten Olivenbaum folgen wir dem Pfad links durch ein Ziegengatter und gehen nach nur 7 m – diese Stelle kann man leicht übersehen – rechts und entlang eines Zauns. Wir stoßen auf einen weiteren Weg, auf dem wir nun links bergab wandern. Der Weg geht in einem Pfad über. Bei einer Gabelung auf einer Lichtung halten wir

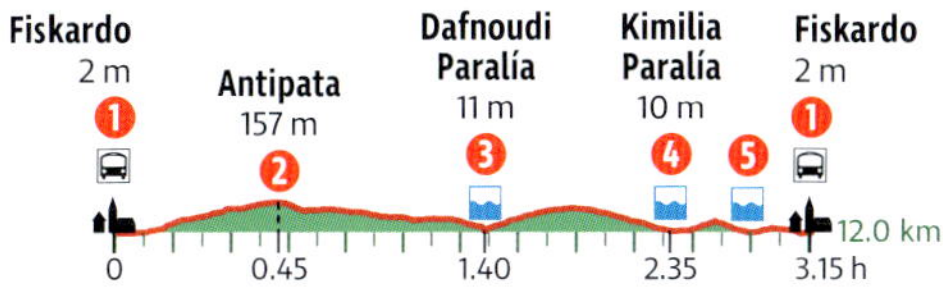

uns halb rechts. Die nachfolgend abzweigenden Pfade ignorieren wir, bleiben immer auf dem Hauptweg und marschieren auf einer Schotterpiste links bergab. Bei einer Lichtung mit Parkplatz beginnt hinter Begrenzungssteinen der Weg zum **Kimilia-Strand** 4. Wandern wir links am felsigen Uferstreifen entlang, so erreichen wir noch eine weitere abgelegene Badebucht. Danach geht es zum **Kimilia-Strand** 4 zurück.
Am rechten Ende des ca. 80 m breiten, mit groben Kieselsteinen übersäten Strandabschnitts beginnt oberhalb der Felsen ein weiß-blau markierter Wanderweg. Dieser verlässt die Uferlinie und führt durch einen kleinen Wald mit Erdbeerbäumen. Nach einem weiteren Aufstieg und Abstieg endet der Pfad am schönsten Strand der heutigen Rundwanderung, dem **Eblissi-Strand** 5. Den ca. 70 m breiten und an einigen wenigen Stellen sandigen Strand verlassen wir auf der Zufahrtsstraße zum Hotel Emelisse, also Richtung Osten.
Nach der ersten Rechtskurve verlassen wir kurz die Straße und nehmen einen weiß-blau markierten Pfad. Im Weiteren mündet der Pfad wieder in die Zufahrtsstraße, und wir folgen den weiß-blauen Markierungen durch das Hotelgelände. Auf der dahinter liegenden Straße geht es ein kurzes Stück bergab und bei der nächsten Möglichkeit links auf eine Piste. Wo diese endet, setzt sich ein Pfad fort bis zu einer Straße, die zurück zum **Ausgangspunkt** 1 führt.

Der Eblissi-Strand.

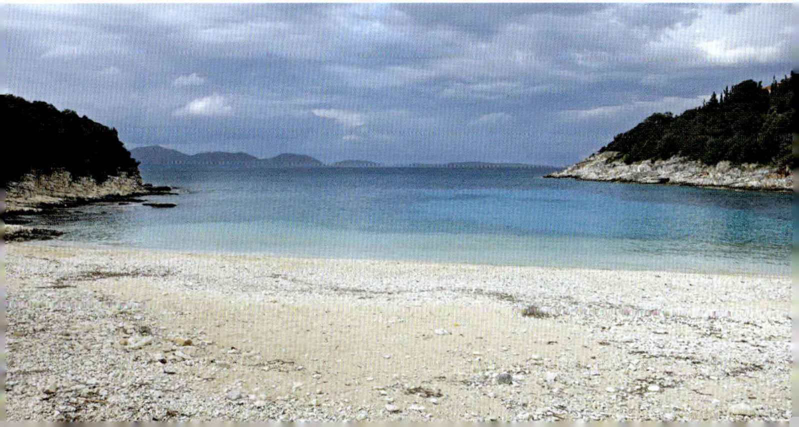

↗ 220 m | ↘ 220 m | 5.1 km

2 Fiskardo – Katsarata – Tselendata

1.30 h

Der Zypressenpfad

Fiskardo liegt an der schmalsten Stelle des Meeres zwischen den Inseln Kefalonia und Ithaka. Im Hochsommer tummeln sich unzählige Boote im Hafen, der von farbenfrohen Häusern umgeben ist. Von dort brechen wir auf, um die Höhle der Nymphen, die Ruinen des Weilers Spiliovouno und einer Windmühle zu entdecken. Ein historischer Pfad durch die hügelige Bergwelt verbindet die urigen Dörfer Katsarata und Tselendata. In Tselendata treffen wir auf eine paradoxe Synergie aus Ruinen und hochmodernen Villen: Zu Beginn des 20. Jh. lebten in dem Dorf nur noch 20 Menschen, Trinkwasser musste mühsam in Zisternen gesammelt werden. Heute verfügt fast jedes Haus über einen riesigen Swimmingpool. Ein solcher wird in der fjordähnlichen Bucht des Foki-Strands nicht benötigt – am Strand bietet sich eine gute Gelegenheit, sich zu erfrischen, sich unterhalb schattigen Olivenbäumen zu erholen oder in der Taverne zu speisen, bevor der Rückweg folgt.

Weithin bekannt ist der hübsche Ort Fiskardo.

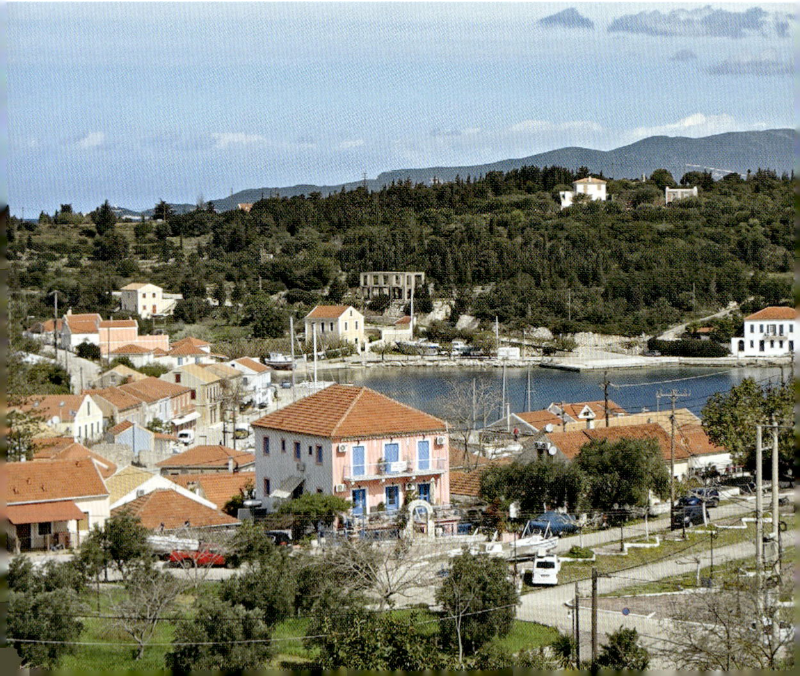

Ausgangspunkt: Fiskardo, 18 m (38. 459055 20.576450), im Norden von Kefalonia, 49 km entfernt von der Inselhauptstadt Argostoli. Großer Parkplatz südlich der Bucht oberhalb des Ortes. – Öffentliche Verkehrsmittel: Bus von Argostoli nach Fiskardo.
Anforderungen: Waldwege ohne besondere Anforderungen. Art des Weges: 30 % Pfad, 30 % Straße und 40 % Piste.
Einkehr: Bei Km 3,9 eine Taverne.
Tipp: Badesachen nicht vergessen.

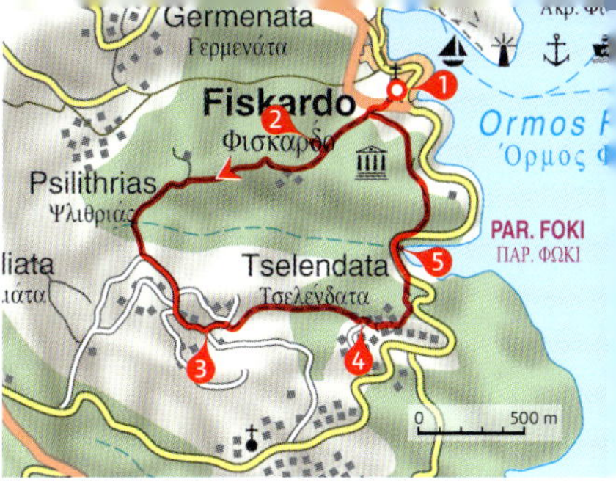

Den großen **Parkplatz** etwas oberhalb von **Fiskardo** ❶ verlassen wir in Richtung der riesigen Wassertanks, an deren rechter Seite wir vorbeimarschieren. An der nächsten Weggabelung folgen wir dem geradeaus weiterführenden Arm. Hinter

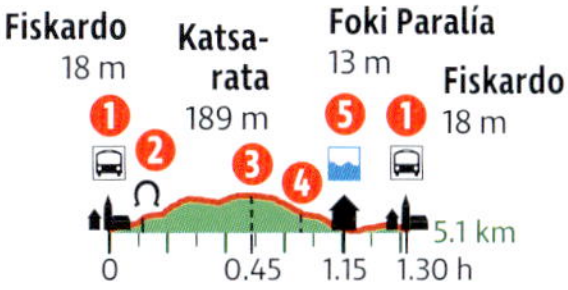

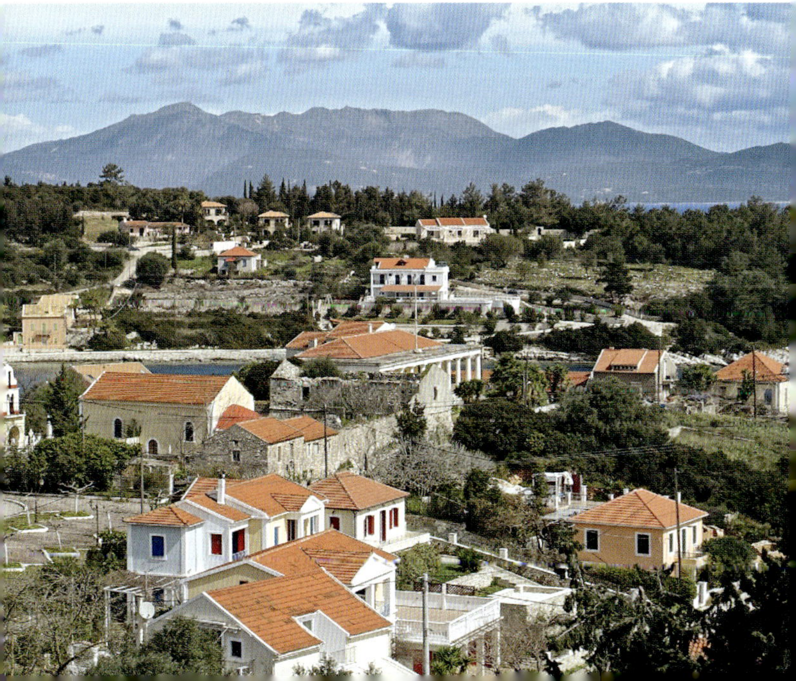

einem blauen Tor beginnt dann ein Pfad. Dort, wo der Zaun endet, gehen wir an der Weggabelung halb links. Es folgt ein wunderschöner Weg durch einen Wald. Auf einem rechts abzweigenden Pfad gelangen wir zur unspektakulären **Höhle der Nymphen** 2 *(Spíleio ton Nymfón)*. Hier wurden Spuren früherer Besiedlung und eine Kultstätte zur Verehrung von Pan – dem Gott der Wälder und Wiesen – und der Nymphe – einem weiblichen Naturgeist – ausgegraben.
Der weitere Hauptweg ist weiß-blau markiert und führt zu Ruinen des Weilers **Spiliovounoi**, wo Überreste einer alten Olivenpresse zu finden sind. Der Pfad mündet in eine bergauf führende Piste. Wenige Meter rechts von der Piste liegt die Ruine einer Windmühle, die noch bis 1950 in Betrieb war. Kurz dahinter mündet der Wanderweg in eine weitere Piste, auf der wir halb links weitergehen. In einer lang gezogenen Linkskurve verläuft der Weg durch eine Senke mit zahlreichen Olivenbäumen.
Hinter einem Ziegengatter gehen wir geradeaus in Richtung des gelb angemalten Hauses und dann zunächst weiterhin geradeaus auf dem Hauptweg. Im Dorfkern von **Katsarata** 3 angekommen, gehen wir vor dem Haus mit der weißen Garage und dem Stromverteilerkasten links in die Seitenstraße und bei der nächsten Weggabelung sofort halb rechts. Vor einer Villa mit mintgrünen Fensterrahmen steigen wir einige Meter über einen Trampelpfad ab und folgen dann halb links dem beginnenden Pfad.

In der Höhle der Nymphe fliegt eine Fledermaus.

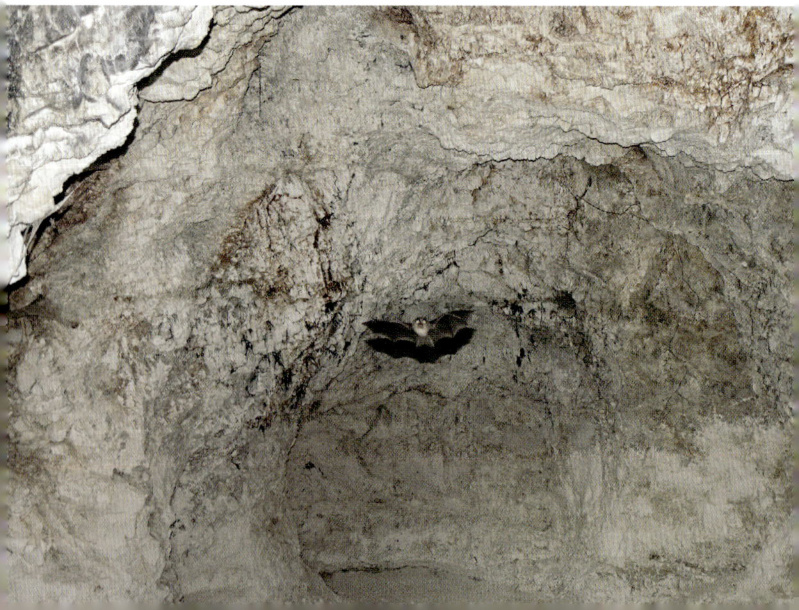

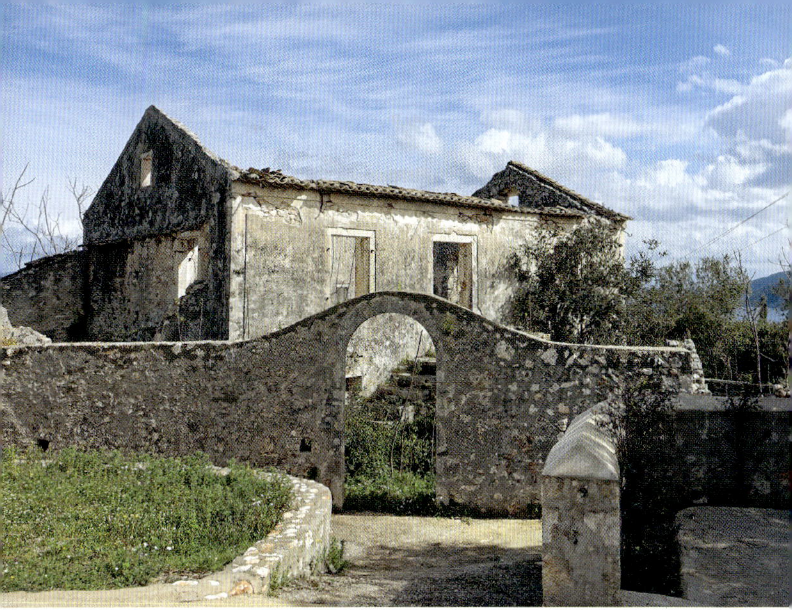

Durch die engen Gassen des Dorfes Tselendata.

Dieser führt entlang der Begrenzungsmauer des Villen-Grundstücks. Dann beginnt der historische Verbindungspfad über große, glatte Felsplatten, der an der Zufahrtsstraße des Dorfes **Tselendata** ❹ endet. Schon nach einigen Metern links entlang dieser Straße zweigen wir sofort rechts in eine Gasse ab. Einen nach rechts abbiegenden Weg ignorieren wir. Nach ca. 100 m auf der nachfolgenden Straße wenden wir uns hinter dem grünen Geländer nach links. Es folgt ein sehr schmaler Pfad unmittelbar an einer Grundstücksgrenze. Hinter einem Viehgatter setzt sich dann der historische Verbindungspfad fort. Achtung! Schnell verläuft man sich an der Weggabelung unmittelbar vor der Straße, die unterhalb bereits zu sehen ist. Halb links führt der richtige Pfad durch den Wald bis zur Straße und dem dahinter liegenden **Foki-Strand** ❺.
Wir verlassen den ca. 100 m breiten Kieselsteinstrand und wandern ein kurzes Stück entlang der Straße Richtung Fiskardo, die wir dann wiederum über in den Felsen geschlagene Treppen verlassen. Der schöne, sich in der Umgebung einfügende Pfad endet abrupt an einer neu angelegten Piste, auf der wir halb links weitermarschieren. Diese Piste führt an einer Apartmentanlage mit Swimmingpool vorbei und mündet in den bekannten Hinweg, auf dem wir in wenigen Minuten wieder den **Ausgangspunkt** ❶ erreichen.

↗ 160 m | ↘ 160 m | 5.7 km

3 Die Burg von Assos

2.00 h

Zu den Ruinen der 1585 errichteten Venezianischen Festung

Aufgrund der strategisch wichtigen Lage wurde die Burg von Assos zum Schutz der venezianischen Handelswege errichtet. Sie war aber zugleich auch Zufluchtsstätte der Insulaner und Verwaltungssitz. Das Projekt Festung war allerdings langfristig zum Scheitern verurteilt, da es keine Trinkwasserquellen gab – daher sehen wir so viele Zisternen am Wanderweg. Im Falle einer Belagerung war die Burg von der Wasserversorgung abgeschnitten. Mit dem zunehmenden Einfluss des Osmanischen Reiches nahm im 17. Jahrhundert der Einfluss der Venezianer auf Kefalonia ab. Diese spannende Erkundungstour für die ganze Familie führt entlang von Zisternen, langen Befestigungsmauern, zwei mächtigen Toren, einem ehemaligen Aussichtsturm, zahlreichen Ruinen, einer Kirche und den Überresten des Despotenpalasts. Heute gehört die Anlage zum UNESCO-Weltkulturerbe. Durch die Wand der Steilküste – hoch über dem Meer – führt dann noch ein aussichtsreicher Pfad zurück zum Parkplatz.

Ausgangspunkt: Assos, 10 m (38.376717 20.537800), im Nordwesten von Kefalonia, 36 km entfernt von Argostoli. Großer Parkplatz an der Landenge zwischen Ort und Festung. – Öffentliche Verkehrsmittel: Buslinien Argostoli – Divarata (hier umsteigen) – Assos.
Anforderungen: Wanderung auf befestigten Wegen und Pfaden ohne besondere Anforderungen. Art des Weges: 40 % Pfad und 60 % Weg.
Einkehr: Unterwegs keine.

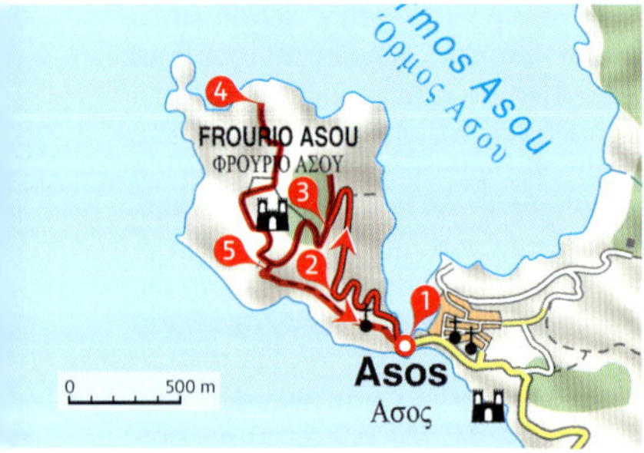

Vom Parkplatz an der **Bucht von Assos** ❶ folgen wir dem gepflasterten Weg durch den lichten Kiefernwald, vorbei an der Kapelle Panagia Plakoula. 1691 erbaut, wurde die Kapelle 1847 durch ein Erdbeben zerstört und 1873 wieder aufgebaut. Überlieferungen berichten, dass sich dort Verliebte trafen, um sich ewige Liebe zu schwören.
Weiter geht es in **Serpentinen** ❷ bergauf. Schon bald ergeben sich wunderschöne Tiefblicke auf das romantisch gelegene Fischerdorf Assos mit einem der schönsten Häfen der Insel. Nach einer langen geraden Strecke durchläuft der Weg eine scharfe Linkskurve. Ca. 150 m danach gehen wir durch ein **Tor** ❸ in den befestigten Teil der **Venezianischen Festung** *(Enetikó Froúrio)*. Rechts entlang der Befestigungsmauer erreichen wir die Ruinen eines Wachturms – der

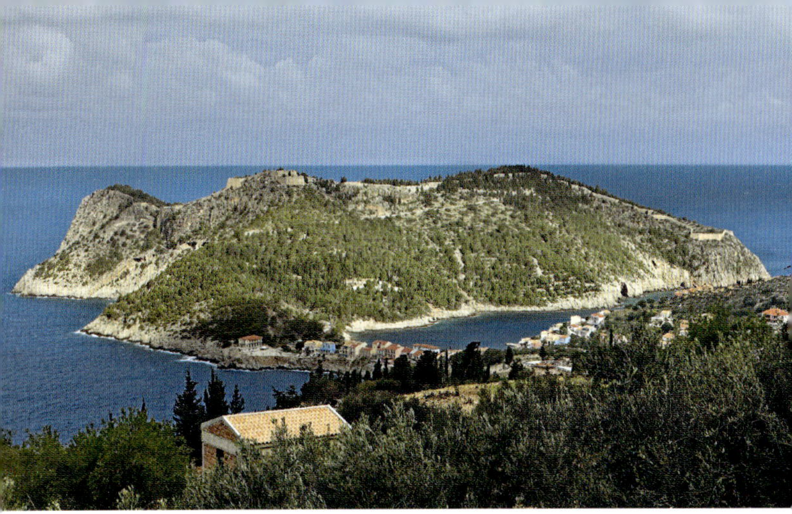

Die Burg von Assos gehört heute zum UNESCO-Weltkulturerbe.

höchste Punkt der Rundwanderung, zugleich ein wunderschöner Aussichtspunkt mit Blick auf die nördliche Westküste von Kefalonia.

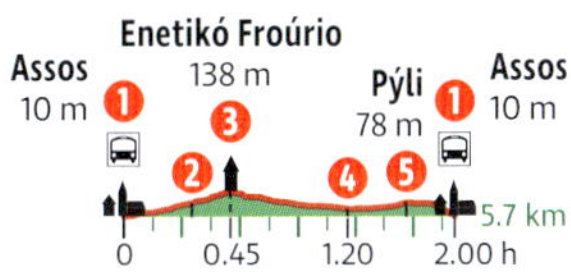

Wir gehen auf der gleichen Strecke zurück und setzen unseren Weg auf dem bergab führenden Pflastersteinweg fort. Es geht an einer ersten Ruine, einer Zisterne und einer zweiten Ruine mit einem riesigen Feigenbaum vorbei und weiter auf dem gepflasterten Weg bis zu den Ruinen des **Despotenpalastes** – des Sitzes des damaligen venezianischen Verwalters. An weiteren Zisternen vorbei führt nun ein Schotterweg über die Hochebene mit der Festungsanlage; zahlreiche Olivenbäume stehen hier am Wegesrand. Bei der nächsten Weggabelung gehen wir halb rechts und kommen wir an einer weiteren Kapelle vorbei. Am Ende des Weges ist die zum Mittelmeer ausgerichtete **Festungsmauer** ❹ erreicht.

Über die Hochebenen der Halbinsel Assos marschieren wir bis zur **Ruine** mit dem großen Feigenbaum zurück. Rechts um die Ruine herum erreichen wir ein **zweites Tor** ❺ *(pýli)*, durch das wir die schützende Befestigungsmauer verlassen. Hoch über dem Meer führt dieser aussichtsreiche Pfad unterhalb der Burgmauern gemächlich bergab. Bei der ersten Weggabelung gehen wir noch halb links, bei der zweiten direkt an einem Hydranten vorbei. Der Pfad durch den lichten Kiefernwald führt zurück bis zum **Ausgangspunkt** ❶.

↗ 560 m | ↘ 560 m | 12.3 km

4 Kalon Oros, 901 m

4.45 h

Der Wächter über Agia Effimia

Wie ein großes Bollwerk erhebt sich der mächtige Gipfel des 901 m hohen Berges Kalon Oros im Norden von Kefalonia. Straßen verlaufen nur an der West- oder Ostseite der zum Teil steil abfallenden Flanken des Bergmassivs. Der Aufstieg erfolgt zunächst durch baumloses Gelände. Im Hochland überrascht und begeistert die Natur, denn es gibt zahlreiche Hochtäler, einige sogar mit Obstbäumen – im Frühjahr erfreut den Betrachter eine Blütenpracht. Andere Täler wiederum, die Weidegründe zahlreicher Ziegen, sind von riesigen Kermeseichen eingerahmt. Etwas abenteuerlich ist der weglose Schlussaufstieg auf den Doppelgipfel. Von dort bietet sich eine weit reichende Sicht in die Ferne: Richtung Osten Ithaka und das dahinter liegende griechische Festland und Richtung Südosten die Peloponnes. Nach Süden schweift der Blick über Kefalonia mit der dahinter liegenden Insel Zakynthos, die aber größtenteils vom 1628 m hohen Berg Aenos auf Kefalonia versperrt ist. Im Westen erstrecken sich die unendlichen Weiten des Ionischen Meers.

Ausgangspunkt: Abzweigung einer Schotterpiste von der Straße EP33, 441 m (38.327867 20.611283), im Nordosten von Kefalonia, 35 km von Argostoli. Auf Höhe eines aus Steinen gemauerten Heiligenschreins sowie einem Wegweiser zu einem Kloster zweigt auch Richtung Nordwesten eine Piste ab. Hier gibt es Parkgelegenheiten am Straßenrand.
Anforderungen: Nur der kurze Aufstieg von der Piste bis zu den beiden Gipfeln erfordert Trittsicherheit und eine gute Orientierung im weglosen Gelände. Art des Weges: 5 % weglos, 10 % Ziegenpfad, 15 % Pfad und 70 % Piste.
Einkehr: Keine.

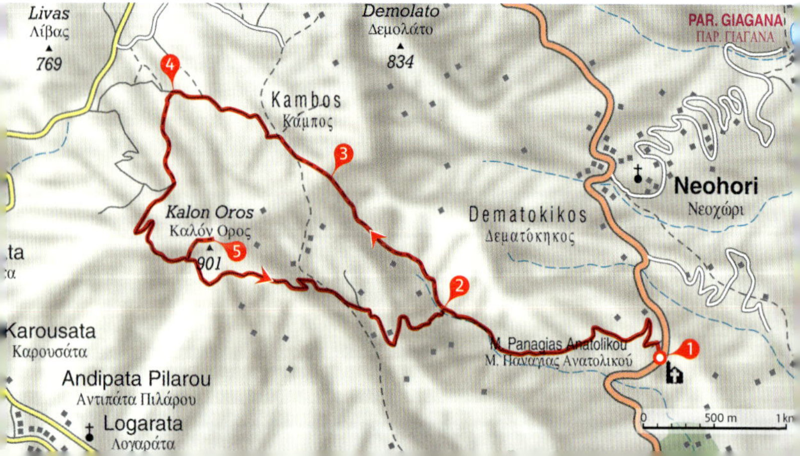

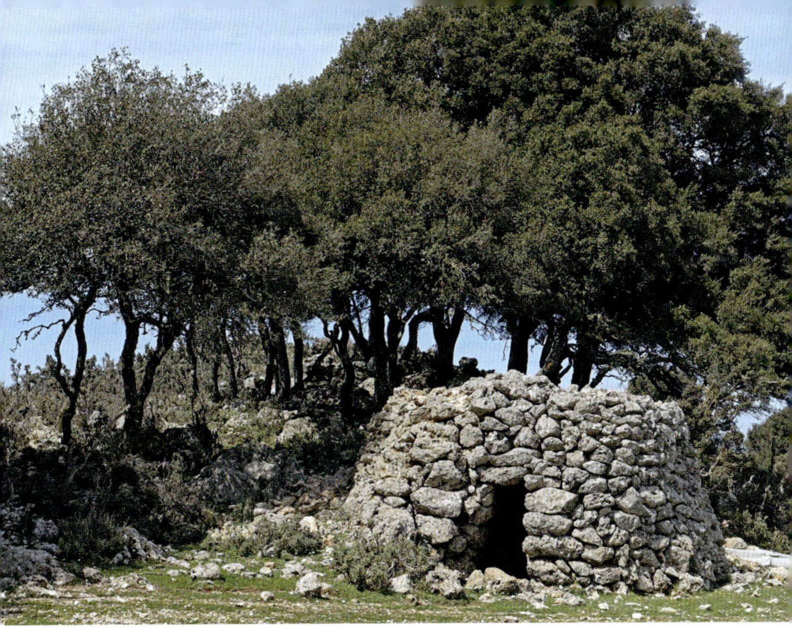

Eine historische Unterkunft für Ziegenhirten.

An der **Parkmöglichkeit** ❶ beginnen wir mit dem Aufstieg auf der für Fahrzeuge gesperrten Piste. Bereits nach kurzer Zeit ergibt sich eine schöne Aussicht auf die Nachbarinsel Ithaka.

Während des Aufstiegs ignorieren wir alle rot angemalten Steine und abzweigenden Pfade und steigen ein längeres Stück auf der Piste bis zur **ersten Weggabelung** ❷ auf. Im Frühjahr säumen zahlreiche rosa blühende Obstbäume die halb rechts weiterführende Piste. Zur Information: Halb links mündet unser Rückweg ein. Die Piste schlängelt sich oberhalb einer kleinen Schlucht entlang. Es folgt ein nur kurzes betoniertes Wegstück. Wir erreichen eine erste Hochebene, an der folgenden Weggabelung wechseln

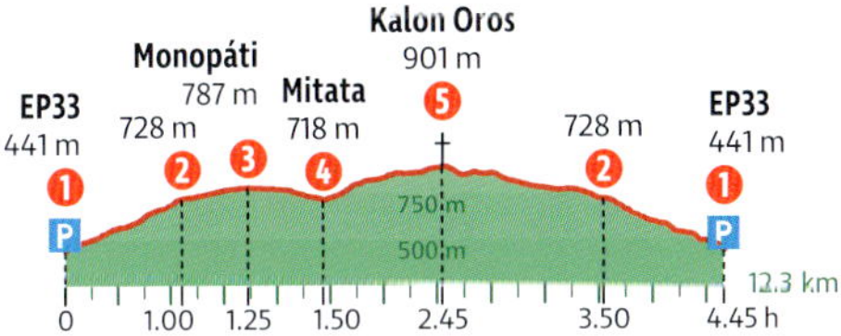

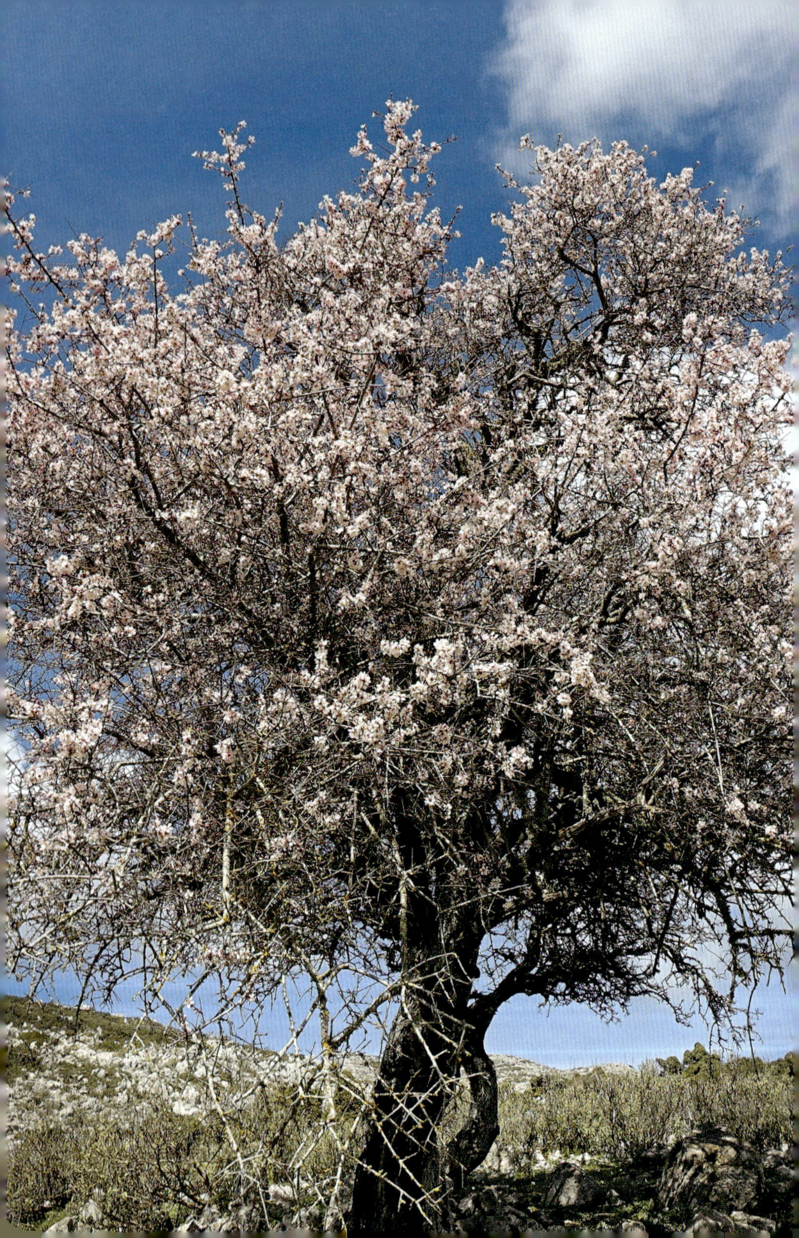

wir halb rechts auf die Schotterpiste. Hier befindet sich auch ein roter Markierungspunkt.
Weiter geht es über eine weitere große freie Fläche, die von mächtigen Kermeseichen gesäumt ist. Bei einem Müllplatz endet die Piste, und wir marschieren auf einem **Ziegenpfad** ❸ weiter. Fortan folgen wir den hintereinanderliegenden kleinen Hochtälern mit den dementsprechenden kurzen Auf- und Abstiegen. Einige wenige rote Punkte helfen bei der Orientierung. Wir wandern an der linken Seite von Feldern vorbei und erreichen eine dahinter liegende Piste. Bei der nächsten Weggabelung gehen wir dann auf dem linken Arm talwärts.
Ca. 150 m hinter einem Brunnen befindet sich rechts etwas entfernt vom Hauptweg ein *mitata* – ein Hirtenhaus aus Steinen. An dieser **Weggabelung** ❹ mit einem roten Farbtupfer auf einem Stein biegen wir links auf die Fahrspur ab. Bei einer weiteren Weggabelung folgen weiter dem halb linken, bergauf führenden Arm. Die Fahrspur geht in einen Pfad und dieser dann wieder in eine Fahrspur über. Bei einem ebenen Wegstück bleiben wir dann aber nicht geradeaus weiter auf der Fahrspur, sondern wechseln nach halb rechts und erreichen so eine breite Schotterpiste. Weiterhin bergauf überschreiten wir die Anhöhe.

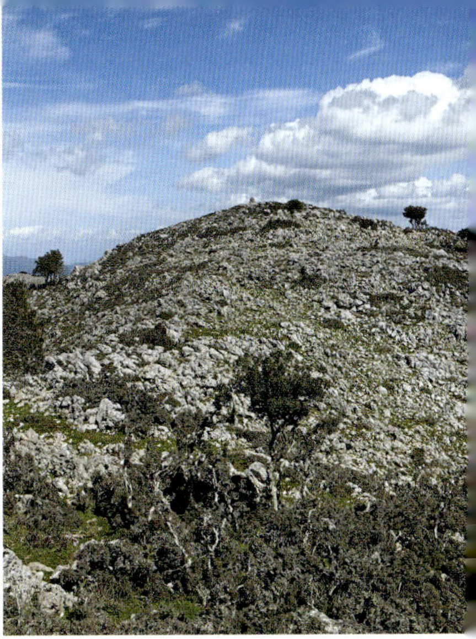

Der Gipfel des 901 m hohen Kalon Oros.

In einer Rechtskurve verlassen wir die Piste nach links und folgen weglos den roten Punkten bis zum **Doppelgipfel**. Dieser hat eine betonierte Messsäule. Richtung Osten erreichen wir über einen felsigen Bergrücken weiterhin weglos den Gipfel des **Kalon Oros** ❺. Ein Steinmann markiert den höchsten Punkt der heutigen Wanderung – mit einem faszinierenden 360° Rundblick. Der Höhenunterschied der beiden Gipfel beträgt allerdings nur ca. 2–4 m, so war ich mir nicht sicher, welcher nun wirklich der höchste der beiden ist. Nach GPS-Messung war es aber tatsächlich der markierte.
Es erfolgt der Abstieg zur Schotterpiste. Nun links bergab ignorieren wir einige Abzweiger, gehen bis zur bekannten **Weggabelung** ❷ und ab dort auf dem Hinweg zurück zum **Ausgangspunkt** ❶.

Anfang April ist der Baum an der Weggabelung in voller Blüte.

↗ 170 m | ↘ 170 m | 3.5 km

5 Fteri-Strand

1.15 h

Einer der schönsten und unberührtesten Kiesstrände von Kefalonia

Fernab jeglicher touristischer Infrastruktur ist der idyllisch gelegene Fteri-Strand nach einer kurzen Wanderung zu erreichen. Der Kieselsteinstrand mit einigen wenigen sandigen Abschnitten wird von ca. 80 m hohen Felsen eingerahmt und ist mit seinem türkisfarbenen Wasser ideal zum Baden geeignet. Unter Felsen findet man schattige Plätzchen. Der einzige Wermutstropfen: In der Hauptsaison besuchen auch kleine Ausflugsboote diese versteckt liegende Bucht.

Ausgangspunkt: Parkbucht an einer Schotterpiste, 156 m (38.314383 20.454533), im Nordosten von Kefalonia, 24 km von Argostoli. Die Verbindungsstraße von Argostoli nach Lixouri 2,9 km hinter dem Dorf Kardakata nach rechts verlassen und einer rechts abzweigenden Schotterpiste für 800 m folgen, um dort zu parken. Zur Orientierung: Bei der Parkmöglichkeit links am Weg befindet sich ein Gatter und dahinter – in etwas Entfernung – ein großer Steinhaufen.

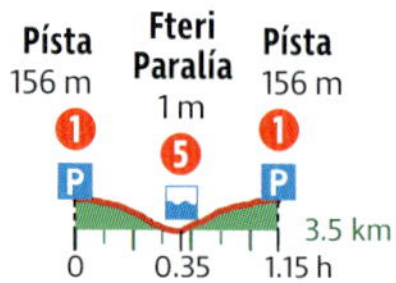

Anforderungen: Kurzwanderung. Nur beim Abstieg in die Schlucht benötigt man gelegentlich die Hände zum Abstützen an den Felsen. Art des Weges: 20 % Piste und 80 % Pfad.
Einkehr: Unterwegs keine.
Tipp: Badesachen nicht vergessen!

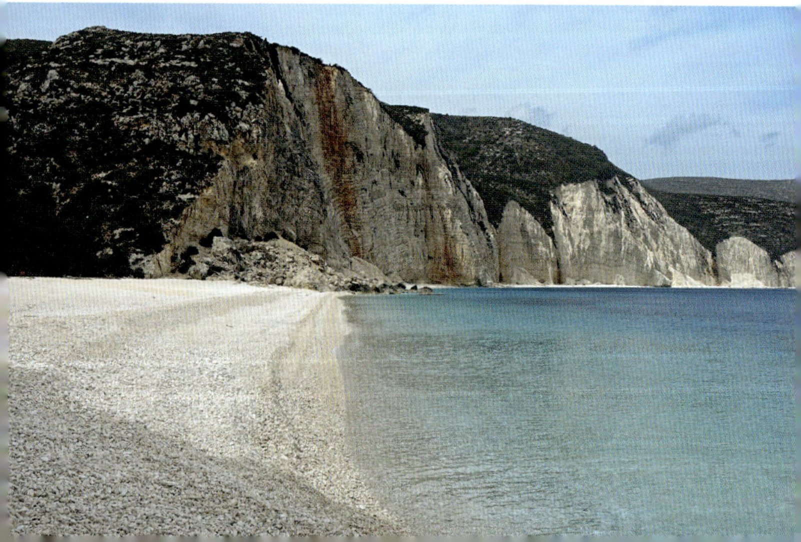

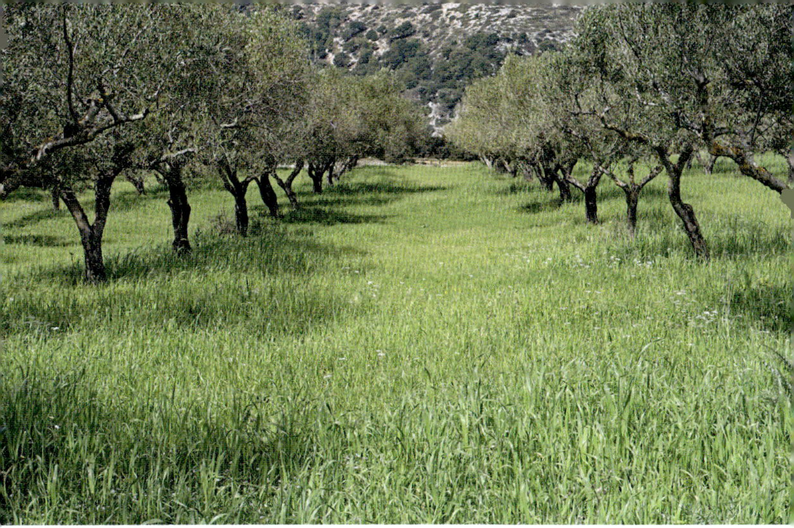

Ein Olivenhain im Einklang mit der Natur.

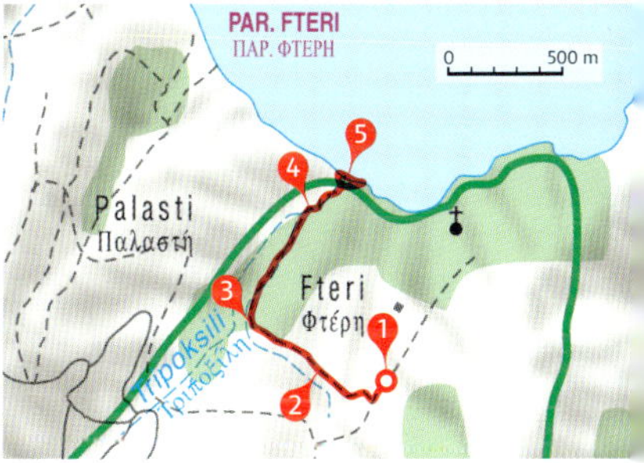

Von der **Parkmöglichkeit** ❶ an der Schotterpiste marschieren wir an dem Gatter und großen Steinhaufen vorbei. Eine Fahrspur führt an einem eingezäunten **Olivenhain** ❷ entlang. Hinter einem gerodeten Feld geht die Fahrspur in einen Pfad über. Dieser führt durch einen lichten **Wald** ❸ hinunter in eine kleine Schlucht, deren Verlauf wir auf einem Trampelpfad folgen. Bei einem roten Markierungspunkt verlassen wir die Schlucht nach halb links. Weiter geht es auf einem ausgetretenen Pfad. Schon bald sind das türkisfarbene Wasser und der Kieselsteinstrand zu sehen. Auf einem Pfad mit Geröll steigen wir steil bergab und folgen an einer Weggabelung dem halb rechten Arm, der nun wieder in die **Schlucht** ❹ hinunterführt.

Streckenweise müssen wir uns durch Gestrüpp zwängen, da der Pfad zugewachsen ist. So erreichen wir bald den 200 m breiten **Fteri-Strand** ❺, auf dem wir noch einen kurzen Spaziergang machen können.

Auf dem bekannten Hinweg gehen wir zurück bis zum **Ausgangspunkt** ❶.

Der Fteri-Strand.

↗ 360 m | ↘ 360 m | 10.1 km

4.00 h

6 Amidi-Strand

Wilde Schluchtwanderung zu einem abgelegenen Strand

An der Nordküste der Halbinsel Paliki befindet sich einer der abgelegensten Strände auf Kefalonia. Der atemberaubende Amidi-Strand ist nur nach einer anstrengenden Wanderung oder mit dem Boot zu erreichen. Zur Belohnung wartet ein ca. 150 m breiter, grober Kieselsteinstrand in einer Bucht, die von ca. 100 m hohen Kalkfelsen kunstvoll eingerahmt ist. Das türkisfarbene Wasser lädt zum entspannten Baden ein. Unter Felsen findet man in heißen Sommertagen Schutz vor der Sonne. Es sind zwar nur 10 km Streckenlänge hin und zurück, und man überwindet gerade mal 330 Höhenmeter, da man aber ein sehr langes Stück durch ein wildes Bachbett kraxelt, werden definitiv gute Kondition und bergtechnische Fähigkeiten benötigt.

Ausgangspunkt: Atheras auf der Halbinsel Paliki, 265 m (38.317758 20.415945), im Nordosten von Kefalonia, 34 km entfernt von der Inselhauptstadt Argostoli. Bei der Kirche gibt es Parkplätze.
Anforderungen: Sehr guter Orientierungssinn und Trittsicherheit für die Passagen durch das Trockenbachbett sind nötig. An wenigen Stellen sind sogar Halteseile befestigt. Art des Weges: 20 % Piste, 40 % Pfad und 40 % Bachbett.
Einkehr: Keine.
Tipp: Badesachen, Trinkwasser und Proviant für einen ganzen Tag mitnehmen!

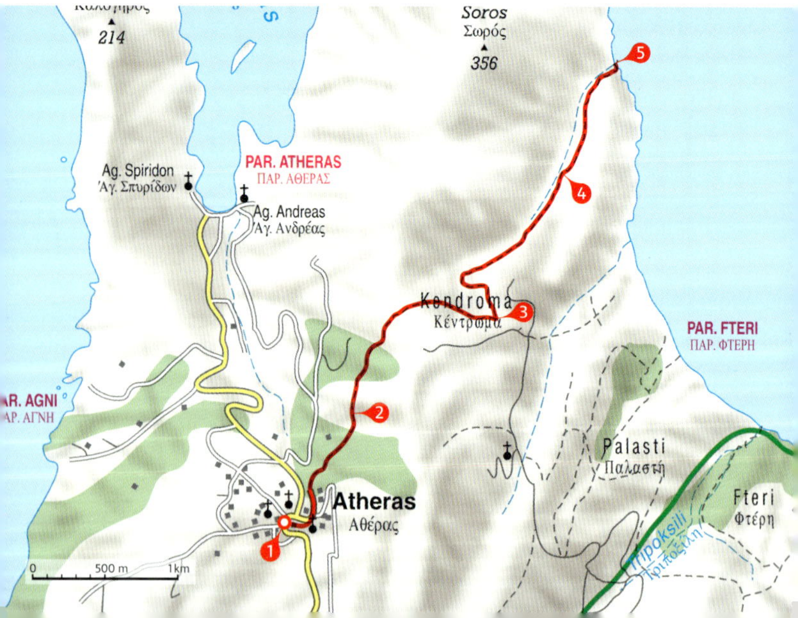

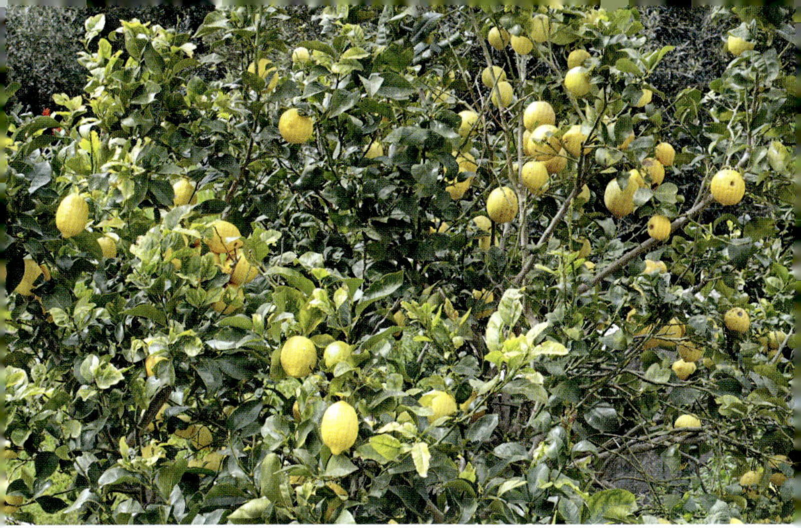

Ein Zitronenbaum im Dorf Atheras.

Ca. 10 m vor der Kapelle im Bergdorf **Atheras** ❶ verlassen wir die Ortsdurchgangsstraße – die nach Norden zum Hafen von Atheras führt – in östliche Richtung an dem kleinen Platz mit den Palmen entlang. Die erste links abzweigende Stichstraße – mit dem Verkehrsspiegel – ignorieren wir, biegen dann aber links in die Sackgasse ein. Es geht vorbei an einem rosa Haus mit den dunkelblauen Rollläden. Wir lassen die letzten Häuser des Ortes hinter uns; hinter zwei Bänken beginnt dann ein Pfad. Gelegentlich gibt der Wald den Blick in die Ferne frei, und man sieht die Bucht mit dem Hafen von Atheras.

Bei einer ersten Weggabelung folgen wir dem halb rechten Arm und gehen nicht halb links bergab. In dem nachfolgenden Schatten spendenden **Wald** ❷ gibt es dann gelegentlich Markierungen: rote Punkte, gelbe Punkte und herunterhängende Absperrbänder. Hinter dem Wald führt der Pfad dann durch Gestrüpp zu einer Einsattelung hinauf. Viele Spuren von Ziegen erschweren hier die Orientierung. Ein Wegweiser zeigt in Richtung Loutfa. Wir überqueren eine Fläche mit wenig Vegetation, nur zwei uralte

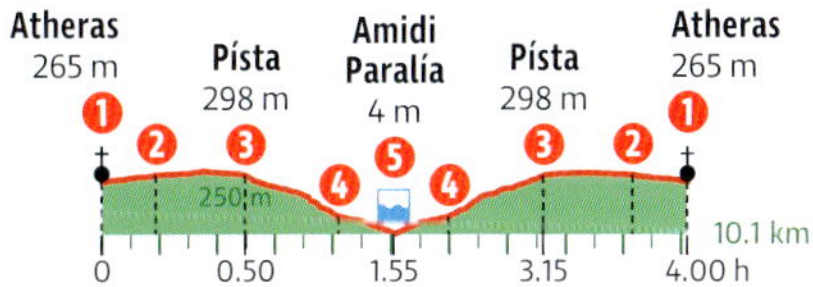

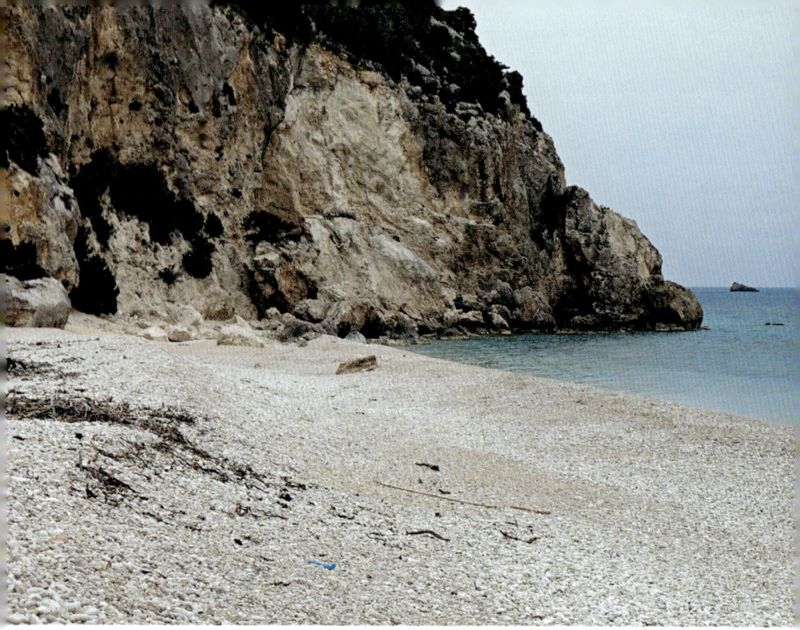

Der fazinierende und sehr weit abgelegene Amidi-Strand.

Obstbäume stehen einsam auf weiter Flur. Dann ist wieder ein ausgetretener Pfad zu erkennen, der zu einem breiten Fahrweg wird. Wir stoßen auf eine querende **Piste** ❸. Hier befindet sich ein großer Stein mit einem roten Richtungspfeil nach links. Nach kurzem Abstieg gelangen wir an ein Feld mit riesigen Olivenbäumen. Ab hier führt die Piste nach rechts weiter, quer durch den Olivenhain. Vor undurchdringlichem Buschwerk halten wir uns halb links und gehen ein Stück fast weglos – zwischendurch vorbei an einem Steinmännchen – durch den lichten Wald. So gelangen wir auf den weiterführenden Pfad hinter dem undurchdringlichen Buschwerk.
Immer wieder müssen wir uns bücken, um unter heruntergedrückten Bäumen und Buschwerk durchzukommen. Es folgen rote Markierungspunkte, Steinmännchen, Steine, die in Bäumen verankert wurden, und herunterhängende Absperrbänder, die den Weg durch die zunehmend enger werdende **Pigadia-Schlucht** ❹ kennzeichnen. Im Weiteren müssen umgestürzte Bäume umlaufen und die Hände zu Hilfe genommen werden, und immer wieder müssen wir rechts oder links auf der Böschung unpassierbare Stufen des Bachbetts umgehen. Verlaufen ist eigentlich unmöglich,

Wilder Abstieg durch die Pigadia-Schlucht.

da das in den Untergrund gefräste Bachbett die Wegrichtung eindeutig vorgibt. An einer besonders steilen Stelle hängt ein rotes Halteseil.
Der Bachlauf verzweigt sich dann in zahlreiche Arme. Hier ist die Orientierung nur anhand der zahlreichen Markierungen möglich. Hinter einem weiteren roten Halteseil wird ein Wasserfall an seiner rechten Seite umlaufen, dahinter steigen wir wieder steil in das Bachbett ab. Danach gelangen wir an einen noch größeren Wasserfall, diesen umgehen wir an seiner linken Seite, auch hier befindet sich ein Halteseil. Auf den letzten Metern verengt sich die Schlucht noch einmal drastisch, bevor wir dann den faszinierenden **Amidi-Strand** 5 erreichen.
Auf dem gleichen Weg kehren wir schließlich zurück zum **Ausgangspunkt** 1.

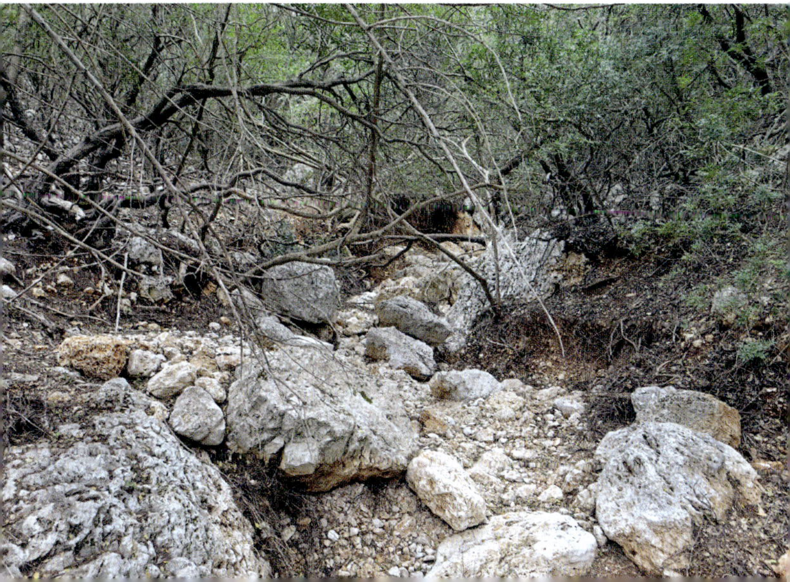

↗ 470 m | ↘ 470 m | 12.2 km

4.15 h

7 Kloster Kipouria

Durch den wilden Westen der Halbinsel Paliki

Dieser abenteuerliche Streifzug abseits des Massentourismus führt durch eine kultivierte Landschaft entlang der atemberaubenden Steilküste bis zum Kloster Kipouria. Wie ein Adlernest liegt dieses auf einem Felsplateau, 95 m über dem Meeresspiegel. Es wurde 1759 vom Archimandriten Chrysanthos Petropoulos aus dem Ort Paxos gegründet und erhielt seinen Namen in Anlehnung an die zahlreichen Selbstversorgergärten der Mönche (»kipos« heißt »Garten«). 1767 ereignete sich ein erstes heftiges Erdbeben, das Kloster wurde schwer beschädigt. Auch Hungersnöte und Krankheiten bedrohten den Betrieb des Klosters. Das heftige Erdbeben von 1953 war verheerend und erst in den 1990er-Jahren wurden die beschädigten Gebäude des Klosters von dem einzigen damals hier lebenden Mönch wieder aufgebaut. 2014 verstarb der letzte Mönch. Heute betreut ein älteres Ehepaar die zahlreichen Kostbarkeiten wie Ikonostasen, Ikonen, Messbücher und Kirchenschmuck, die in der Klosterkirche aufbewahrt werden. Der Rückweg führt dann streckenweise über einen historischen Pflastersteinpfad. Besonders beeindruckend ist der Blick auf die endlosen Weiten des Ionischen Meeres.

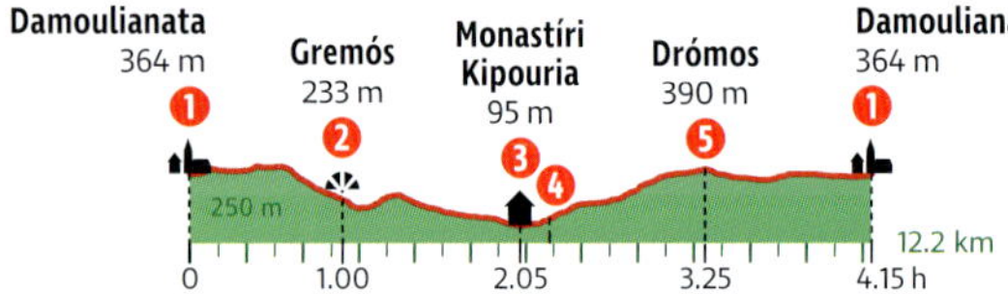

Ausgangspunkt: Damoulianata auf der Halbinsel Paliki, 364 m (38.238933 20.373400), im Nordwesten von Kefalonia, 37 km entfernt von Argostoli. Parkplätze unterhalb der Taverne und auf Höhe der Mahlsteine.
Anforderungen: Extrem hoher Navigationsaufwand aufgrund zahlreicher Weggabelungen, Abzweigungen und Ziegenpfade. Auf einem Teilstück ist der Pfad fast zugewachsen, hier benötigt man Gamaschen; auch Wanderstöcke sind empfehlenswert. Art des Weges: 30 % Straße, 30 % Piste und 40 % Ziegenpfade.
Einkehr: In den Sommermonaten am Ausgangspunkt.
Hinweis: Im Kloster Kipouria gibt es keine konkreten Öffnungszeiten, da das Kloster nur noch von einem älteren Ehepaar gepflegt wird. Steht deren Auto nicht vor der Tür, ist auch geschlossen.

Vorbei an der Olivenpresse verlassen wir den Parkplatz unterhalb der Taverne in **Damoulianata ❶**. Beim Verkehrsspiegel orientieren wir uns an der bergauf führenden Straße. Dort, wo sich die Straße gabelt, marschieren wir halb links, vorbei an zwei Ruinen. Ca. 50 m hinter dem nachfolgenden Wassertank und dem Waldstück verlassen wir die Piste nach halb links auf einen Pfad, der nach einigen Metern an einem Zaun entlangführt. Wo dieser Zaun endet, beginnt ein weiterer Begrenzungszaun, entlang dem wir steil absteigen. Vor einem Olivenhain wandern wir halb rechts, nun an einem dritten Zaun entlang. An einer 3-Wege-Gabelung folgen wir dem mittleren, bergauf führenden Pfad bis zu einem **Strommast** an einer querenden Piste.

Hier marschieren wir rechts und schon bei der nächsten Weggabelung halb links bergauf. Nach nur ca. 60 m verlassen wir diese Piste nach halb rechts auf einer schwach ausgeprägten Fahrspur, der wir nun über den breiten Bergrücken kontinuierlich folgen. Aufgrund der vielen Ziegenpfade ist bald kein eindeutiger Pfad mehr zu erkennen. Wir orientieren uns zum rechten Rand der Hochfläche und sehen immer das Meer. Zwischendurch kommen wir an einem *mitata* – einem Hirtenhaus aus Steinen – vorbei. Schlussendlich versperrt dichtes Gestrüpp das Weiterkommen. An dieser Stelle verlassen wir nun den breiten Bergrücken Richtung Meer und steigen so ab, dass wir in ca. 50 m Entfernung

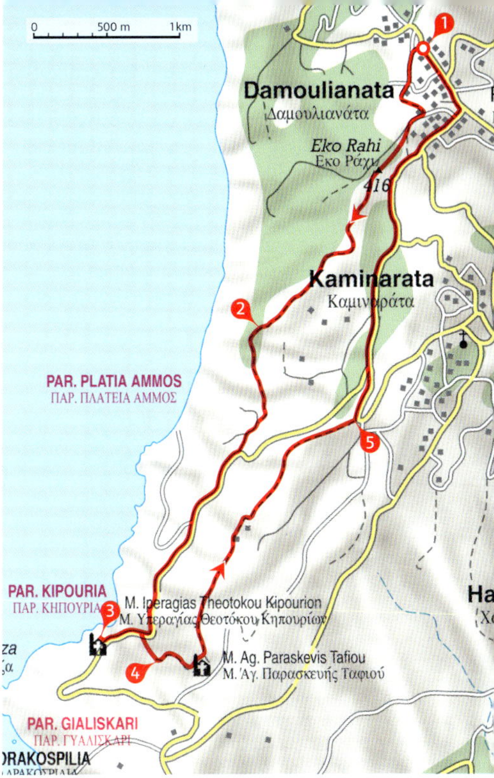

Traditionelle griechische Olivenölpresse in Damoulianata.

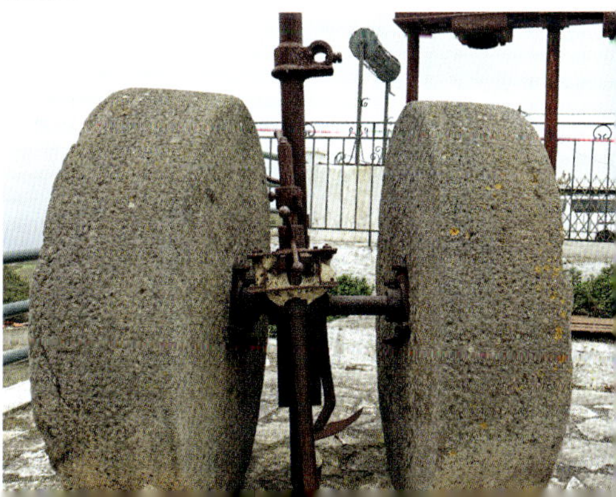

rechts an auffällig gerodeten Feldern vorbeiwandern. Wir erreichen einen Zaun und nach einigen Metern auch eine Ecke dieses Maschendrahtzauns. An dieser Stelle gehen wir weiterhin geradeaus in Richtung Meer, direkt auf die steilen Klippen zu. Von dort ergibt sich ein faszinierender **Tiefblick** ❷ entlang der wilden Steilküste *(gremós)*.

Weiter in südliche Richtung steht das Gestrüpp extrem dicht, aber mit etwas Suchen findet man auch einen Durchlass. Der nachfolgende Ziegenpfad führt in eine Senke hinunter. Dann queren wir einen Berghang kontinuierlich bergauf in Richtung eines markanten, einzeln stehenden Baums auf einem dahinter liegenden Berg. Zahlreiche Ziegenpfade erschweren auch hier die Orientierung. Eine gerodete Fläche überqueren wir und erreichen eine dahinter liegende Piste, die an einer asphaltierten Straße endet. Deren Verlauf folgen wir nun kontinuierlich bis zum **Kloster Kipouria** ❸.

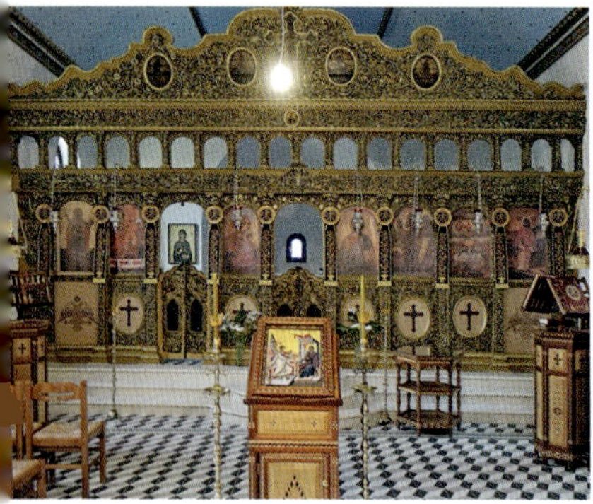

Im Kloster Kipouria werden zahlreiche Kostbarkeiten aufbewahrt.

Von dort gehen wir auf dem Hinweg zurück bis ca. 100 m vor ein Gebäude, das aussieht wie eine Garage. An dieser Stelle zweigen rechts zwei Pisten ab, wir nehmen den halb linken, bergauf führenden Arm bis zu einem Wassertank, aus dem blaue Leitungen herausführen. Hier an der **Schlüsselstelle** ❹ – einer leicht zu übersehenden Abzweigung – verlassen wir die Piste auf den halb links beginnenden Pfad. Hinter einem Trockenbachbett folgt ein breiter Pfad auf felsigem Untergrund. Im lichten Wald erreichen wir eine Weggabelung mit einer Metallstange, hier gehen wir halb links. Einen Ziegenzaun öffnen und verschließen wir. Dahinter beginnt ein Pflastersteinpfad. An der nachfolgenden Weggabelung gehen wir links, rechts gelangt man zu den Ruinen des Klosters Nastery Tafioy.

Wir öffnen und verschließen ein weiteres Ziegengatter. Dann führt der aussichtsreiche historische Pilgerweg – abschnittsweise von Steinmauern gesäumt – bis zur Kehre einer **Straße** ❺. Auf dieser gehen wir bis zur ersten Linkskehre bergab und dort geradeaus auf einer weiteren Straße. Nach einem längeren Wegstück mündet diese in die Hauptstraße, ab hier auch ausgeschildert Richtung Damoulianata. An der Straße mit den zwei Verkehrsspiegeln orientieren wir uns links. Einen rechten Abzweiger Richtung Pethani ignorieren wir und kommen so wieder beim **Ausgangspunkt** ❶ an.

Tiefblick auf die Küste mit dem Platia-Ammos-Strand.

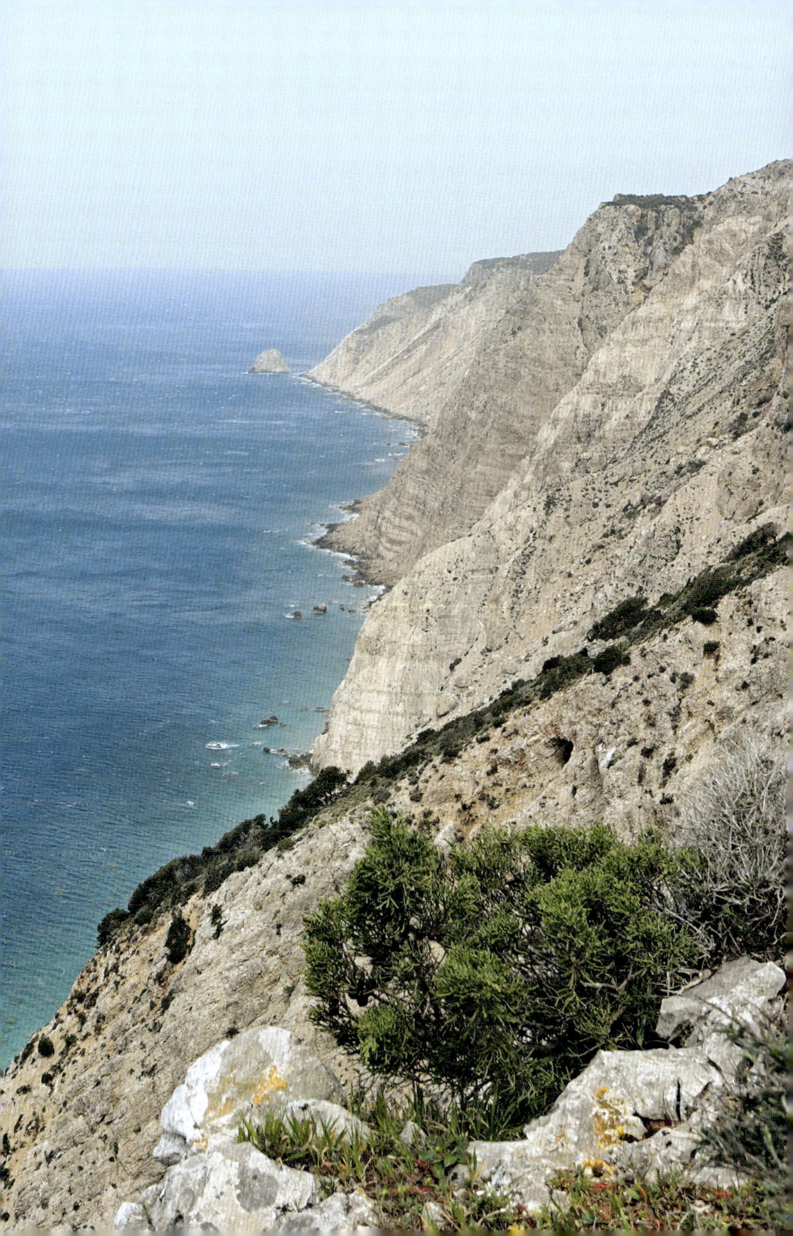

↗ 50 m | ↘ 50 m | 4.1 km

8 Kap Geroukombós

1.15 h

Einer der westlichsten Zipfel der Insel Kefalonia

Die Wanderung führt zunächst durch die am Kap landschaftsprägende Strauch- und Buschvegetation. Im April und Mai steht der gelb blühende Stechginster in voller Blüte. An den beiden Buchten des Lagadakia-Strands angekommen gibt es dann eine astreine Bademöglichkeit, bevor es auf Ziegenfaden zum Kap Geroukombós weitergeht. Der nächste Höhepunkt ist der 1907 von Engländern erbaute Leuchtturm von Geroukombós. Die Höhe des Turms beträgt 13 Meter, sein Leuchtfeuer wird aus 58 Meter Höhe über dem Meeresspiegel abgegeben und ist damit noch in ca. 30 Kilometer Entfernung zu sehen. Er wurde von den deutschen Truppen beim Abzug von der Insel zerstört und 1947 wieder aufgebaut.

Ausgangspunkt: Piste zum Lagadakia-Strand, 24 m (38.179833 20.356833), im Westen von Kefalonia auf der Halbinsel Paliki, 45 km entfernt von der Inselhauptstadt Argostoli. Die Hauptstraße verlässt man beim Ort Chavriata Richtung Leuchtturm und Lagadakia-Strand. Nach 2,2 km erreicht man eine Straßengabelung, rechts führt eine Piste zum Leuchtturm, halb links zum Lagadakia-Strand. Am Rand der Piste gibt es eine Parkmöglichkeit.

Anforderungen: Ohne besondere Anforderungen. Art des Weges: 20 % Straße, 20 % Küstenwanderweg und 60 % Piste.

Einkehr: Keine.

Wellen peitschen an das Ufer, und die Sonne sucht ihren Weg.

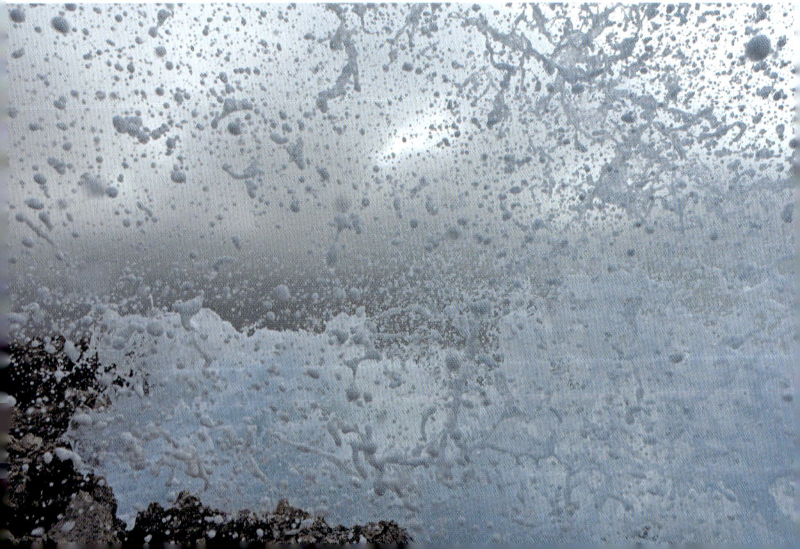

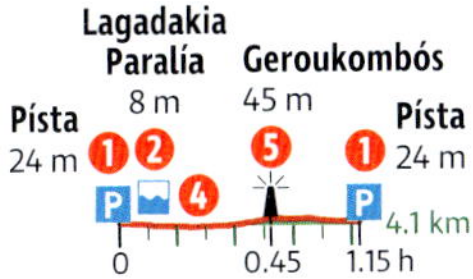

Vom **Ausgangspunkt** ❶ marschieren wir auf der asphaltierten Straße Richtung Meer. Hinter einem kleinen Parkplatz befindet sich dann der **Lagadakia-Strand** ❷. Der ca. 50 m breite Kieselsteinstrand liegt eindrucksvoll zwischen bis zu 20 m hohen Felsen im Nichts. Bei heftigem Sturm können die damit einhergehenden Wellen den Strand komplett überfluten.

Da man am westlichen Ende der Bucht nicht über die steilen Klippen aufsteigen kann, gehen wir ein Stück Richtung Landesinneres und steigen hier auf die **Klippen** ❸. Dort orientieren wir uns nach Südwesten (also Richtung Meer). Alternativ kann man im fast weglosen Gelände auch ca. 75 m auf einem der Ziegenpfade in westliche Richtung ausweichen und so auf eine Piste gelangen, auf der man in südwestliche Richtung weitergeht. Bleibt man direkt oberhalb der Klippen, so sieht man zahlreiche Brandungshöhlen.

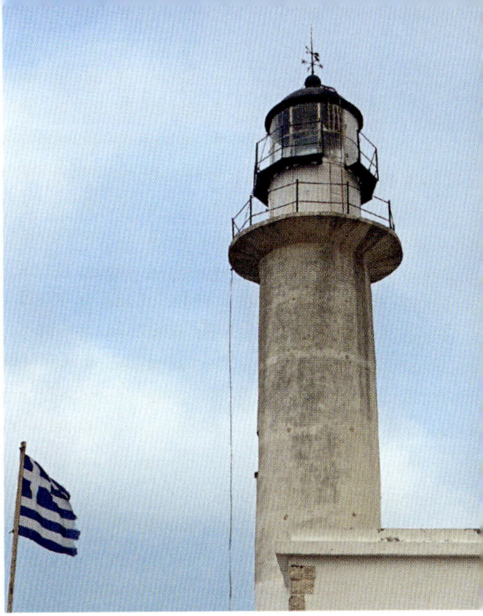

Der Leuchtturm am Kap Geroukombós.

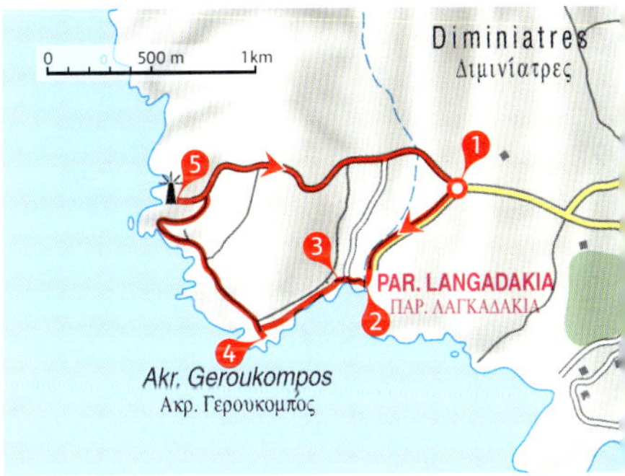

Wir erreichen eine Piste und wandern links durch eine kleine Bucht und über Felsen bis zum südwestlichen Zipfel der Halbinsel Palaki, dem **Kap Geroukombós** ❹. Nach diesem Abstecher folgen wir dem Verlauf der Piste in Richtung des weithin sichtbaren Leuchtturms.

Nach einer scharfen Rechtskurve der Piste liegt der Leuchtturm dann links oberhalb von uns. Die Piste endet an einem Fahrweg, links führt sie zum **Leuchtturm** ❺ am Kap **Geroukombós** und rechts bis zum **Ausgangspunkt** ❶ der Rundwanderung.

↗ 140 m | ↘ 140 m | 15.3 km

9 Halbinsel Paliki

4.15 h

Farbenspiele von Orange bis Terrakotta

Insgesamt vier einmalige Strände liegen an dieser Route – einer schöner als der andere. Der Xi-Strand ist wegen der einmaligen Farbgebung seines Sandes einer der berühmtesten in Griechenland. Er leuchtet je nach Tageszeit und Sonneneinstrahlung in Farbtönen von Orange bis Terrakotta und steht in beeindruckendem Kontrast zu den weißgrauen, bis zu 80 m hohen Klippen – komprimierte Lehm-, Ton- und Sandformationen. Dieser Erde sagt man aufgrund ihrer Inhaltsstoffe kosmetische Eigenschaften zu. Erschrecken Sie also nicht, wenn Sie Urlauber sehen, die sich den Sand als porenreinigende Maske ins Gesicht schmieren! Der saubere Strand ist durch das flache Wasser und die sanften Wellen besonders gut für Familien geeignet. Ein einzigartiges Wandererlebnis, das man nicht verpassen sollte!

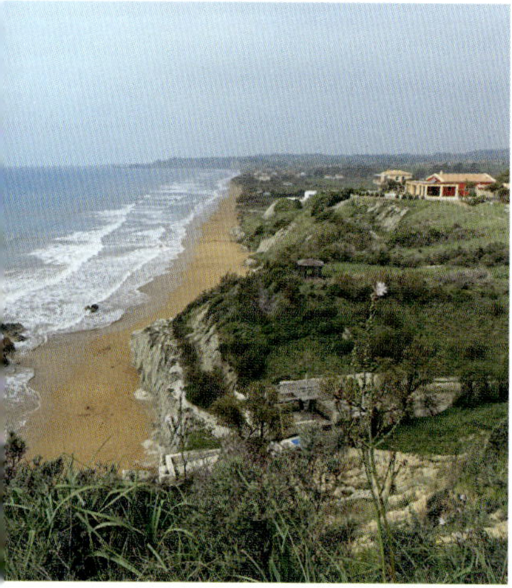

Die Streusiedlung Agios Georgios.

Ausgangspunkt: Badebucht von Lepeda mit einigen Parkplätzen, 9 m (38.178431 20.439687), im Westen von Kefalonia, auf der Halbinsel Paliki, 38 km entfernt von der Inselhauptstadt Argostoli und 2,5 km südlich des Dorfes Lixouri.
Anforderungen: Lange Strandwanderung; im Hochsommer kann es sehr heiß werden. Art des Weges: 10 % Pfad, 25 % Piste und 75 % Strand.
Einkehr: Tavernen bei Km 3,7, Km 4,7 und Km 7,5.
Variante: Ausgangs- und Endpunkt am Xi-Strand ❸. Damit verkürzt sich die Strecke auf 5,6 km.
Tipp: Badesachen nicht vergessen.

In südlicher Richtung wandern wir von **Lepeda** ❶ am Strand entlang der Bucht von Argostoli. Hinter den letzten Häusern beginnt ein naturbelassener Strandabschnitt, je nach Saison und Windrichtung befindet sich dort eine bis zu 1 m hohe Seetangschicht. Eine erste felsige, ins Meer ragende Landzunge wird auf einen Pfad landeinwärts umgangen. Eine zweite Landzunge lässt sich beim normalen Wasserniveau problemlos trockenen Fußes umlaufen. Bei Hochwasser kann man auch hier auf einen Pfad ausweichen. Wir überqueren einen kleinen Bachlauf, gehen einige Meter landeinwärts bis zu einem Wasserreservoir und dort scharf links auf der Piste an den Rui-

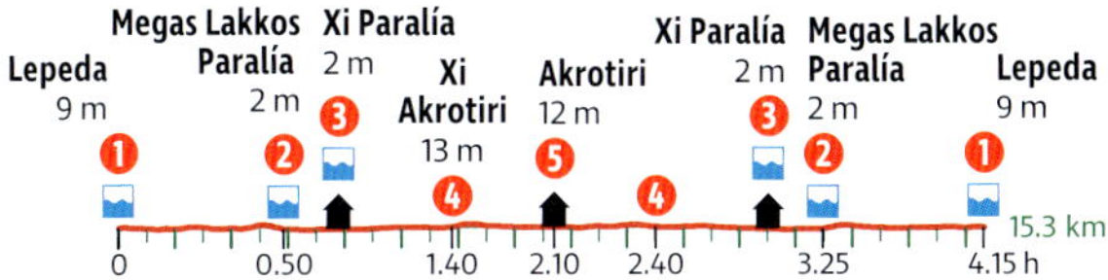

nen einer Hotelanlage vorbei. Wir folgen der Fahrspur entlang der Küstenlinie und im weiteren Verlauf durch einen Olivenhain.

Die Fahrspur geht in einen Pfad über, der an einem Zaun entlang an einem riesigen, uralten Feigenbaum vorbeiführt. In einer lang gezogenen Rechtskurve queren wir Felder bis zu einem Tor und folgen dort der beginnenden Piste. Zunächst sind alle Stichstraßen Richtung Meer mit Toren verschlossen. Wo »do not enter« geschrieben steht – dies gilt nur für Fahrzeuge, bestätigte die Eigentümerin –, biegen wir links ab und wandern zwischen Häusern hindurch hinunter zum **Megas-Lakkos-Strand** ❷.

Jetzt startet die Strandwanderung zu einem der schönsten Strände auf Kefalonia, dem **Xi-Strand** ❸. Je nach Stand der Gezeiten muss aber zuvor eine in das Meer ragende Felsnase umlaufen werden. Entweder geht man oberhalb an einer Ruine vorbei oder zieht die Schuhe aus und watet durchs Wasser. Hinter den vielen Sonnenschirmen und Liegestühlen folgt dann der erste spektakuläre Abschnitt entlang der bis zu 70 m hohen Klippen. Bei einer kleinen Bucht beginnt dann die Schotterpiste zum **Kap Xi** ❹.

Die landeinwärts weiterführende Schotterpiste verlassen wir nach ca. 80 m auf einem Pfad, der uns durch felsiges Gelände zum 10 m tiefer liegenden **Koutala-Strand** bringt. Es folgt der spektakulärste Wegabschnitt auf einem schmalen Strand am Fuß von bis zu 80 m hohen Klippen bis kurz vor das **Kap Akrotiri** ❺. Hier kann man noch in der romantisch gelegenen Taverne einkehren, bevor es auf dem bekannten Hinweg zurück nach **Lepada** ❶ geht.

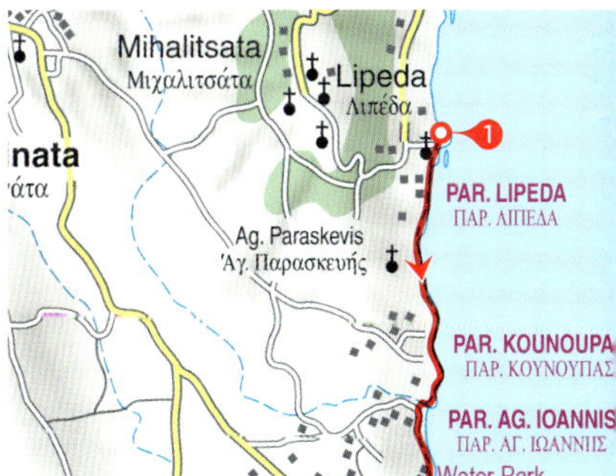

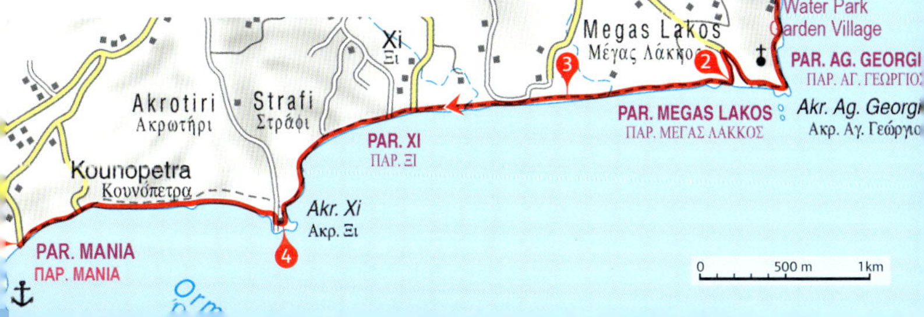

↗ 690 m | ↘ 690 m | 12.0 km

4.15 h

10 Aghía Dinatí, 1131 m

Von der Vergangenheit in die Zukunft

Direkt vor den Toren des im 10. Jahrhundert gegründeten Klosters Themata beginnt unsere Rundwanderung. Neben der Klosteranlage sind auch der Garten mit dem Eichenwald und die Aussicht sehr sehenswert. Über einsame Pisten und Pfade, zunächst durch einen lichten Kermeseichenwald und dann durch eine Steinwüste – oberhalb der Baumgrenze – steigen wir zum 1131 m hohen Gipfel Aghía Dinatí auf. Dort wurden neun Windkraftanlagen mit einer Gesamtleistung von 21 MW installiert, was eine jährliche CO_2-Reduktion von 45.000 Tonnen bedeutet. Windparks sind Teil einer modernen Kulturlandschaft, und so führt die Tour auch mitten durch diese hindurch. Vom aussichtsreichen Gipfel sieht man neben den Windrotoren im Norden den 901 m hohen Berg Kalon Oros (siehe Tour 4), im Osten die Insel Ithaka und dahinter liegend das griechische Festland, im Südosten die Peloponnes, im Süden die Insel Zakynthos, im Südwesten den 1628 m hohen Berg Aenos (Tour 14 und 16) und im Westen die Halbinsel Paliki.

Omnipräsente Windräder auf dem Gipfelplateau.

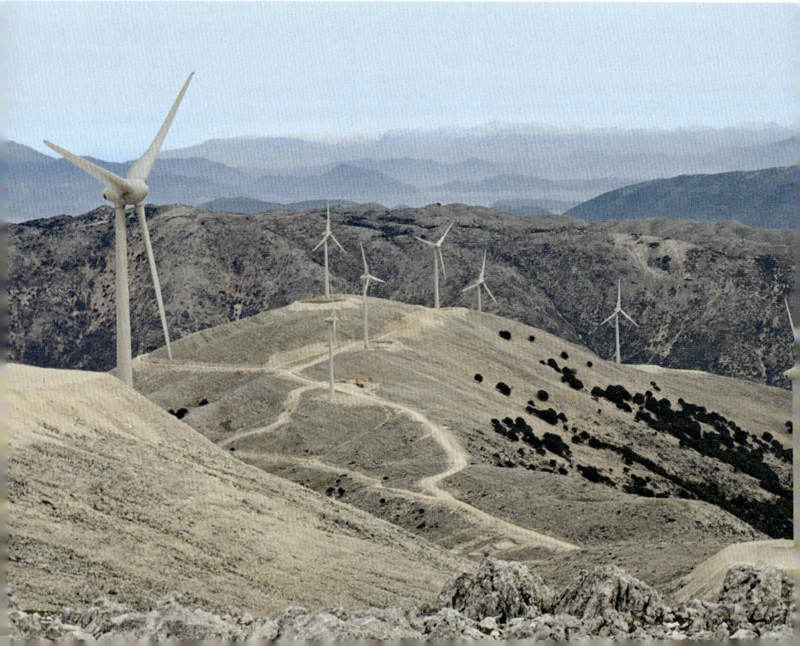

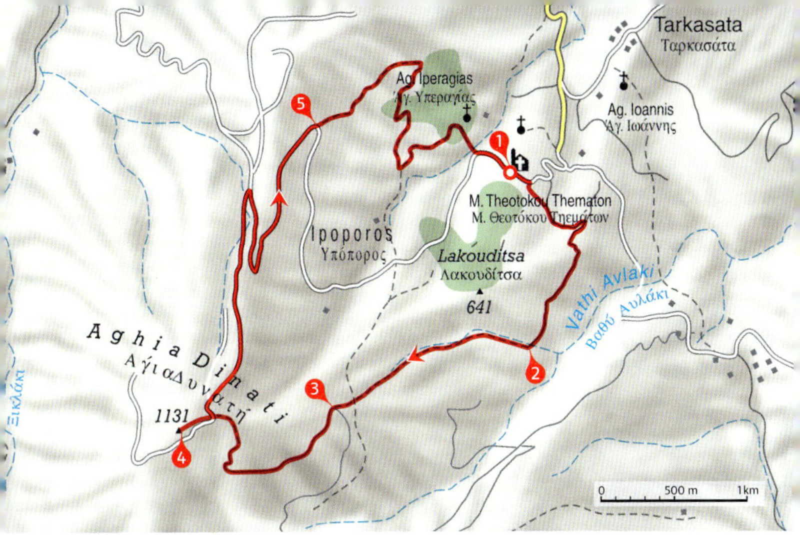

Ausgangspunkt: Kloster Themata, 523 m (38.280147 20.580926), im Nordosten von Kefalonia, 31 km entfernt von der Inselhauptstadt Argostoli. Vom 9 km entfernten Agia Effimia den Wegweisern zum Kloster folgen und vor der Pforte am Straßenrand parken.
Anforderungen: Technisch einfach. Aufgrund der Höhenmeter sollte eine gute Grundkondition vorhanden sein. An zwei weglosen Abschnitten benötigt man einen guten Orientierungssinn. Rote Punkte unterstützen die Wegfindung, der heruntergeladene GPS-Track gibt zusätzliche Sicherheit. Art des Weges: 30 % weglos und 70 % Piste.
Einkehr: Keine.
Hinweis: Die roten Markierungspunkte sind nur in der hier beschriebenen Richtung der Tour gut zu sehen!

Von der Pforte des **Klosters Themata** 1 marschieren wir auf der Zufahrtsstraße talwärts, verlassen diese aber bereits in der ersten Linkskurve nach rechts auf die beginnende Schotterpiste. Leicht bergauf wandernd passieren wir Ziegenstallungen. Dann führt die Piste bergab, weitere Zie-

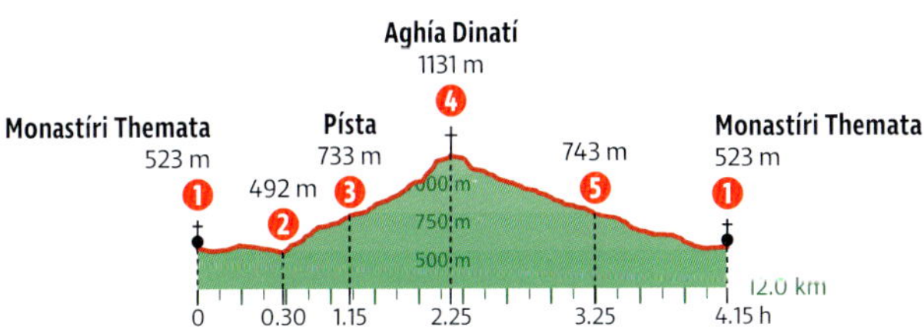

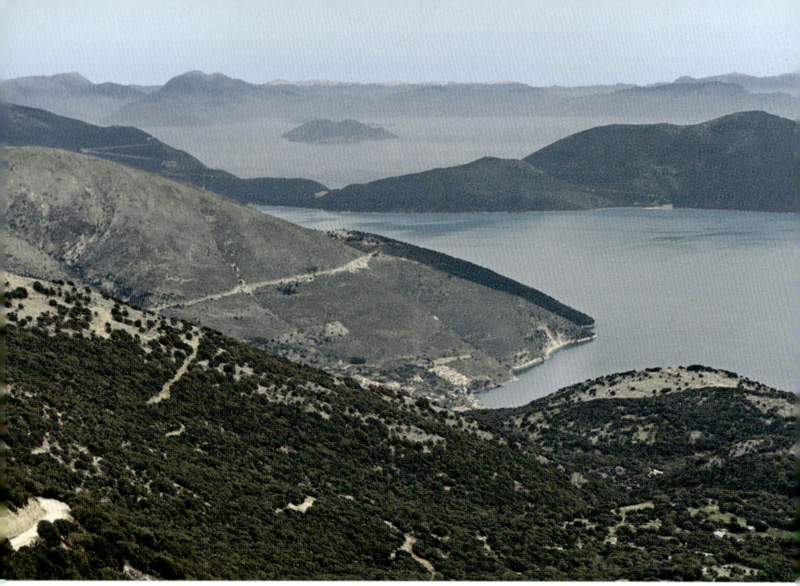

Faszinierende Fernsicht vom Gipfel, auch der weitere Weg ist zu erkennen.

genstallungen lassen wir links liegen. Wir öffnen und verschließen einen Ziegenzaun, dann endet die Piste an einem Trockenbachbett. Weiter geht es auf einem Ziegenpfad, dabei orientieren wir uns an den roten Wegmarkierungen.

Bei einem roten Punkt und einem Steinmännchen folgt ein **wegloser Abschnitt** ❷. Ab hier gehen wir rechts auf einem sehr breiten Bergrücken durch einen lichten Wald bergauf. Wir kommen an einer rostigen Tonne und einer Zisterne vorbei. Aufgrund der zahlreichen Ziegenpfade ist die Wegfindung schwer, weitere rote Punkte helfen aber bei der Orientierung. Es folgt zwischenzeitlich ein nicht zu steiles Wegstück. Da, wo der Wald den Blick freigibt, tauchen rechts oberhalb am Berg die Windräder auf.

Schlussendlich sehen wir halb links in der Ferne den blanken Fels, der die in den Berg gefräste Schotterpiste auf einer Seite säumt. Beim Näherkommen erkennen wir, dass sich dort eine Wegkreuzung befindet. Wir gehen halb rechts auf der **Piste** ❸ weiter bergauf. Hinter einer Kurve endet dann die Piste, und wir wandern zunächst geradeaus weiter auf dem Bergrücken. Dann ändern wir die Aufstiegsrichtung und halten uns nun weglos links bergauf, an einem Felsen mit einem roten Punkt vorbei.

An einem – zum Bau des Windparks – neu angelegten breiten Fahrweg gehen wir wenige Meter links bergauf, um bei einem betonierten Wasserablauf die Piste nach halb rechts zu verlassen und über das Schotterfeld entlang einiger roter Punkte bis zum höchstgelegenen Windrad auf dem Gipfel des **Aghía Dinatí** ❹ aufzusteigen. Dort befinden sich die Überreste eines betonierten Messpunkts und ein aufgetürmter Steinhaufen. Von der großen Aussichtsterrasse ergibt sich ein faszinierender 360°-Panoramablick.

Wir steigen zunächst auf dem gleichen Pfad wieder hinunter bis zum neuen Fahrweg und halten uns dort links und an der Weggabelung halb rechts – also auf dem unteren Fahrweg. Bei der nachfolgenden Einsattelung mit einer kleinen Hütte marschieren wir scharf nach rechts. In der nachfolgenden **180°-Kurve** ❺ kann man dem Verlauf der Straße bis zum Ausgangspunkt folgen, oder man geht geradeaus weiter, neuerlich auf einem Ziegenpfad entlang einiger weniger roter Punkte.

Während wir den Hang queren, verlieren wir nur wenig an Höhe, überqueren zwei Trockenbachbetten und erreichen nach ca. 650 m eine Piste, auf der wir rechts bergab wandern. Wir queren mehrere Male das Spülfeld eines Bachlaufs. Einen in der Rechtskurve nach links abzweigenden Fahrweg ignorieren wir. Nachfolgend gehen wir entlang einer Erosionsrinne in Richtung der Klosteranlage und kommen an einer Ziegenhaltung und einer Kapelle vorbei. Auf Höhe einer Zisterne verlassen wir die Piste nach rechts und folgen der blau-weißen Markierung bis zu einer weiteren Piste. An einer Kreuzung halb rechts haltend gelangen wir zurück zum **Ausgangspunkt** ❶.

Die Kirche des Klosters Themata.

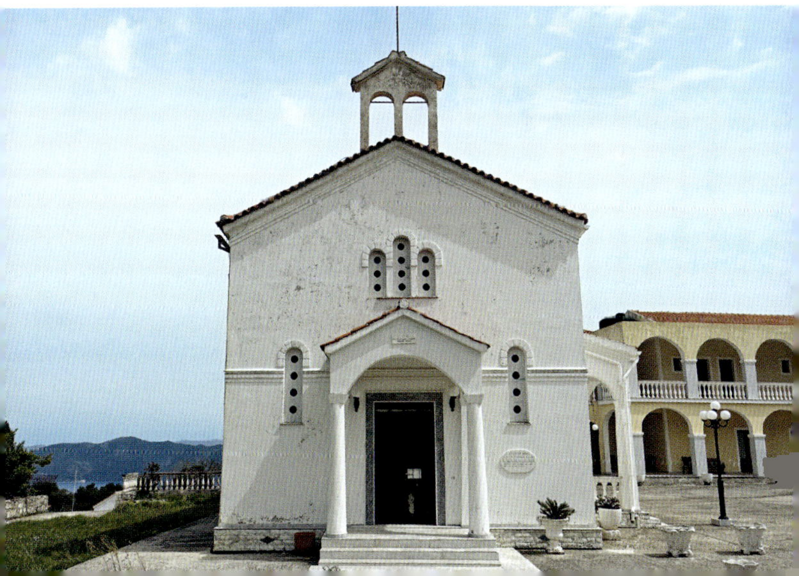

↗ 130 m | ↘ 130 m | 10.0 km

11 Argostoli

3.15 h

Die Sehenswürdigkeiten der Inselhauptstadt

Bis ins 16. Jahrhundert war die Region um die heutige Kleinstadt nur bei Piraten beliebt. Unter der Herrschaft der Venezianer wurde eine erste Siedlung (Agios Georgios) gegründet, und nachdem 1757 die Verwaltung der Insel von der Burg Agios Georgios ans Meer verlegt wurde, war Argostoli endgültig geboren – und fortan die Hauptstadt von Kefalonia. Ab dem 19. Jahrhundert entwickelte sich der Ort zu einem wichtigen Warenumschlagplatz. Beim Erdbeben 1953 wurde Argostoli nahezu komplett zerstört. Nur die De-Bosset-Brücke und der Obelisk überstanden die Katastrophe; der stark beschädigte Leuchtturm wurde im Laufe der Jahre vollständig wiederhergestellt. Der ab 1980 beginnende Massentourismus trug maßgeblich zur regionalen Weiterentwicklung bei, wobei Kefalonia im Vergleich etwas hinter anderen griechischen Inseln zurückgeblieben ist – was viel Raum für Individualtouristen gibt. Mit wachsendem Selbstbewusstsein schmückt sich Kefalonia mit herrschaftlichen Bauten, Museen und sogar einem eigenen Theater. Auf dieser spannenden Rundwanderung entdecken wir auf mehreren Stationen das kulturelle Erbe der Inselhauptstadt.

Der Kolona-Obelisk an der De-Bosset-Brücke.

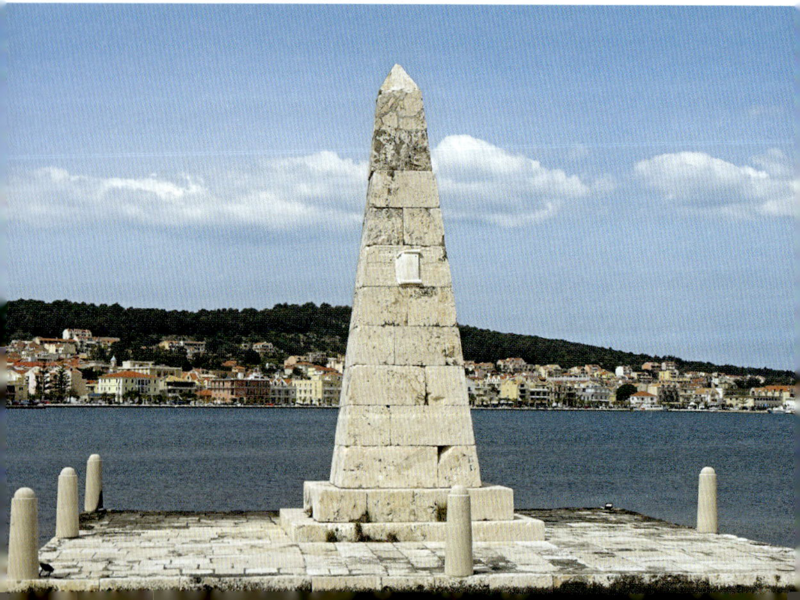

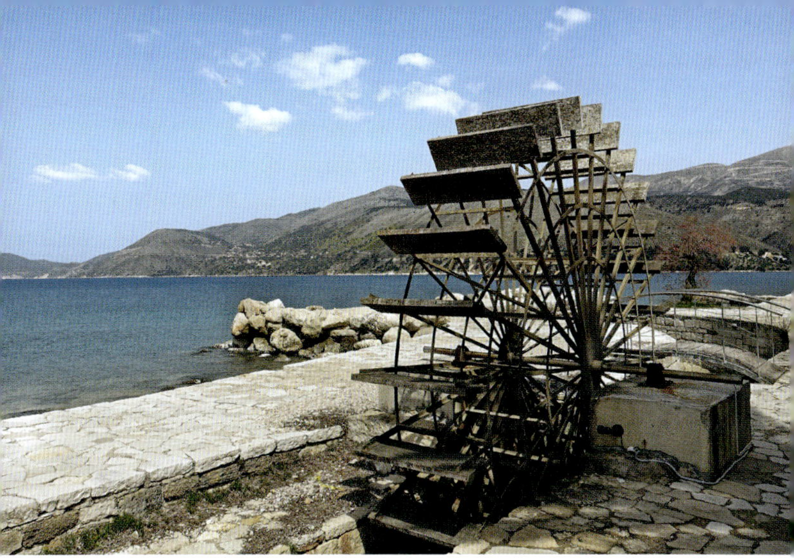

Die Meeresschwinden von Katavothres.

Ausgangspunkt: Argostoli, 2 m (38.178417 20.496817), die Hauptstadt der Insel Kefalonia. Am östlichen Ufer der Bucht von Argostoli befindet sich südlich vom Jachthafen ein großer Parkplatz. – Öffentliche Verkehrsmittel: Busbahnhof der Inselhauptstadt etwa 200 m südlich der De-Bosset-Brücke.

Anforderungen: Leichter Spaziergang. Art des Weges: 10 % Straße, 10 % Piste und 80 % Fußgängerwege.
Einkehr: Zahlreiche Tavernen entlang der Strecke.
Tipp: Sehenswert ist der Botanische Garten Kefalonia (38.160156 20.497431) am Südende von Argostoli.

Vom Parkplatz in **Argostoli** ❶ spazieren wir über die De-Bosset-Brücke, die 1813 vom Schweizer Ingenieur Charles Philippe De Bosset konstruiert wurde, der als Offizier der britischen Armee auch Inselgouverneur von Kefalonia wurde. Die Brücke ist mit 670 m die weltweit längste über Meerwasser führende Steinbrücke. Auf fast halben Weg zum gegenüberliegenden Ufer passieren wir eines der Wahrzeichen der Inselhauptstadt, einen Obelisken, errichtet in Erinnerung an die britische Besetzung der Insel. Links von der Brücke liegt die **Lagune Koutavos**, heute ein Naturschutzgebiet und Lebensraum der Unechten Karettschildkröte, die man mit etwas Glück beobachten kann. An der Uferpromenade angekommen schlendern wir durch die quirlige Kleinstadt Argostoli in nördliche Richtung.
Es geht vorbei an Tavernen, Restaurants, Hotels, Obst- und Fischständen und Geschäften mit köstlichen Backwaren. Die Straßen und Uferpromenade säumen Palmen und Bougainvilleen. Hinter der griechischen Küstenwa-

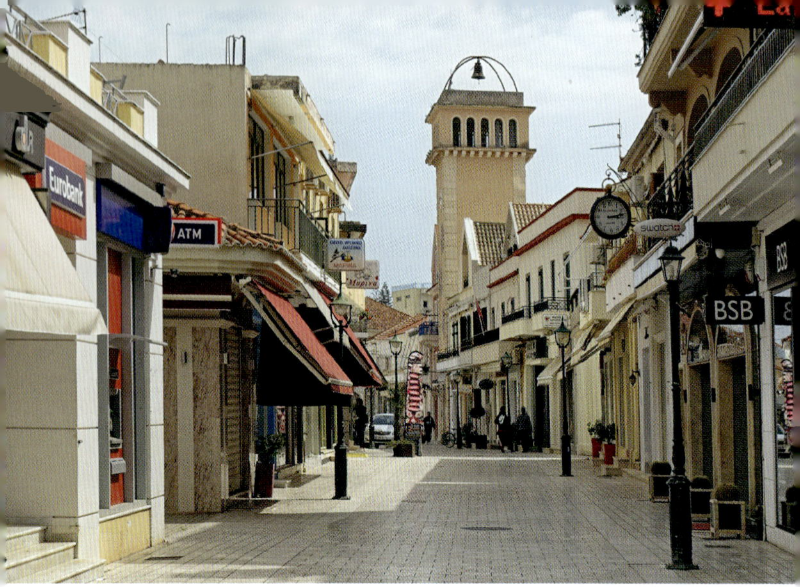

Die Fußgängerzone von Argostoli.

che folgen mehrere große Parkplätze und ein Fischerhafen. An der Weggabelung gehen wir halb rechts und passieren einen weiteren Jachthafen. Es folgt ein Pfad unter schattigen Kiefern entlang der Uferlinie bis zu einem geologischen »Wunder«, den sogenannten **Meeresschwinden Katavothres** ❷. Wasser fließt hier vom Meer in den kleinen Kanal und bringt durch die erzeugte Strömung ein Wasserrad zum Drehen. Wenn der Kanal komplett mit Meerwasser gefüllt ist, müsste das Rad eigentlich stillstehen, da es keine Strömung mehr gibt. Das tut es aber nicht, denn das Wasser im Kanal läuft kontinuierlich nach. Wie kann das sein? Das Wasser versickert schnell im Untergrund und fließt dann unterirdisch über sagenhafte 15 km (Luftlinie) durch das Karstgestein der Insel bis in den See von Melissani. Das beständige Versickern und Nachfließen des Wassers erzeugt eine dauerhafte Strömung.

Weiter geht es in westliche Richtung entlang der Straße und vorbei am Fanari-Strand zu einem weiteren architektonischen Glanzpunkt, dem klassizistischen Leuchtturm **Agios Theodoros** ❸. Er wurde erstmals 1829 errichtet und nach dem Erdbeben 1953 wieder aufgebaut. Wir setzen unsere Wanderung in südliche Richtung entlang der Straße fort, bis wir bei einer abgebrochenen Palme links in eine Straße abbiegen.

Wir folgen dem Verlauf der Straße durch mehrere Kurven, bis wir auf der rechten Seite auf das **Kriegsdenkmal Divisione Acqui** ❹ stoßen. Es wurde

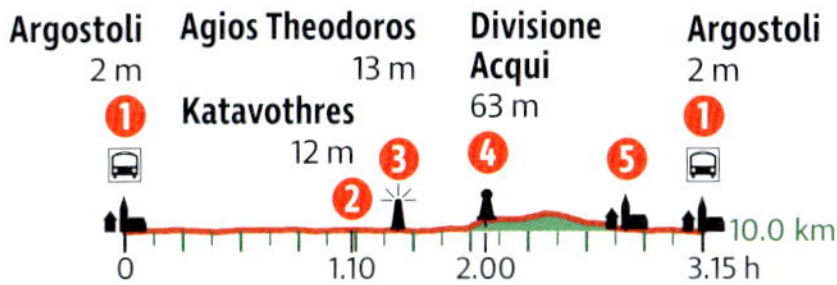

1978 in Erinnerung an die italienischen Soldaten gebaut, die in Kefalonia ihr Leben verloren. Fast 10.000 Italiener wurden bei einem Massaker getötet, die zehn Tage dauerten.
In der Linkskurve der Straße gehen wir dann aber geradeaus weiter auf der Schotterpiste. An einer Weggabelung folgen wir dem halb linken Arm, halb rechts führt ein Abstecher zu einem malerischen Aussichtspunkt. Hinter einem schönen Blick über die Dächer von Argostoli gehen wir an einer Weggabelung halb links, an der nächsten Kreuzung scharf links und bereits nach einigen Metern rechts – zwischen den Häusern hindurch – auf dem betonierten Pfad bergab. Wir überqueren eine Straße und steigen über weitere Treppen ab, nun mit einem silbernen Geländer gesichert. Auf der nachfolgenden Straße geht es kontinuierlich bergab, rechts am Weg befindet sich das Folkloremuseum, links vor der großen Kreuzung das Theater von Kefalonia. Schräg links über die Kreuzung befindet sich das nach einem Erdbeben beschädigte und zunächst auf unbestimmte Zeit geschlossene **Archäologische Museum von Argostoli**.
Von dort folgen wir dem Verlauf der **Fußgängerzone** ❺, »der« Einkaufsstraße« auf Kefalonia. Am Glockenturm biegen wir dann links ab, erreichen die Uferpromenade und marschieren über die De-Bosset-Brücke zum **Ausgangspunkt** ❶ zurück.

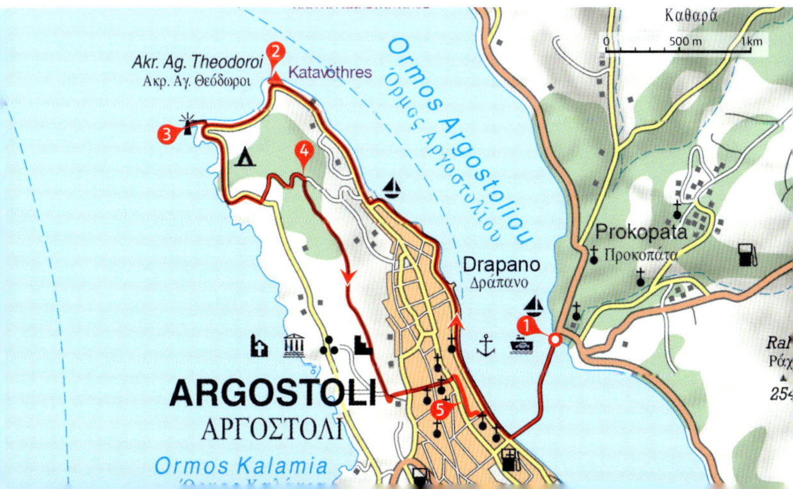

↗ 200 m | ↘ 200 m | 6.6 km

12 Zur Zyklopenmauer

2.00 h

Die antike Stadt Krane

Das antike Krane war im 7. Jahrhundert v. Chr. einer von vier Stadtstaaten auf Kefalonia. 187 v. Chr. übernahmen die Römer die Kontrolle über die Region, der Name hat die Geschichte überlebt und ist bis heute überliefert. Den Beinamen verdankt die »Zyklopenmauer« der Größe ihrer Steinquader. Nur ein Zyklop – eine riesige Gestalt der griechischen Mythologie – verfügte der Legende nach über die notwendige Kraft, solch riesige Steinquader übereinanderzustapeln. Die Rundwanderung bringt uns nicht nur zu einer der wichtigsten archäologischen Stätten auf Kefalonia, sondern auch zu einer faszinierenden Höhle – mit Stalaktiten und Stalagmiten und einer Fledermauskolonie. Durch die unberührte Natur führt ein Wanderweg, der bereits seit über 2000 Jahren genutzt wird.

Ausgangspunkt: Parkbucht mit Informationstafel, 3 m (38.166833 20.510867), 3 km von der Inselhauptstadt Argostoli. An der Landesstraße 50 aus Argostoli kommend, befindet sich die kleine Parkbucht am südlichen Ufer der Koutavos-Lagune, hinter einem roten Gebäude. – Öffentliche Verkehrsmittel: Der Busbahnhof in Argostoli ist 2,2 km entfernt.
Anforderungen: Leichte Rundwanderung, bis auf den Abstieg in die Höhle über eine 5 m lange Metallleiter. Für die Höhle eine lichtstarke Taschenlampe mitnehmen! Art des Weges: 40 % Pfad und 60 % Piste.
Einkehr: Keine.

Die Zyklopenmauer.

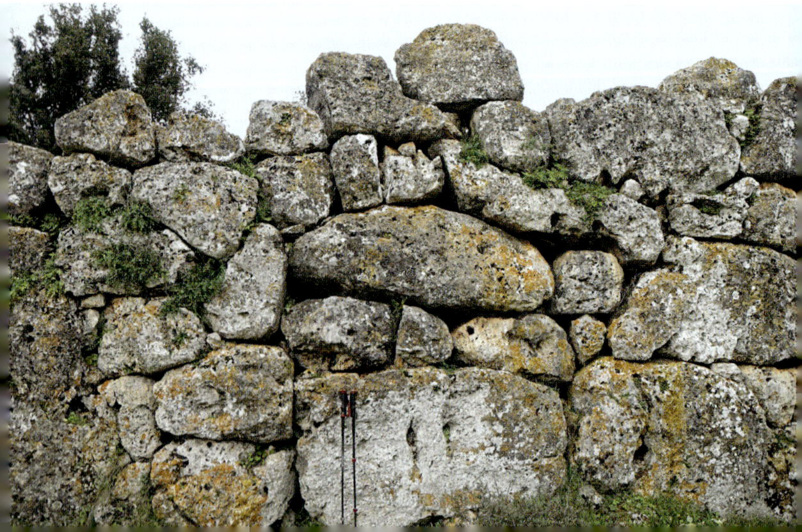

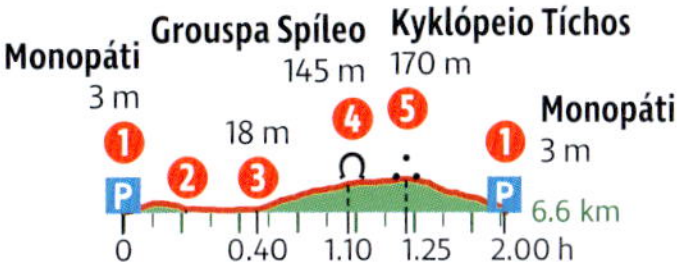

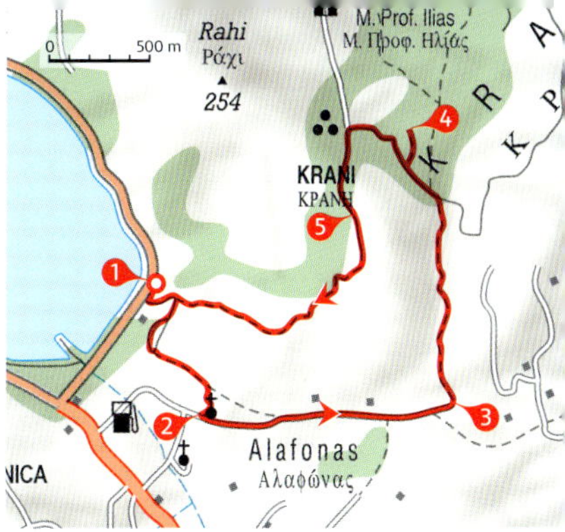

Am **Parkplatz** ❶ beginnt ein rot markierter Wanderweg. Nach kurzem Aufstieg ist bereits ein Teilstück der Zyklopenmauer erreicht, bis an dessen Ende wir weitergehen. Dort halten wir uns scharf rechts auf den Überresten der Mauer und bei der nachfolgenden Gabelung der Pfade halb links, weiter auf den Bruchstücken der Zyklopenmauer. An einer weiteren Gabelung der Pfade – halb links sind Windräder zu sehen – orientieren wir uns nach halb rechts; in der Ferne ist die Burg von Agios Georgios auszumachen.

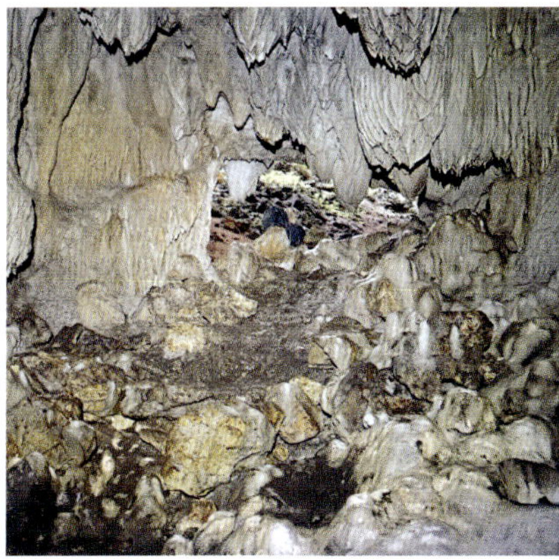

Die Grouspa-Höhle (auch »Razata-Höhle«).

Der Weg führt an einer Felswand und einem rostigen Zaun entlang. Bei zwei ebenfalls verrosteten Metallstangen steigen wir auf einem schwer zu erkennenden Pfad hinunter bis zu einem quer verlaufenden Maschendrahtzaun. An diesem wandern wir links entlang, öffnen und verschließen das Ziegengatter »und gehen nun auf einem Fahrweg rechts entlang eines Maschendrahtzauns – hinter diesem befindet sich ein Bootsverleih. Der Fahrweg endet bei einer **querenden Piste** ❷.

Nach links, also Richtung Osten, folgen wir dem Verlauf der Piste und ignorieren zunächst abzweigende Wirtschaftswege. Ca. 100 m hinter einer Kreuzung verlassen wir den inzwischen unbefahrbaren Weg auf einen **beginnenden Pfad** ❸ nach links. Nach abermals ca. 100 m kommen wir an einer Zisterne vorbei. Der Pfad führt nun kontinuierlich bergauf, entlang einiger weniger Bäume. Nach einem längeren Wegstück entlang einer Schlucht wird dann ein Schatten spendender Wald erreicht.

Wir passieren eine Steinmauer, die sich rechts von uns befindet. Der Pfad mündet bei einem Wasserreservoir in eine Schotterpiste, die wir bei dem Wegweiser zur Grouspa-Höhle nach rechts verlassen. Rote Punkte leiten uns

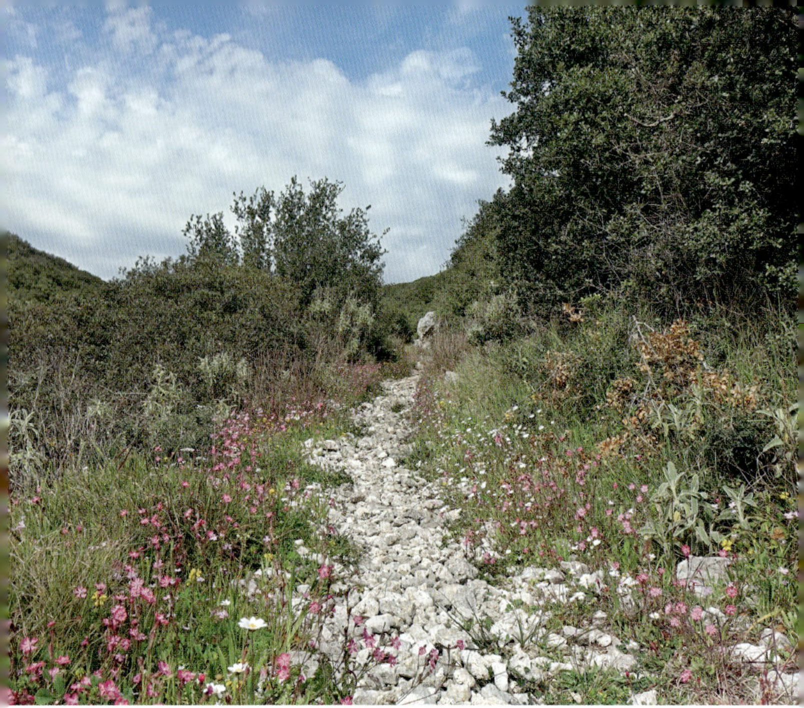

Der sehr naturnahe Wanderweg.

zum Einsturzkrater der **Grouspa-Höhle** ❹ (auch Razata-Höhle genannt). Über eine Metallleiter steigt man in diesen hinunter, des beeindruckende Innere der Höhle ist durch einen kleinen, 1 x 1,50 m großen Felsdurchbruch zu erreichen. Überall tropft es von der Decke, dementsprechend haben sich zahlreiche Stalagmiten und Stalaktiten gebildet. Auch fühlt sich eine Fledermauskolonie besonders wohl im Höhleninneren!

Nach dieser kleinen Exkursion gehen wir bis zur Schotterpiste zurück und dann rechts, bis sie vor einem Zaun endet. Auf dem querenden Fahrweg marschieren wir links entlang. Bald sehen wir im waldigen Berghang die Zyklopenmauer, an deren linker Seite wir auf einem der Pfade aufsteigen. Achtung! Bei einem Mauerdurchlass gehen wir rechts und sofort links über die Fragmente der **Zyklopenmauer** ❺ *(Kyklópeio Tíchos)*. Nach weiteren ca. 50 m beginnt dann der rechts weiterführende Pfad mit zahlreichen roten Markierungspunkten. Dieser bringt uns bis zum ersten Teilstück der Zyklopenmauer am Hinweg, auf dem wir bis zum **Ausgangspunkt** ❶ zurückgehen.

↗ 160 m | ↘ 160 m | 5.0 km

1.30 h

Die Burg von Agios Georgios

13

Die erste Hauptstadt der Insel Kefalonia

Von 1185 bis 1485 war die Burg Agios Georgios Sitz der byzantinischen Verwaltung und militärisches Machtzentrum. 1485 hatten für kurze Zeit die Osmanen die Herrschaft übernommen. Von 1500 bis 1757 wurde Agios Georgios die erste Hauptstadt von Kefalonia. Äußerst beeindruckend sind die mächtigen, über 600 m langen Befestigungsmauern mit drei Bastionen an ihren Ecken. Die Burg wurde 1636 und 1637 durch Erdbeben beschädigt, vor allem das schwerste Erdbeben von 1953 verursachte erhebliche Schäden. Die Rundwanderung führt an zahlreichen Kirchen und Ruinen vorbei. Vom fast 300 m hohen Burghügel ergibt sich ein schöner Fernblick über die südliche Region von Kefalonia, den höchsten Berg der Insel sowie die Nachbarinsel Zakynthos.

Ausgangspunkt: Peratata, 138 m (38. 134633 20.557300), im Südwesten von Kefalonia, 8 km entfernt von der Inselhauptstadt Argostoli. Von dort kommend fährt man durch den Ort Peratata hindurch und folgt dem Wegweiser rechts in eine Stichstraße zum Parkplatz am Straßenrand. – Öffentliche Verkehrsmittel: Hellgrüne Buslinie von Argostoli nach Poros bis Haltestelle Peratata.

Anforderungen: Leichter Spaziergang mit nur wenigen Höhenmetern. Art des Weges: 10 % angelegter Weg und 90 % Straße.

Einkehr: Tavernen bei Km 2 und Km 4,5.

Hinweis: Die Burg ist täglich von 9.30 bis 16.00 Uhr geöffnet; Eintrittsgebühr.

Tipp: Die Gentilini Winery & Vineyards (38.138060 20.496012) westlich der Route nahe an der Küste.

Innerhalb der Festungsmauern der Burg Agios Georgios.

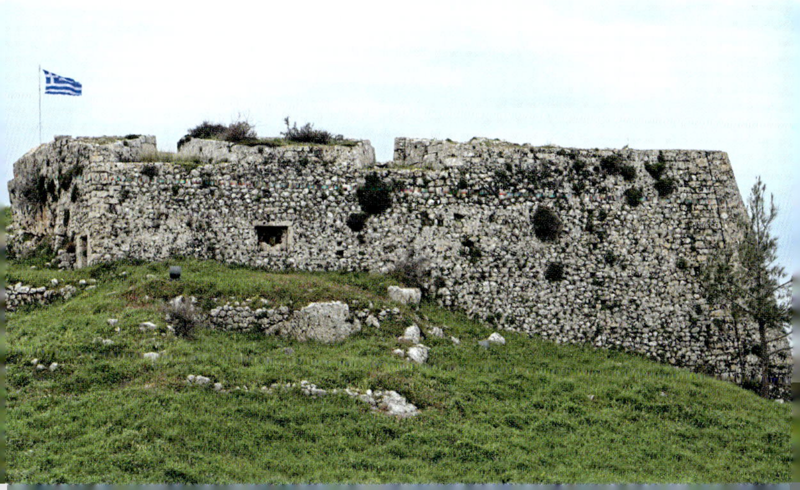

Wer mit dem Bus kommt, spaziert von der Haltestelle **Peratata** entlang der Durchgangsstraße bis zur Nebenstraße, die rechts zum **Parkplatz** ❶ führt. Hier geht man links bis zum Ende der gegenüberliegenden Gasse. Wer vom Parkplatz kommt, überquert die Hauptstraße und gelangt geradeaus bis an das Ende der erwähnten Gasse.

Dort folgen wir zweimal nach rechts der weiterführenden Straße. Vorbei geht es an einer Kapelle und einer Kirche mit einem imposanten Turm – auch genießt man eine schöne Aussicht auf den Berg Aenos. Bei einem rot angemalten Wasserverteiler zweigen wir dann links in den Fahrweg, es geht vorbei an Ruinen. Hinter der Kapelle mündet ein weiterer Weg in den unsrigen. Schließlich kommen wir bei den **Ruinen** der **Kirche Agios Spyridon** ❷ an. Bei einem weiteren rot angemalten Hydranten endet die Straße, wir gehen abermals zweimal rechts, passieren weitere Ruinen, die durch Metallpfosten gestützt werden, und erreichen die **Ekklisia Kimisi Theotokou** hinter einem kleinen Platz.

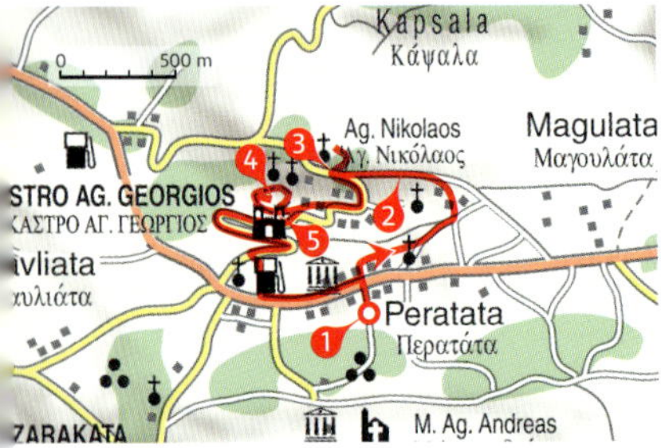

Nach dem kurzen Abstecher gehen wir wieder zur Straße mit dem rot

Die Ruinen der katholischen Kirche von Agios Nikolaos.

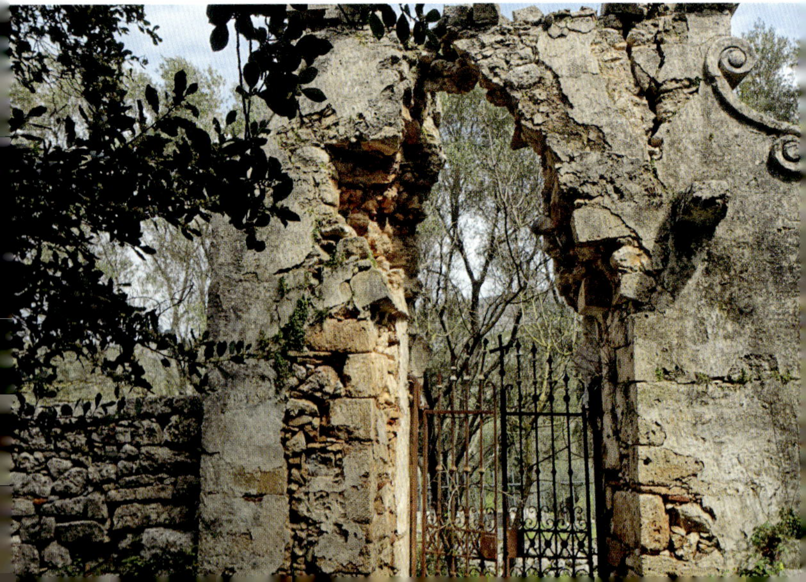

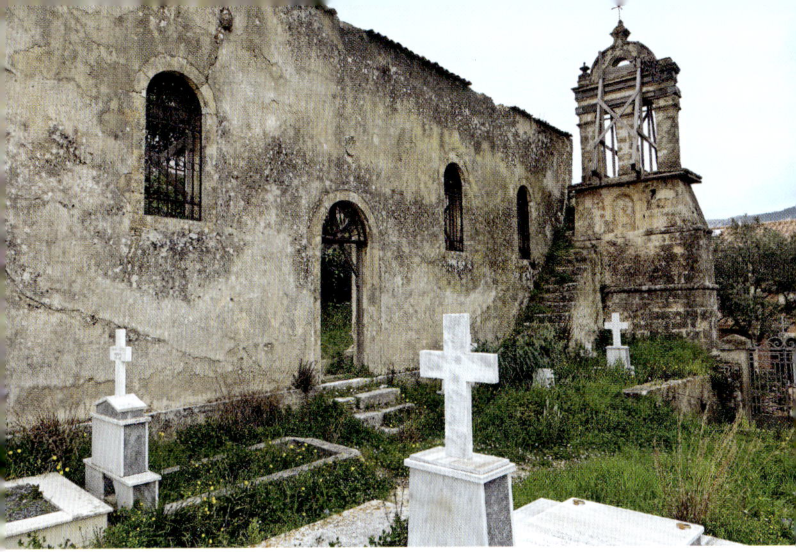

Die Ruinen der Kirche Agii Theodori.

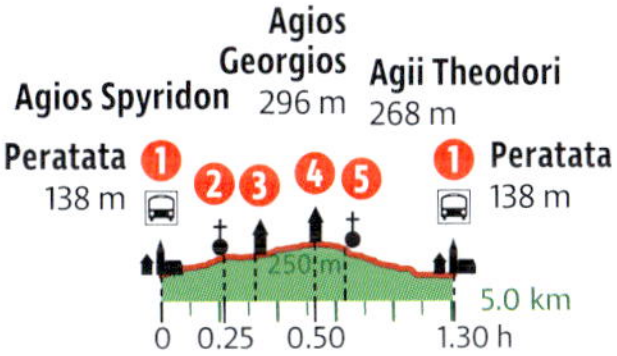

angemalten Hydranten zurück und auf ihr 40 m rechts. In der Umfriedung der Festung sehen wir die **Ruinen** einer weiteren **Kirche** ❸ und den dazugehörigen Friedhof.

Wieder am Hydranten angekommen folgen wir dem Verlauf der bergauf führenden Asphaltstraße durch die Rechtskehre, an der Kathedrale von Evangelistria (Mariä Verkündigung) vorbei und weiter nun direkt auf die Burganlage zu.

Nach Entrichtung des Eintrittsgelds wartet ein spannender Spaziergang durch die byzantinische Befestigungsanlage **Agios Georgios** ❹, dem Verwaltungszentrum und militärischen Machtzentrum von 1185 bis 1485. Wir verlassen die Burg wieder durch das massive Metalltor und biegen bei der nächsten Möglichkeit – bei einem hellgelben Haus – rechts ab. Nach wenigen Metern zweigt rechts ein Weg durch den Vorgarten eines Hauses zu den Ruinen der **Kirche Agii Theodori** ❺ ab.

Nach dem Besuch gehen wir zurück und biegen nun zweimal rechts ab. Mit schönem Blick auf die Nachbarinsel Zakynthos marschieren wir talwärts, bis wir bei dem Haus mit den zahlreichen Statuen auf dem Dach links abbiegen. Der Weg führt zur Hauptstraße hinunter, an der wir links bis zum **Ausgangspunkt** ❶ gehen.

↗ 100 m | ↘ 100 m | 2.8 km

14 Aenos, 1628 m – die leichte Route

1.15 h

Auf das Dach von Kefalonia

Der omnipräsente Aenos ist die höchste Erhebung auf der Ionischen Insel Kefalonia und ragt stolze 1628 m aus dem Meer. Die Venezianer nannten den Berg »Monte Nero« (»Schwarzer Berg«) wegen seiner dunkelfarbigen Tannen, die in Griechenland endemisch sind und auch als »Kefalonische Tannen« bezeichnet werden. In den Wintermonaten Januar bis März können auf den Höhen bis zu ca. 60 cm Schnee liegen. Seine vielen Quellen füllen Wasserspeicher; der Aenos ist damit zugleich Lebensader der Insel. Die höher gelegenen Regionen des Berges wurden 1962 zum Naturschutzgebiet erklärt; sie bilden das kleinste Schutzgebiet in Griechenland. Abgesehen von der Zufahrtsstraße zu dieser Tour ist es nur zu Fuß begehbar. Vom Gipfelparkplatz ergibt sich eine kurze Wanderung, die auch für die ganze Familie geeignet ist, wenn man auf dem Hinweg wieder zurückgeht. Wer hingegen etwas kraxeln möchte, macht die hier beschriebene Runde über den felsigen Nachbargipfel. Alle anderen Aufstiegsrouten zum Gipfel sind signifikant länger und mit weit über 1000 Höhenmetern auch deutlich fordernder.

Am Gipfel des höchsten Berges von Kefalonia.

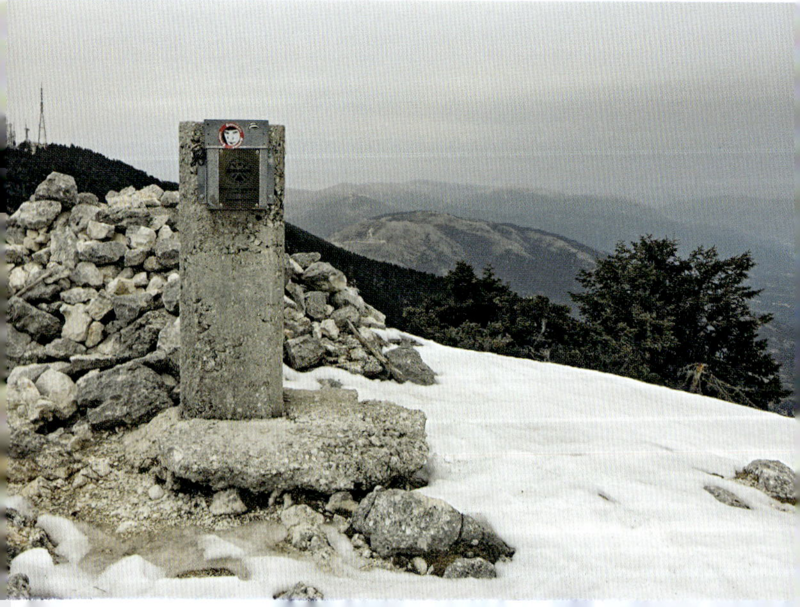

Ausgangspunkt: Parkplatz unterhalb der zahlreichen Antennen, 1625 m (38.139850 20.660100), im Süden von Kefalonia, 35 km entfernt von der Inselhauptstadt Argostoli. Von der Verbindungsstraße von Argostoli nach Sami führt eine Stichstraße bis zum Parkplatz.
Anforderungen: Weitgehend leichte Bergwanderung. Nur der rutschige und steinige Weiterweg über den Gipfelgrat ist technisch etwas schwieriger. Hier muss man trittsicher und schwindelfrei sein. Art des Weges: 50 % Pfad und 50 % Piste.
Einkehr: Keine.
Variante: Anstatt über den Gipfelgrat über den Hinweg zurückgehen, dann hat die Wanderung den Schwierigkeitsgrad »blau«.
Hinweis: Beste Wanderzeit: April bis Dezember; im Winter kann Schnee liegen.
Tipp: Sehenswert ist das Kloster Agios Gerasimos (38.165570 20.588917).

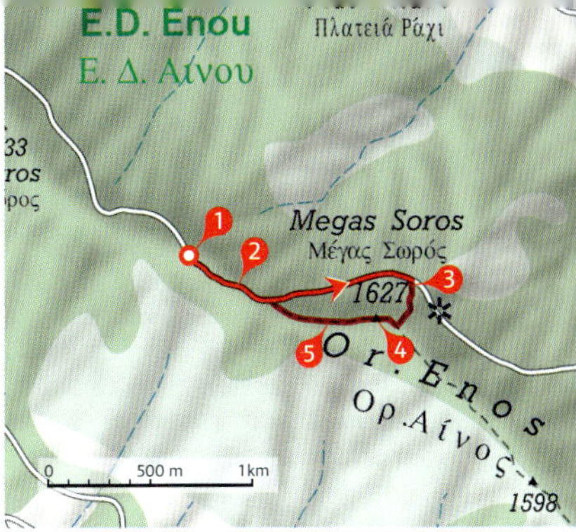

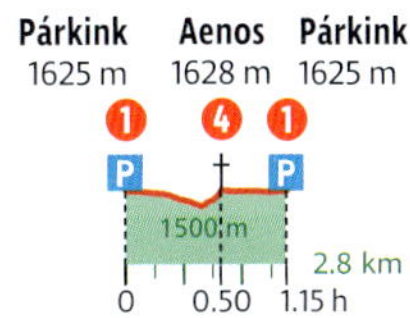

Von der Informationstafel und **Parkmöglichkeit** ❶ bei der ehemaligen militärischen Anlage gehen wir in östliche Richtung auf der breiten Piste leicht bergab. Nach einigen Metern gibt der Wald den Blick frei, und der Flughafen von Kefalonia und das dahinter liegende Meer sind zu sehen. Die **Piste gabelt sich** ❷ und führt halb rechts zu einem neu angelegten Aussichtspunkt mit mehreren Picknickbänken und natürlich mit einem faszinierenden Ausblick.
Nach diesem kurzen Abstecher setzen wir die Wanderung auf der breiten Piste fort. Bei einer weiteren Informationstafel angekommen, verlassen wir die Piste nach rechts und steigen auf dem **beginnenden Pfad** ❸ mit einem komfortablen Holzgeländer auf, der gelegentlich mit gelb-rostigen Schildern markiert wurde. Wir lassen den Schatten spendenden Wald hinter uns, steigen zu einer Einsattelung auf und erreichen kurz danach den betonierten Messpfeiler am Gipfel des Berges **Aenos** ❹. Bei gutem Wetter bietet sich von hier oben einer der schönsten Ausblicke auf Kefalonia.
Man kann nun auf dem Hinweg zurückwandern (leichtere Variante) oder man geht in westliche Richtung zu einer kleinen Einsattelung hinunter und dann in derselben Richtung über den beginnenden Berggrat, mal rechts, mal links vom Grat bis zum **Nachbargipfel** ❺. Auch von hier ist die Aussicht einmalig. Richtung Nordwesten sind die zahlreichen Antennen und auch der Aussichtspunkt am Hinweg zu sehen.
Durch den Wald steigen wir weglos die wenigen Meter zur Piste hinunter und kehren auf dem bekannten Hinweg zurück zum **Ausgangspunkt** ❶.

TOP

15 Sissia – Katsonas – Lefka

↗ 240 m | ↘ 240 m | 6.3 km

2.15 h

Drei Traumstrände und zwei Klöster

Lange Steinmauern umgeben das neu errichtete Kloster Sissia, den Ausgangspunkt dieser Rundwanderung. Ca. 250 m unterhalb befinden sich die Überreste des im 13. Jahrhundert von Franz von Assisi gegründeten ursprünglichen Klosters. Das Gebäude teilt das Schicksal vieler Gebäude auf Kefalonia: Es wurde bei dem schweren Erdbeben 1953 zerstört. Die Strände unterhalb der Klosterruinen sind nur über das Meer oder zu Fuß erreichbar und somit bei Individualtouristen beliebt. Wie Perlen an einem Strang reihen sich drei wunderschöne Strände, verborgene Strände aneinander. Aber Obacht, zwischen dem ersten und zweiten Strandabschnitt befindet sich eine Kletterstelle mit Schwierigkeitsgrad II. Auch ist es unvermeidbar, in das kühle – im Sommer angenehm erfrischende – Nass einzutauchen, da es eine Wat- bzw. Schwimmstelle gibt (Ausweichmöglichkeit siehe »Variante«).

Ausgangspunkt: Parkplatz nahe dem Kloster Sissia, 146 m (38.100434 20.660320), im Südosten von Kefalonia, 28 km entfernt von Argostoli. Die Straße von Argostoli nach Katelios in Richtung des ausgeschilderten Klosters verlassen, wo sich ein großer Parkplatz befindet.
Anforderungen: Prinzipiell leichte Wanderung. Nur zwischen den Wegpunkten ❷ und ❸ befindet sich eine kleine Kletterpassage, die eine Drei-Punkt-Haltung erfordert – daher der Schwierigkeitsgrad »schwarz«. Unmittelbar danach geht es über 3 m Länge durch 1,50 m tiefes Wasser. Bei starkem Wellengang oder extremem Hochwasser wird die Stelle unpassierbar! Art des Weges: 15 % über Felsen, 40 % Piste und 45 % Strand.
Einkehr: Keine.
Variante: Wer die Kletter- und Watstelle auslassen möchte, kann die Runde in umgekehrter Richtung angehen und vor der schwierigen Passage umdrehen.
Tipp: Zusatzausrüstung: Badesachen, Watschuhe und vor allem einen gänzlich wasserfesten Rucksack mitnehmen!

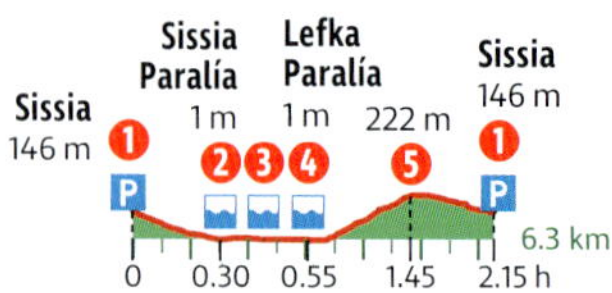

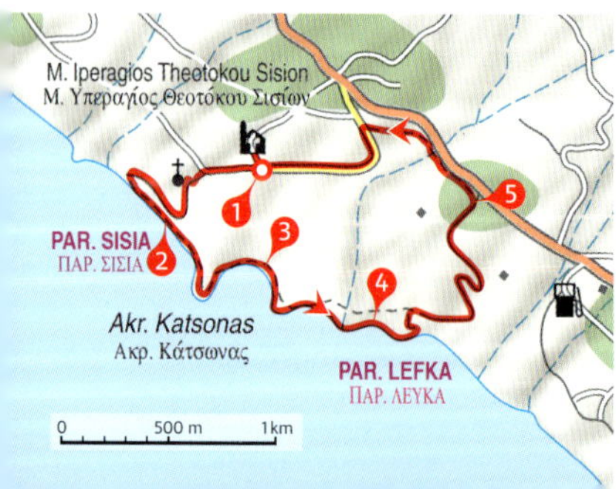

Vom **Parkplatz** ❶ nahe dem neuen **Kloster Sissia** geht es auf der weiterführenden Straße bis zu den Ruinen des alten Klosters. Danach beginnt eine grobe Schotterpiste, und bald erreichen wir den wunderschön gelegenen **Sissia-Strand** ❷. Der feinsandige Strand ist ca. 350 m lang und hat an seinem südlichen Ende eine felsige Landzunge, bis zu

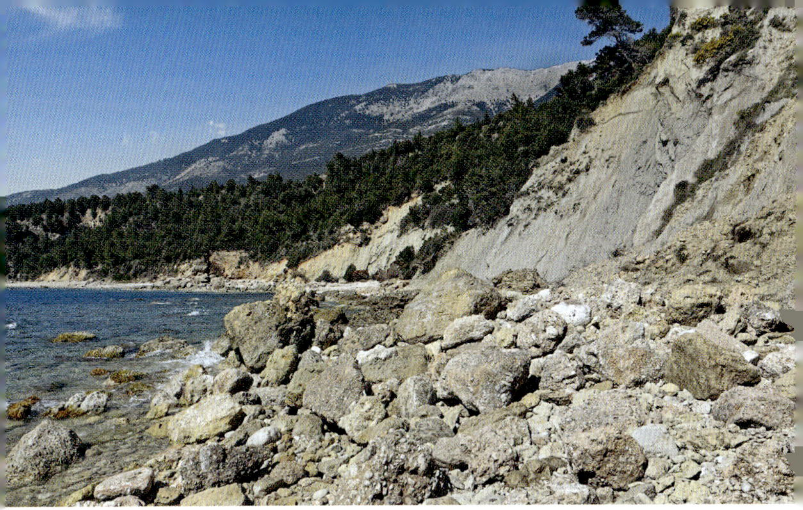

Eine Passage, bei der man durchs Wasser waten muss.

der wir wandern. Nach einigen Metern müssen wir im felsigen Gelände die Hände zu Hilfe nehmen. An einer Passage gilt es, mit Drei-Punkt-Haltung in das ca. 1,50 m tiefe Wasser abzuklettern und darin ein paar Meter zu waten – bei hohem Wasserstand sogar zu schwimmen –, um in die dahinterliegende Bucht zu gelangen. Zunächst über kleine Felsen, erreichen wir dann den sandigen **Katsonas-Strand** ❸. Er liegt sehr idyllisch in einer ca. 100 m breiten Bucht zwischen bis zu 150 m hohen Hügeln.

Auf dem nachfolgenden Wegabschnitt erschweren große Felsbrocken das Vorankommen, gelegentlich müssen auch hier die Hände zu Hilfe genommen werden. Dann geht es kurz über einen Kieselsteinstrand, bevor abermals große Felsbrocken umlaufen werden müssen. Dahinter folgt der schönste Strandabschnitt der Wanderung, der westliche Abschnitt des **Lefka-Strandes** ❹. Die nachfolgende Felsnase mitgezählt, ist er sagenhafte 1,3 km lang und besteht aus Kieselsteinen und Sand.

Hinter der besagten Felsnase machen wir eine 180°-Wendung und gehen auf dem beginnenden Fahrweg kontinuierlich bergauf. Ein Viehgatter wird geöffnet und verschlossen, und es geht an einem Solarpark vorbei. Bei einem hölzernen Strommast **endet die Piste** ❺, hier links weiter – rechts befindet sich eine weitere Photovoltaik-Anlage. Dort, wo der Pfad durch eine Rechtskurve zur Straße führt, gehen wir halb links auf einen Ziegenpfad. Nun marschieren wir parallel zur Straße und kommen an einem riesigen Kanalrohr vorbei, das unter der Straße verläuft. Schließlich orientieren wir uns in Richtung eines weiteren Solarparks, hinter dem wir scharf links auf der Asphaltstraße bis zum **Ausgangspunkt** ❶ zurückwandern.

TOP

16

↗ 1220 m | ↘ 1220 m | 19.6 km

Aenos, 1628 m

8.15 h

Die härteste Tour dieses Wanderführer

Der höchste Berg von Kefalonia bietet zwei klassische Aufstiegsrouten, wie sie unterschiedlicher nicht sein könnten. So ist Tour 14 für die ganze Familie geeignet, die hier beschriebene Runde wird hingegen nur sehr konditionsstarken Bergwanderern Freude bereiten, denn es sind steile An- und Abstiege, viele Höhenmeter und fast 20 Entfernungskilometer zu bewältigen. Im Hochsommer drohen aufgrund der Hitze Dehydration und Erschöpfung. Auch ist die Orientierung im streckenweise weglosen Gelände eine Herausforderung. Besonders beeindruckend ist dann der Pfad über den 3 km langen Bergrücken, wenn die endemischen Kefalonischen Tannen mal nicht so dicht stehen und sich freie Blicke auf die Umgebung bieten. Vom Gipfel schweift der Blick über die Nachbarinsel Ithaka, zum griechischen Festland, zur Peloponnes und zur Nachbarinsel Zakynthos. Was nach dieser Wanderung durch die ursprüngliche Wildnis bleibt, ist das Hochgefühl, eine derartige Herausforderung gemeistert zu haben!

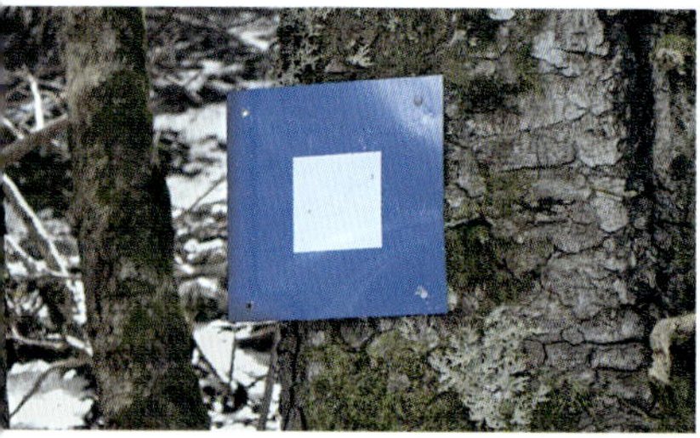

Wegweiser und Steinmännchen markieren den Weg zum Gipfel.

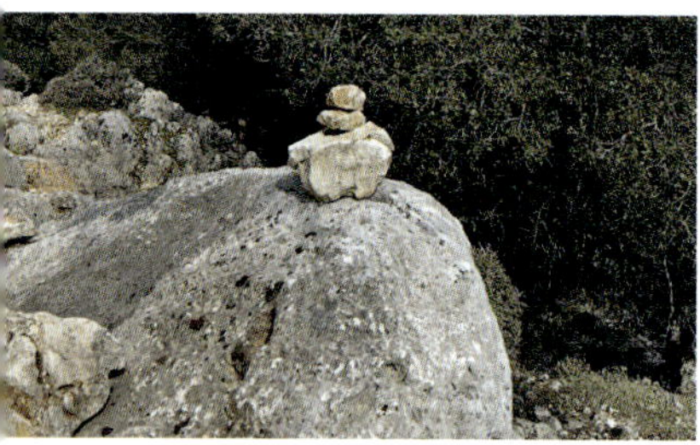

Ausgangspunkt: Schotterpiste oberhalb des Bergdorfes Kolaitis, 446 m (38.090167 20.719067), an der Südspitze von Kefalonia, 25 km entfernt von Argostoli. Die Verbindungsstraße von Argostoli nach Katelios in Richtung des Dorfs Kolaitis verlassen. Nach zahlreichen Serpentinen hinter der Kapelle oberhalb von Kolaitis zweigt scharf links eine Schotterpiste ab. Am Seitenstreifen gibt es Parkmöglichkeiten.

Anforderungen: Für diese Bergtour wird sehr gute Kondition benötigt. Auf einem weglosen Stück durch einen Wald muss man intuitiv (oder mit dem heruntergeladenen GPS-Track) den Weg finden, also ist auch sehr gutes Orientierungsvermögen gefragt – daher der Schwierigkeitsgrad »schwarz«. Art des Weges: 20 % weglos, 30 % Pfad und 50 % Piste.

Einkehr: Keine.

Hinweis: Beste Wanderzeit: April bis Dezember, im Winter kann Schnee liegen.

Tipp: Wanderstöcke (Aufstieg durch den Wald) und insbesondere in den Sommermonaten genügend Trinkwasser mitnehmen.

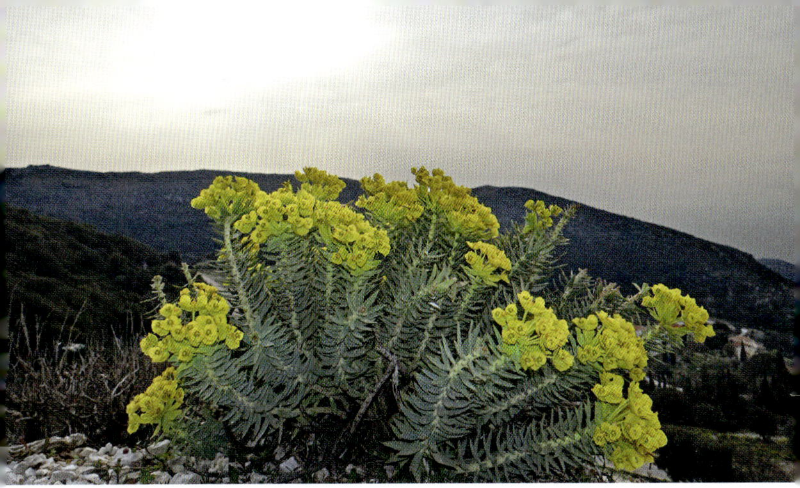

Früher Aufbruch zum Aenos oberhalb des Bergdorfes Kolaitis.

Oberhalb von **Kolaitis** ❶ marschieren wir auf der Schotterpiste bergauf. Ca. 100 m hinter der ersten Rechtskurve biegen wir scharf links auf einen beginnenden Pfad ab, der aufgrund der vielen Ziegenpfade schwer zu erkennen ist. Auf einem alten Verbindungspfad wandern wir an der linken (westseitigen) Flanke – streckenweise durch steile Felswände – eines Bergs kontinuierlich bergauf. Wenige rote Markierungspunkte unterstützen die nicht einfache Orientierung im Gelände. Nachdem wir den Berg fast auf seiner ganzen Länge umlaufen haben, erreichen wir eine Schlucht, an deren Ende sich eine Einsattelung befindet – unser nächster Orientierungspunkt.

Hinter einem Trockenbachbett gibt es dann ein ganzes Wegenetz aus Ziegenpfaden bis zur oberhalb liegenden **Kapelle Zoodóchos Pigí** ❷. Vom Tor zur Kapelle gehen wir ca. 50 m auf der Zufahrtsstraße entlang, um dort halb links durch eine ca. 80 m breite Schlucht weglos aufzusteigen.

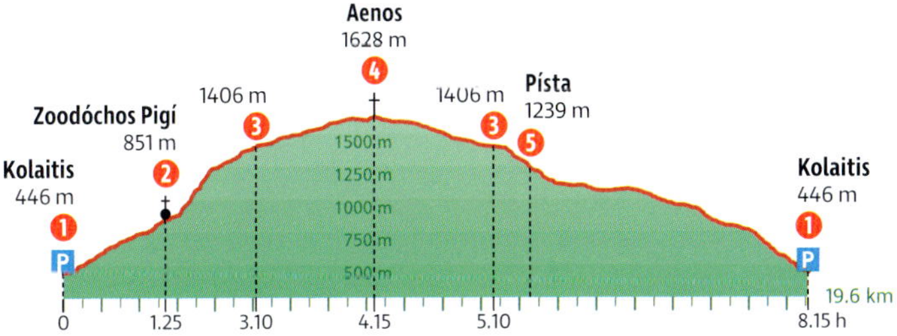

Ein Trockenbachbett dient zunächst als Anhaltspunkt für den Wegverlauf. Im Weiteren führt dann ein Pfad bis zu einer querenden Piste – mit einem Stein auf einem Felsen –, auf der wir ca. 100 m bergab gehen. Dort steht ein zweites Steinmännchen, es markiert die Stelle, an der wir die Piste verlassen und mit dem weglosen Aufstieg durch den Wald beginnen.

Wir befinden uns auf einem breiten, gleichmäßig ansteigenden Berghang. Nur an einer Stelle müssen Felsen und ein Schotterfeld rechts umlaufen werden. Da es sonst keine markanten Landschaftsmerkmale gibt, ist die Verwendung des heruntergeladenen GPS-Tracks sinnvoll, um den Aufstieg sicher zu finden. Nach insgesamt 800 Entfernungsmetern und ca. 350 Höhenmetern (von der Piste gemessen) wird ein breiter Bergrücken erreicht. Auf diesem gehen wir in nordwestliche Richtung kontinuierlich bergauf. Auch dieser Abschnitt ist weglos. Bei einer Lichtung finden wir einen grautürkisen **Wegweiser** ❸ vor, in griechischer Sprache beschrieben, der rechts bergab zeigt – unser späterer Weiterweg.

Für uns geht es aber nun auf einem ausgetretenen Pfad, begleitet von zahlreichen roten Punkten, auf dem zunehmend schmaler werdenden Bergrücken bergauf. Auch gesellen sich gelegentlich Wegmarkierungen, außen blaue und innen weiße Quadrate, dazu. Das Gelände wird immer felsiger und es geht im Wechsel bergab und bergauf. Ca. 3 km nach dem grautürkisen Wegweiser – inzwischen laufen wir auf einem Berggrat – wird der Gipfel des **Aenos** ❹ erreicht. Das Panorama ist atemberaubend.

Wir steigen zunächst wieder bis zum **Wegweiser** ❸ ab. Hier verlassen wir den bekannten Hinweg und wandern nun auf einem markierten Pfad, der

In der Kapelle Zoodóchos Pigí.

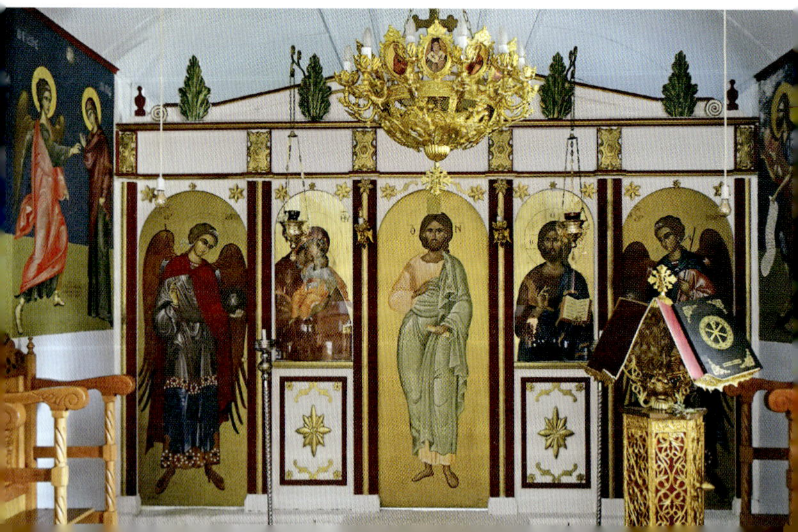

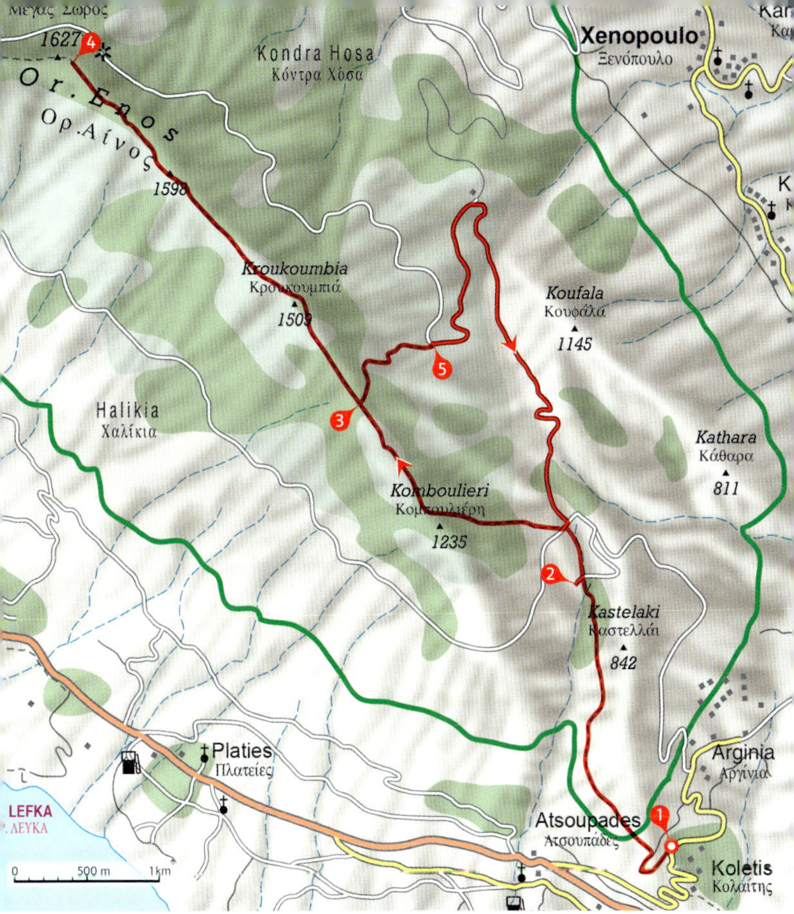

aber auch nicht einfach zu finden ist. Denn zunächst einmal führt er für ein längeres Stück quer durch den Berghang, bevor es dann steil bergab geht. Bei einer Gabelung der Pfade folgen wir dem halb rechten Arm und kommen so bei einer **Piste 5** an. Wir wandern rechts weiter und ignorieren einen links abzweigenden Forstweg; im Weiteren geht es noch einmal bergauf. Auf Höhe einer riesigen Tanne lassen wir die links abbiegende Piste unbeachtet. An der Gabelung zweier Pisten folgen wir dem halb rechten Arm und erreichen so wieder den Steinmann am Hinweg; auf diesem gehen wir zurück zum **Ausgangspunkt 1**.

↗ 410 m | ↘ 410 m | 9.0 km

17 Oberhalb von Skala

2.45 h

Ein liebliches Hochtal mit einem Bergbach

Durch die karge, landschaftsprägende Phrygana – mit dem klassischen niedrigen, immergrünen Busch- und Strauchwerk – erfolgt der Aufstieg zu einem versteckten Hochtal. Dort präsentiert die Natur, wie facettenreich sie auf Kefalonia sein kann. Ein romantischer Bachlauf – gespeist von den Quellen des höchsten Bergs auf Kefalonia – schlängelt sich durch eine üppig grüne Vegetation mit Schatten spendenden Bäumen. Ein Pfad führt bachaufwärts entlang dieses gemächlich dahinplätschernden Wasserlaufs. Bachabwärts befindet ein weiterer wundervoller Ort, ein kleiner Wasserfall mit einer dahinter liegenden Gumpe. An heißen Tagen lädt diese zum Bad im klaren und relativ kalten Wasser ein.

Ausgangspunkt: Parkmöglichkeit auf einer Freifläche nördlich von Skala, 20 m (38.087567 20.801250), an der südöstlichen Spitze von Kefalonia, 45 km von Argostoli. Die Straße Poros – Skala vor dem TUI-Hotel nach rechts verlassen und nach ca. 200 m rechts parken.

Anforderungen: Leichte Wanderung bis auf den steilen und teilweise zugewachsenen Pfad zur Gumpe. Art des Weges: 5 % weglos, 20 % Pfad und 75 % Piste.

Einkehr: Keine.

Tipp: Römische Villa in Skala (38. 071550 20.798353).

Von der **Parkmöglichkeit** ❶ wandern wir auf der weiterführenden betonierten Straße an der Villa Eva vorbei. Bei einem ersten ebenen Wegabschnitt gehen wir an der Straßengabelung rechts, vorbei an der Villa Aspro. Es folgen weitere schöne Villen in traumhafter Lage. Eine rechts bergauf führende betonierte **Piste** ❷ ignorieren wir und bleiben auf dem Hauptweg. Durch baumloses Gelände steigen wir oberhalb einer Schlucht kontinuierlich auf.

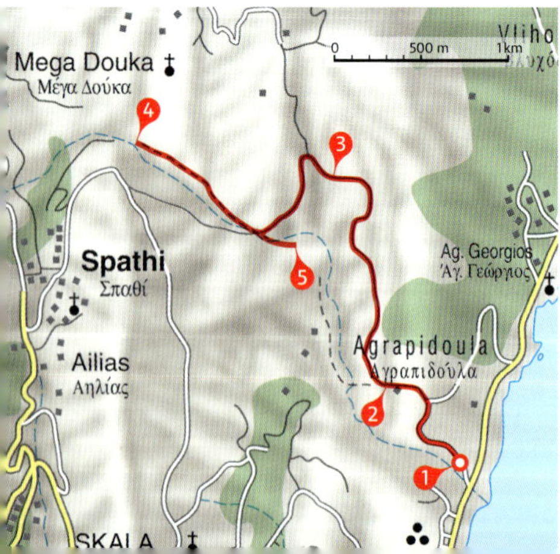

Der Weg führt an zwei einzeln stehenden Gebäuden vorbei. Aus der Piste wird ein grober Schotterweg. In den Höhen der sanften Hügellandschaft oberhalb von Skala ergibt sich ein schöner Blick auf den 1628 m hohen Berg Aenos, in seiner vollen Pracht und Ausdehnung. Wir gehen in Richtung zweier Funkmasten. Kurz vor einer Einsattelung ignorieren wir den **rechts bergab**

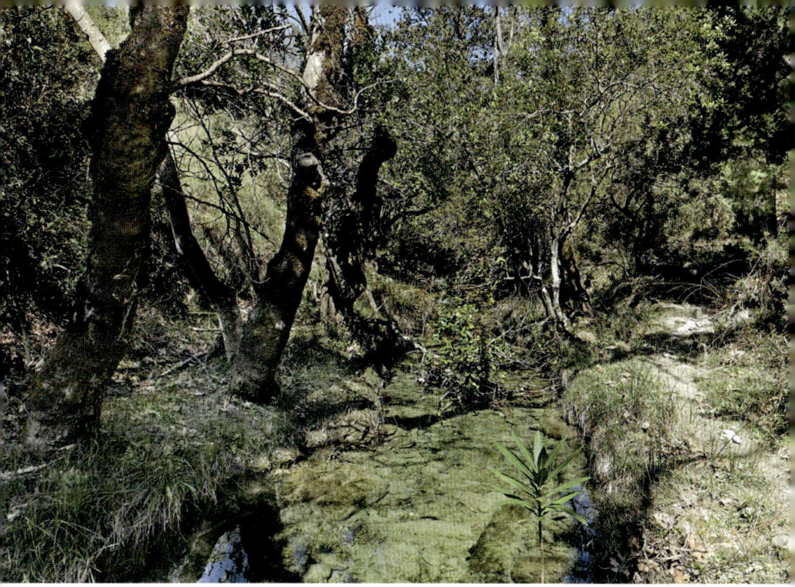

Der malerische Bachlauf oberhalb von Skala.

führenden Weg ❸ und hinter der Einsattelung die rechts bergauf führende Piste. Eine mit Bäumen bestandene Schlucht wird mit einer Linkskurve umlaufen. Einen nach weiteren rechts abzweigenden Fahrweg lassen wir aus. Wir passieren eine aus Steinen gemauerte Quelle und wandern nach kurzem Abstieg vor der Brücke über den Bachlauf rechts auf den beginnenden Pfad. Nun in einem halbschattigen Wald, kommen wir an einer Ruine vorbei. Für ca. 600 m verläuft der Pfad entlang dieses malerischen **Bachlaufs** ❹ *(potamáki)*.
Dann gehen wir auf dem gleichen Weg zurück, überqueren nun aber die Brücke und wandern durch eine Waldschneise bachabwärts. Nach ca. 150 m endet der komfortable Weg, nun geht es durch Gestrüpp und ein kurzes Stück steil bergab zu einem Wasserfall mit einer dahinter liegenden **Gumpe** ❺.
Wir gehen auf dem bekannten Hinweg bis zum **Ausgangspunkt** ❶ zurück.

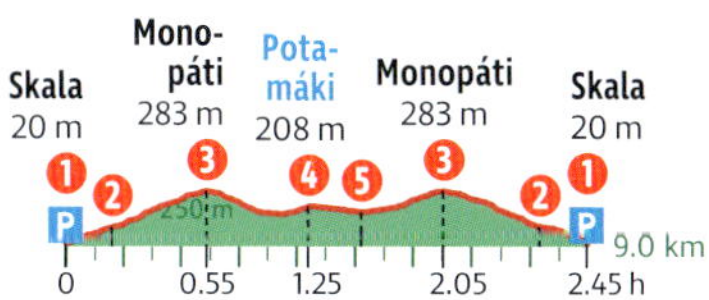

↗ 80 m | ↘ 80 m | 1.4 km

18 Die Wasserfälle Potistis und Niagara Grados

0.45 h

Eines der am besten gehüteten Geheimnisse der Natur auf Kefalonia

Die Erkundung der Wasserfälle zeigt ein weiteres Mal, wie vielschichtig die Natur auf Kefalonia sein kann. Ist die Landschaft an der südöstlichen Spitze der Insel größtenteils von Strauchwerk und nur wenigen Bäumen geprägt, so präsentiert sie sich entlang der Lebensader Bachlauf ganz anders. Hier konnte eine üppige Vegetation entstehen. Die Pflanzen wiederum sorgen für eine angenehmere Umgebungstemperatur, weil sie beim Verdunsten des Wassers Energie in Form von Wärme benötigen, wodurch die Luft dann abkühlt. Der Niagara-Grados-Wasserfall stürzt aus ca. 10 m Höhe in eine Gumpe. Das kalkhaltige Wasser des Baches hat eine gelbliche Sinterwand am Wasserfall inszeniert, die mit grünem Moos bewachsen ist – ein eindrückliches Naturspektakel. In den Wintermonaten und bis Anfang Frühjahr (danach trocknet er aus) ist das beruhigende Plätschern des Bachlaufs unser Begleiter auf dieser Tour.

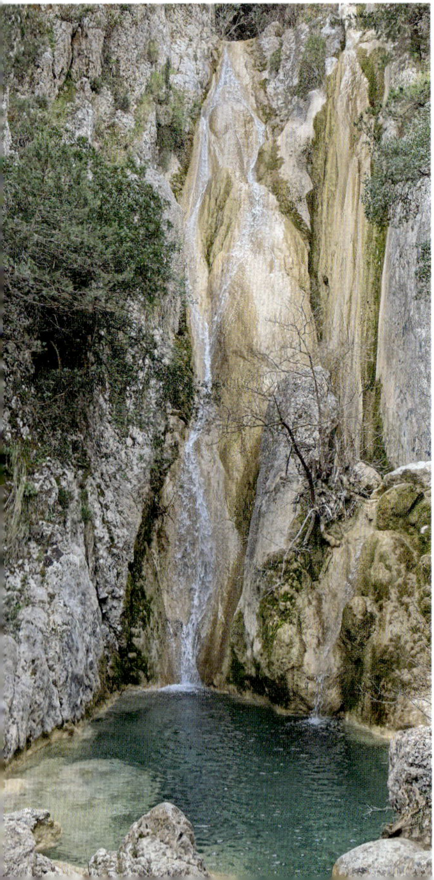

Ausgangspunkt: Überrest einer Steinmauer an einer kleinen Parkbucht beim Limenia-Strand, 1 m (38.128865 20.795770), an der südöstlichen Spitze von Kefalonia, 43 km von Argostoli. Nach ca. 3,6 km auf der Verbindungsstraße von Poros nach Skala findet sich am rechten Straßenrand die Parkgelegenheit.

Anforderungen: Keine besonderen Anforderungen. Art des Weges: 100 % Pfad.

Einkehr: Keine.

Hinweis: Beste Wanderzeit: November bis April, also außerhalb der Trockenzeit. In den heißen Sommermonaten trocknet der Wasserfall aus.

Der Niagara-Grados-Wasserfall.

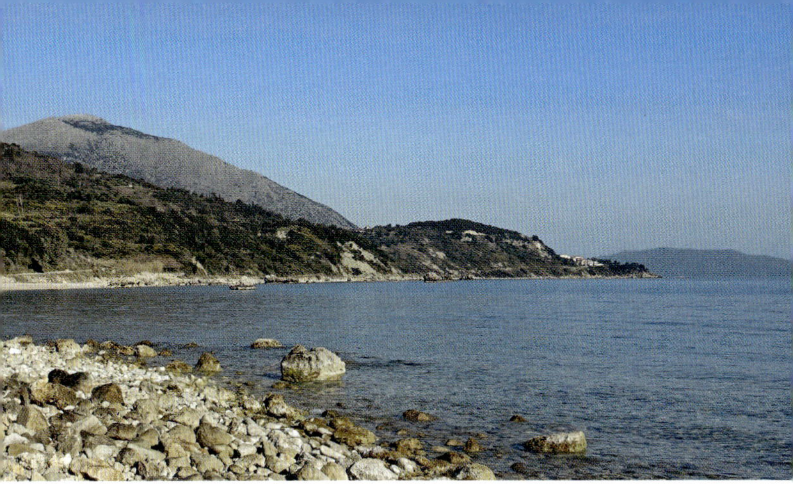

Der steinige Limenia-Strand.

Von dem steinigen **Limenia-Strand** ❶ und auch der Mündung eines Bachlaufes (der in den heißen Sommermonaten ausgetrocknet ist) überqueren wir die Straße und finden hinter den Überresten der Steinmauer den beginnenden Wanderweg. Gelegentlich erkennt man rote Markierungen auf Steinen, die aber nicht nötig wären, da der ausgetretene Pfad gut nachzuverfolgen ist. Dieser führt zunächst über eine Lichtung bis an den Waldrand und dann wieder an den **Bachlauf** ❷.

Nach einem kurzen Stück durch den **Wald** ❸ erreichen wir eine erste Gumpe – beckenartige Strudeltöpfe – in dem Bachbett. Dann folgt der ca. 1,5 Meter hohe **Potistis-Wasserfall**, umgeben von Büschen und Bäumen. Über gelegte Steine überqueren wir den Bachlauf und gehen fortan auf der anderen Seite des Ufers. Weitere Gumpen erreicht man, wenn man den Wanderweg verlässt und sich weglos direkt am Bach hält. Es geht durch **üppige Natur** ❹.

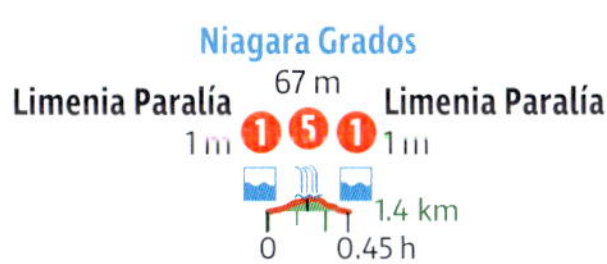

Aus der Ferne ist er durch den lichten Wald etwas oberhalb in der Hügellandschaft auszumachen, und nach kurzem Abstieg ist der **Niagara-Grados-Wasserfall** ❺ auch erreicht.

Zurück zum **Ausgangspunkt** ❶ gehen wir auf dem gleichen Weg.

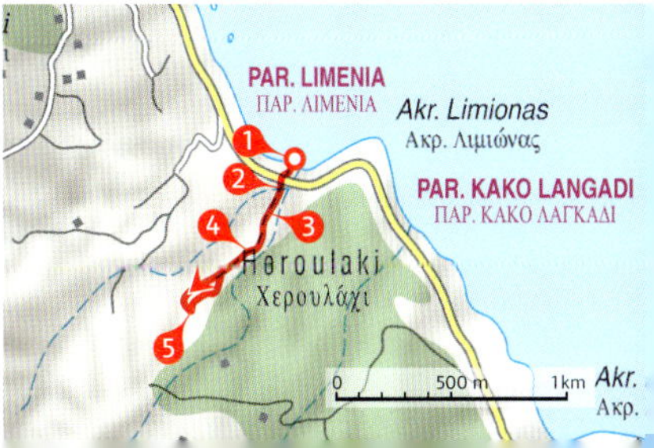

↗ 260 m | ↘ 260 m | 6.1 km

2.00 h

19 Mykenische Grabstätte bei Poros

Auf vergessenen Pfaden

Die mykenische Kultur bestand von ca. 1600 v. Chr. bis 1100 v. Chr. Das bedeutendste Mykenische Grab auf Kefalonia – der Ausgangspunkt dieser Rundwanderung – befindet sich kurz vor der Hafenstadt Poros und wurde von dem Archäologen Lazaros Kolonas in den 1990er-Jahren entdeckt. Zugewucherte Wegabschnitte und ein Stück direkt durch einen Bachlauf gestalten diese Tour streckenweise abenteuerlich. Und dann ist da noch die »kreative griechische Wegmarkierung«: Mal sehr wenige rote Punkte, mal sehr viele rote Punkte, verrostete Schilder, keine Markierungen und dann auch noch Wegmarkierungen mit Zahlen – so ist die Wegfindung schwierig. Dafür geht es durch eine wunderschöne Landschaft. Besonders erwähnenswert ist der Abschnitt am Bachlauf entlang, der von riesigen Platanen gesäumt ist, je nach Jahreszeit wächst hohes Gras in der Niederung, die von hohen Felsen eingerahmt ist.

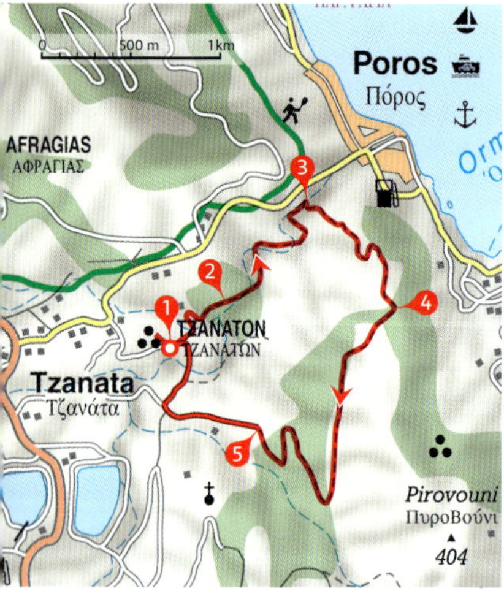

Ausgangspunkt: Mykenisches Grab, 56 m (38.1419278 20.7605326), im Südosten der Insel Kefalonia, 37 km entfernt von der Hauptstadt Argostoli. Auf der Fahrstraße nach Poros zweigt ca. 600 m hinter dem Ort Tzanata nach rechts eine Stichstraße zum ausgeschilderten Mykenischen Grab ab. Dort gibt es Parkplätze.
Anforderungen: Ca. 400 m Weg verlaufen durch Dickicht auf Ziegenpfaden. Dann benötigt man Watschuhe durch einen Bachlauf. Da der Wanderweg selten begangen wird, ist die Wegfindung schwierig. Art des Weges: 15 % Bachbett, 15 % Ziegenpfade, 35 % Pfad und 35 % Piste.
Einkehr: Unterwegs keine.
Hinweis: Nach sehr starken Regenfällen und dementsprechend hohem Wasserstand des Bachs kann die Wanderung nicht durchgeführt werden!

Nach der Besichtigung der **Mykenischen Grabstätte** ❶ *(Mykinaikós Táfos)* beginnt die Tour in östliche Richtung. Bereits ca. 20 m hinter einem roten Hydranten verlassen wir die Schotterpiste nach links (roter Punkt auf einem Stein). Jetzt in nördliche Richtung gehen wir durch den Olivenhain und treffen auf einen querenden Pfad und einen dahinter liegenden Bach-

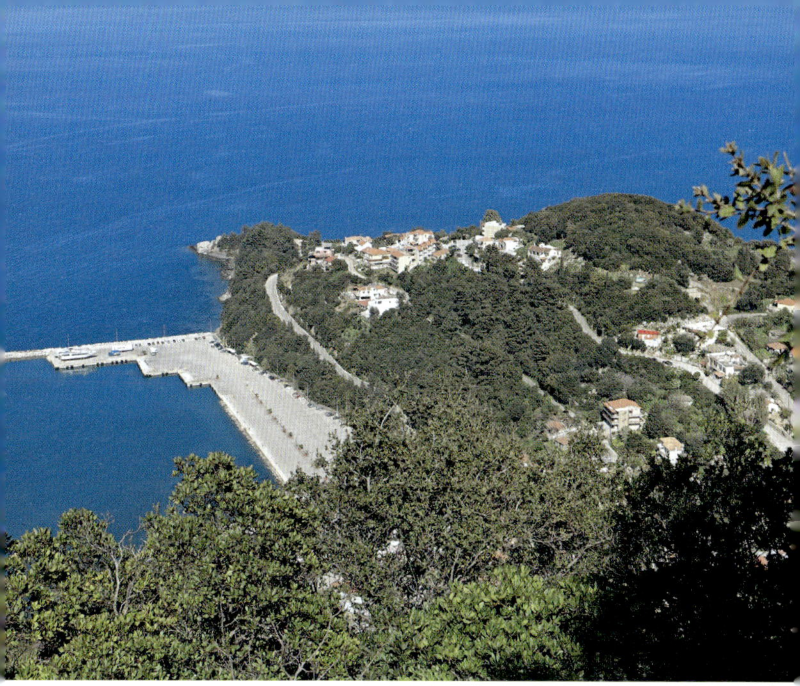

Die im südlichen Teil von Poros gelegenen Häuser und das Hafenbecken.

lauf. Auf diesem Pfad marschieren wir ca. 75 m links entlang, um den Bachlauf dann zu überqueren. Dies gestaltet sich schwierig, da der ursprüngliche Pfad zugewachsen ist und man sich durch das Dickicht drücken muss. Fortan wandern wir auf einem der vielen Ziegenpfade bachabwärts. Auch auf diesem Teilstück ist der Weg an einigen Stellen zugewachsen, so geht es im Slalom um das Buschwerk herum.
Ab einer Steinmauer wandern wir ein kurzes Stück über eine Lichtung. Nur wenige rote Markierungspunkte unterstützen die Wegfindung. Parallel zum unterhalb fließenden Bachlauf folgt nun ein unwegsames Wegstück, da die **Bäume** 2 sehr dicht beieinanderstehen und immer wieder Äste bei-

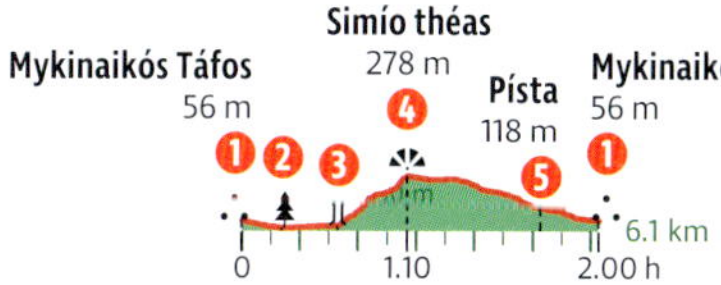

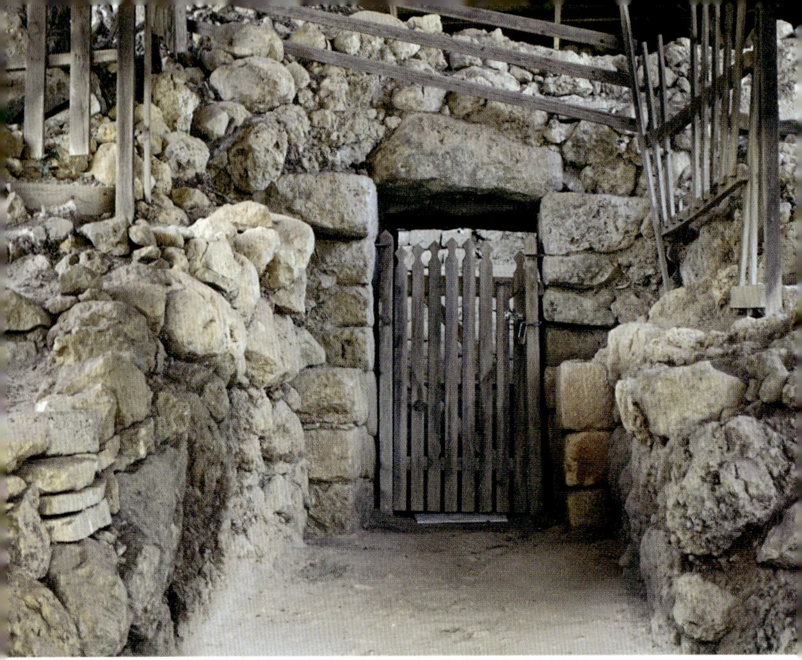

Das wichtigste Mykenische Grab auf Kefalonia.

seite gedrückt werden müssen. Auf einem der nachfolgenden Pfade gehen wir dann hinunter zum Gewässer und weiter flussabwärts am Bachbett entlang oder auch direkt im Bachbett. Ab hier sind daher »wassertaugliche« Schuhe sinnvoll. Im Zeitraum zwischen Hochsommer und Herbst kann der Bachlauf auch ausgetrocknet sein.

Wir erreichen die Flutmauer und die **Brücke** ❸ unmittelbar vor der Verbindungsstraße von Tzanata nach Poros. Von dort gehen wir ca. 100 m zurück und verlassen das Bachbett bei einem roten Punkt nach links, wobei wir einen Ziegenzaun öffnen und wieder verschließen. Über die nachfolgenden Terrassenfelder wandern wir nun links bergauf bis zu einer Ruine. Ein schmaler Pfad durchquert das Dickicht hinter der Ruine. Dann folgen wir der beginnenden Piste und durchschreiten hinter einer Rechtskurve neuerlich einen Ziegenzaun (auch hier bitte wieder verschließen). Nach einer weiteren Rechtskurve verlassen wir die inzwischen breite Piste nach links auf den beginnenden Pfad – hier befinden sich mehrere rote Punkte.

Im weiteren Verlauf werden die roten Punkte weniger, dafür gesellt sich gelegentlich ein verrosteter Wegweiser dazu. Wir erreichen Wegmarkierungen mit den Ziffern 5 und 6 und gehen an dieser Stelle nach links – kurz

auf einem ebenen Wegabschnitt. An einer weiteren Weggabelung auf einer Anhöhe, ca. 10 m vor den Wegweisern mit der Aufschrift »3« und »4«, halten wir uns dann rechts. An der Stelle mit drei roten Punkten angekommen nehmen wir den halb rechts weiterführenden Pfad und erreichen ein kleines Plateau. Dort ist die Aussicht durch Bäume versperrt, geht man aber in östliche Richtung ein Stück vor, so gelangt man an einen schönen **Aussichtspunkt** 4 *(simío théas)* auf den Hafen von Poros.
Wir überqueren das kleine Plateau nach Südosten und steigen auf dem beginnenden Pfad in Richtung der Einsattelung ab. Dort orientieren wir uns nach halb rechts und erreichen eine Fahrspur. Bei einer ersten Weggabelung nehmen wir den halb rechts weiterführenden Arm. Hinter einer scharfen Linkskurve passieren wir eine Ziegenhaltung und ignorieren die **rechts abzweigende Piste** 5 in Richtung einer weiteren Stallung für Ziegen. Wir bleiben immer auf dem Hauptweg; abzweigende Wirtschaftswege beachten wir nicht. Im Weiteren folgen wir dem Verlauf der Piste durch eine Rechtskurve, überqueren ein letztes Mal den Bachlauf und erreichen so wieder den **Ausgangspunkt** 1.

Ein Abschnitt der Wanderung folgt diesem Bachlauf.

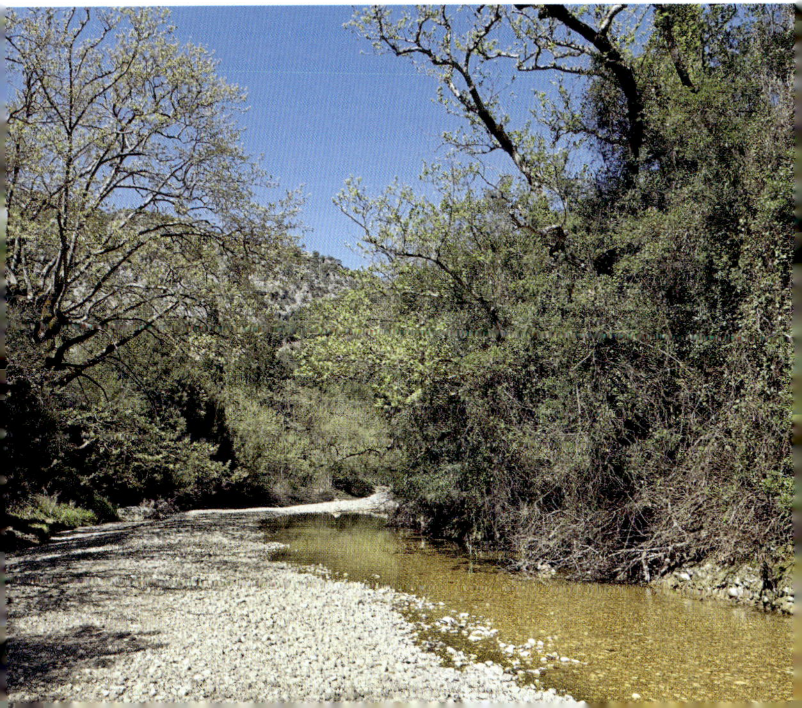

TOP

↗ 830 m | ↘ 830 m | 11.3 km

20 Atros, 872 m

4.45 h

Das älteste Kloster auf Kefalonia und ein fantastischer Aussichtsberg

Ein ganz schön felsiger Koloss ist der Berg Atros. Aus der Ferne sehen seine Flanken nicht so steil aus, aber das täuscht, denn beim Aufstieg zum Vorgipfel müssen öfters die Hände zu Hilfe genommen werden. Auch der Zustieg ist problematisch, da ca. 400 m Entfernungmeter dermaßen von Ziegenpfaden durchfurcht sind, dass die Orientierung sehr schwerfällt. Sobald diese Widrigkeiten überwunden sind, ergibt sich vom Gipfel eine wunderschöne Aussicht: im Westen der Nachbargipfel Aenos, im Norden der Berg Kastri, im Osten das griechische Festland, im Südosten die Hafenstadt Poros und am Horizont die Peloponnes. Im südlich gelegenen Tal befinden sich die einzigen beiden Seen auf Kefalonia, bei guter Sicht ist am Horizont die Nachbarinsel Zakynthos zu sehen. Der Abstieg führt dann am Kloster Panagia Atrou vorbei, dem ältesten der Insel, erstmals errichtet im 18. Jahrhundert. Im Laufe der Jahrhunderte wurde es 17-mal zerstört und immer wieder aufgebaut.

Die alten Gebäude des Klosters Panagia Atrou.

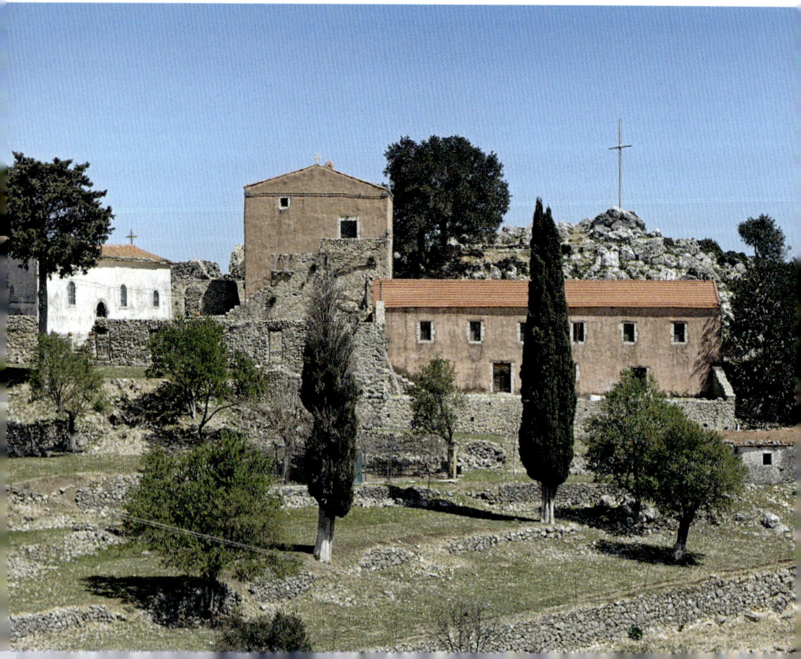

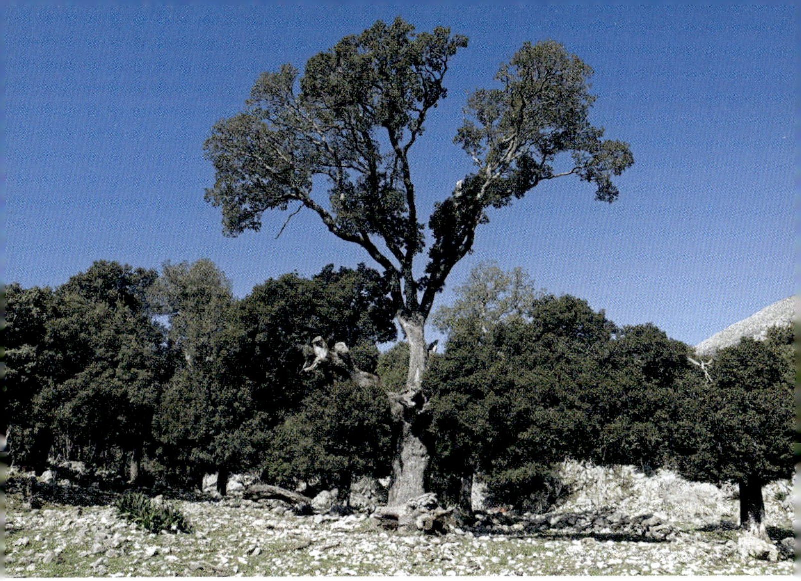

Eine prachtvolle Kermeseiche dient als Wegpunkt.

Ausgangspunkt: Parkplatz bei einem Heiligenschrein auf der linken Straßenseite, 37 m (38.147483 20.762917), im Südosten von Kefalonia, 38 km entfernt von der Inselhauptstadt Argostoli an der Verbindungsstraße nach Poros. Hinter dem Ort Tzanata, ca. 450 m nach der Tankstelle, befindet die Parkgelegenheit.
Anforderungen: Ein kürzeres und ein längeres Wegstück führen durch wegloses Gelände. Hier benötigt man guten Orientierungssinn. Beim Aufstieg zum Vorgipfel müssen gelegentlich die Hände zu Hilfe genommen werden. Trittsicherheit im Gipfelbereich. Art des Weges: 20 % weglos, 20 % Pfad und 60 % Piste.
Einkehr: Keine.

Zunächst gehen wir an der **Straße** ❶ Richtung Tzanata entlang und lassen dabei den ersten Abzweiger zum Kloster Atrou (unser Rückweg) aus. Bereits bei der nächsten Möglichkeit biegen wir dann scharf rechts ab und folgen dem Verlauf der Straße durch eine Linkskurve. Die asphaltierte Straße geht in eine Piste über. Bei Wassertanks bleiben wir auf der bergauf führenden Piste, und im Weiteren geht es an einer **Kapelle** vorbei.
Bei der darauffolgenden Weggabelung wählen wir den halb rechts bergauf führenden Arm, verlassen aber die Piste bereits in der ersten Rechtskurve geradeaus auf einem der zahlreichen Ziegenpfade. Auf dem nun folgenden weglosen Abschnitt beginnen wir nach ca. 100 m in nördlicher Richtung entlang weniger roter Punkte durch steiles und rutschiges Gelände aufzusteigen. Nach ca. 400 m erreichen wir einen **historischen Pfad** ❷.

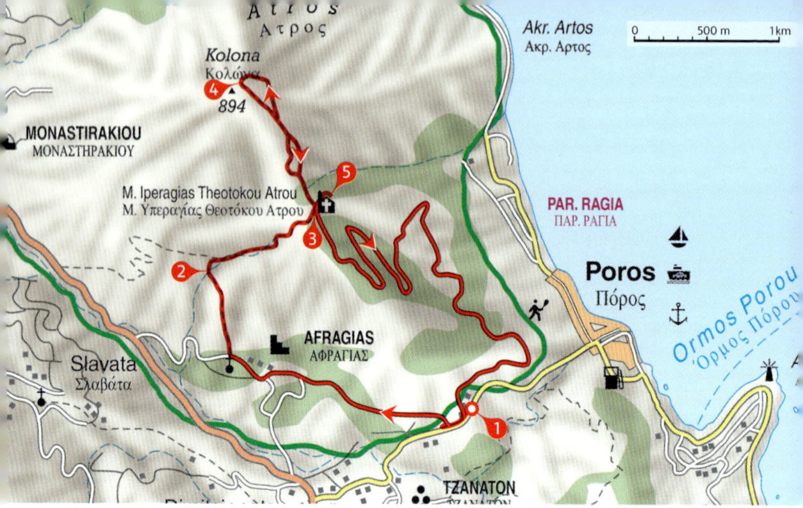

Auch dieser führt nun steil in Serpentinen bergauf. Auf Höhe von einigen Terrassenfeldern mit eingestürzten Mauern ist die Wegführung nicht eindeutig, an dieser Stelle geht es geradeaus weiter – rote Punkte markieren den Weg. Ein Wegabschnitt ist zugewachsen und wird an seiner rechten Seite umlaufen. Im felsigen Gelände ist der mit Steinen gesäumte Pfad dann einigermaßen gut zu erkennen. Auf einem aussichtsreichen Hochplateau angekommen folgen wir nun dem beginnenden Schotterweg. Bei einem Dreschplatz wird schließlich eine **Wegkreuzung** ❸ erreicht. Geradeaus kann man bereits das Kloster sehen, wir gehen hier links auf einem Pfad weiter.

Sobald wir nach einer Linkskurve eine große Kermeseiche passiert haben, zweigen wir rechts auf einen Pfad in den Wald ab. Nach einem kurzen Wegstück geht es bei zwei roten Punkten auf einem Stein neuerlich nach rechts auf dem unscheinbaren Pfad durch den Wald. Hinter einer Steinmauer queren wir eine freie Fläche nach halb rechts. Danach geht es halb links über platt geschliffene Steine, bis wir den kleinen Wald hinter uns lassen. Hier

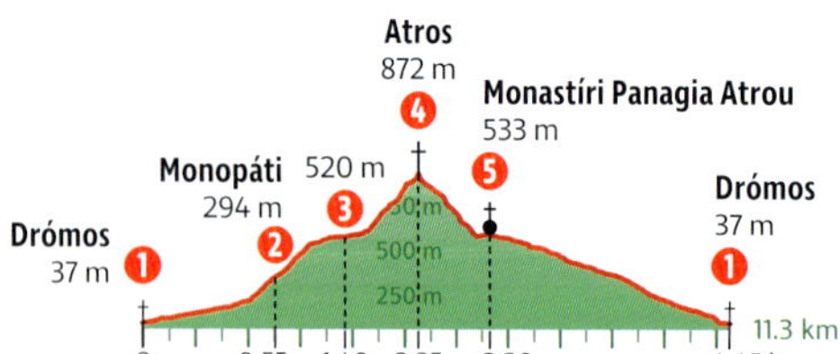

steht ein rot angemalter Steinmann, ein Orientierungspunkt für den Rückweg. Es folgt ein mühsamer, wegloser Aufstieg – an einigen Stellen unter Zuhilfenahme der Hände – in nördliche Richtung auf einen Vorgipfel. Dort angekommen ist der Gipfel des Atros bereits zu sehen.
Zuvor muss man aber noch einige Meter in einen lichten Wald absteigen und kann dann zwischen zwei Aufstiegsrouten wählen. Die eine führt halb rechts durch die Senke, durch ein Waldstück und dann auf einem breiten Bergrücken bis zum Gipfel. Die andere verläuft geradeaus und direkt bis zum Gipfel des **Atros** 4. Beide Varianten sind weglos, aber die Orientierung eindeutig, da man den Gipfel immer vor Augen hat.
Wir steigen auf dem Hinweg oder der alternativen Route zur **Wegkreuzung** 3 ab, gehen hier nun links, öffnen und verschließen einen Ziegenzaun und erreichen das alte und neue **Kloster Panagia Atrou** 5. Hinter dem alten Kloster führt ein Pfad zu einem wunderschönen Aussichtspunkt mit Kreuz. Auf der so gut wie gar nicht befahrenen Zufahrtsstraße zum Kloster gehen wir bis zur Verbindungsstraße nach Poros hinunter und dann beim Heiligenschrein nach links die wenigen Meter bis zum **Parkplatz** 1.

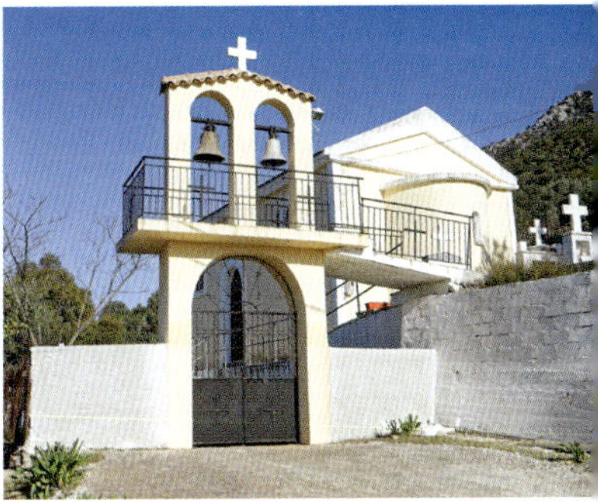

Foto oben: Hinter der Kapelle beginnt ein abenteuerlicher Pfad.
Unten: Am Gipfel des Atros, im Hintergrund der 1628 m hohe Aenos.

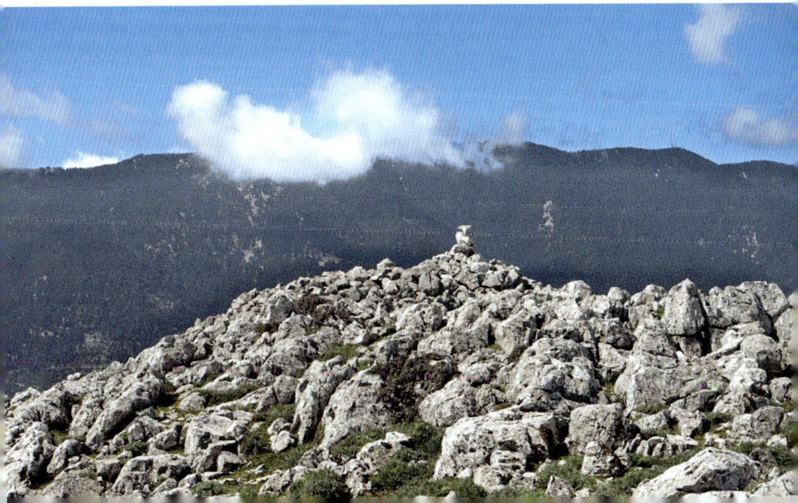

↗ 220 m | ↘ 220 m | 7.1 km

21 Kutsupia – Lazarou – Xilomata

2.00 h

Drei Traumstrände an einem unbewohnten Küstenabschnitt

An den östlichen Ausläufern der steilen Flanken des Berges Merovougli liegen versteckt drei wunderschöne Strände. Diese Region im Südosten von Kefalonia ist unbewohnt und ohne jegliche touristische Infrastruktur. Sie ist nur mit dem Boot oder nach der Anfahrt über eine holprige Piste – die im Verlauf unbefahrbar wird – zu Fuß zu erreichen. Nach starken Regenfällen ist die Anfahrtsstrecke zur Tour selbst für vierradgetriebene Fahrzeuge unpassierbar. Von den Stränden ergibt sich ein wunderschöner Blick über das Ionische Meer bis zum griechischen Festland und zur Nachbarinsel Ithaka. Aufgrund der oft ablandig wehenden Winde bilden sich vor diesen Stränden kaum Wellen, und man kann einfach losschwimmen. Die Tour ist eine ideale Mischung aus Wandern, Sonnenbaden und Schwimmen im Meer.

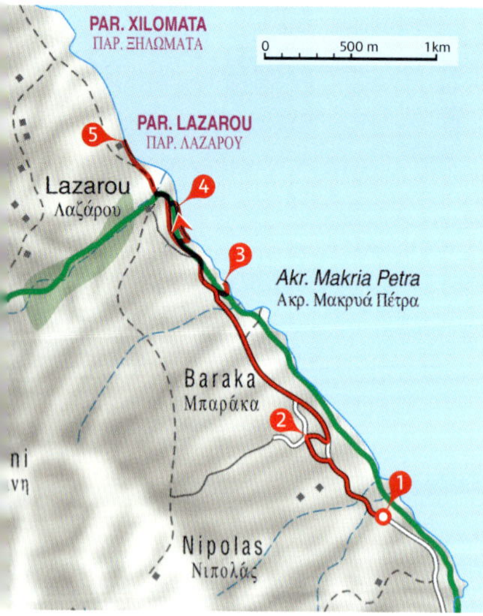

Ausgangspunkt: An einer Schotterpiste, 113 m (38.184183 20.749333), im Südosten von Kefalonia, 44 km von Argostoli, ca. 5 km nördlich von Poros. Je nach Fahrzeug, Fahrkönnen und Ermessen des Fahrers fährt man von Poros auf der Schotterpiste Richtung Norden. Es gibt zahlreiche Parkmöglichkeiten unterwegs und auch am Ausgangspunkt der Wanderung, am Rand der Piste in einer Linkskurve.
Anforderungen: Für die drei Abstiege zu den Stränden muss man trittsicher sein. Sonst führt die Wanderung über eine abgelegene Schotterpiste. Art des Weges: 10 % Pfad und 90 % Piste.
Einkehr: Keine.

Von der **Parkmöglichkeit** ❶ wandern wir zunächst auf der Piste weiter. Bereits in der nächsten Rechtskurve überqueren wir ein erstes Trockenbachbett, ein zweites folgt kurz später. Eine rechts abzweigende Piste zu einer Stallung und eine halb links bergauf führende Piste lassen wir aus. Gleich darauf stoßen wir auf eine **Wegkreuzung** ❷ und folgen dem Verlauf der Hauptpiste durch die Rechtskurve, gefolgt von einer Linkskurve. Zahlreiche Kermeseichen prägen das Landschaftsbild.

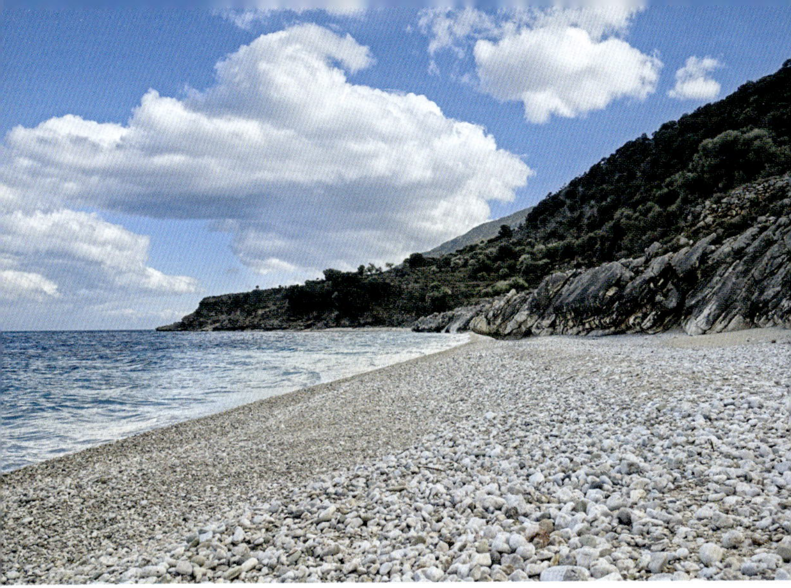

Der Xilomata-Strand.

Rechts unterhalb am Meer ist eine Landzunge zu sehen, neben der eine kleine Hütte steht. Unmittelbar hinter einem weiteren Trockenbachbett – hier befindet sich eine rote Markierung auf einem Stein – steigen wir auf dem beginnenden Pfad bis zu einer felsigen Bucht ab. Geht man hier links durch das Wasser oder kraxelt durch den Fels, so gelangt man zum wunderschönen **Kutsupia-Strand** ❸. Der Kieselsteinstrand ist 60 m breit und wird zum Land hin durch eine 30 m hohe Felsklippe begrenzt, die ab dem späten Nachmittag einen langen Schatten wirft.
Wir steigen wieder zum Hauptweg auf und setzen unseren Weg fort. Hinter der nachfolgenden Anhöhe ist dann schon der nächste Strand zu sehen. Oberhalb dieses Strandes angekommen gibt es zwei Abstiegsvarianten: Für die erste verlassen wir die Piste auf Höhe eines riesigen Olivenbaums, gehen halb rechts bis an die 5–7 m hohe Felswand vor und können dann durch eine Nische durch steiles Gelände absteigen. Diese Variante ist al-

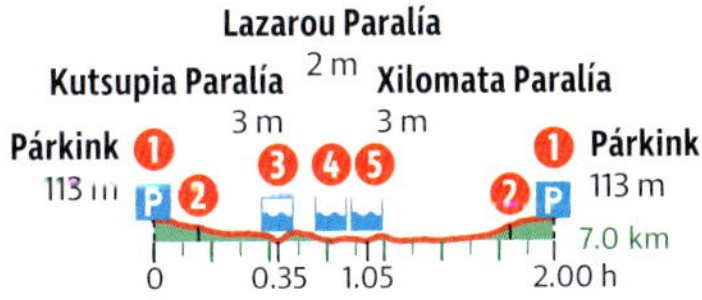

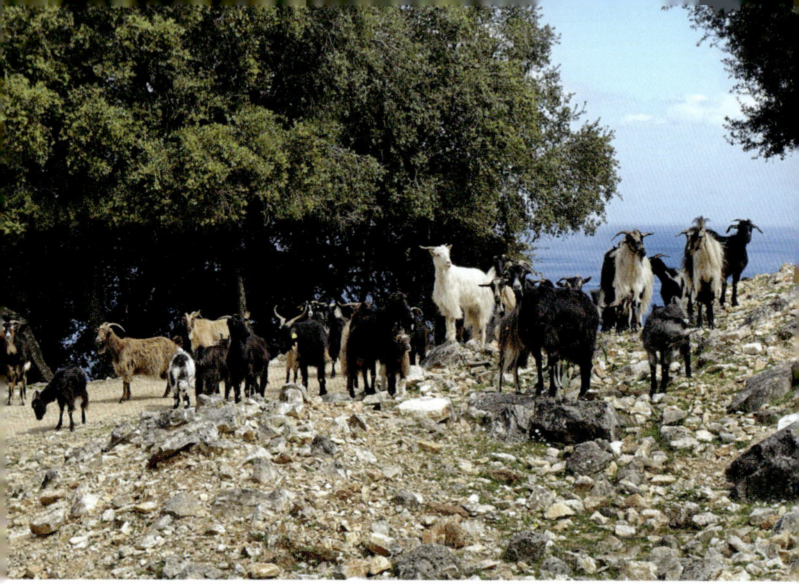

Foto oben: Aufstand der Ziegen bei der Parkmöglichkeit am Rand der Piste.
Unten: Der Kutsupia-Strand.

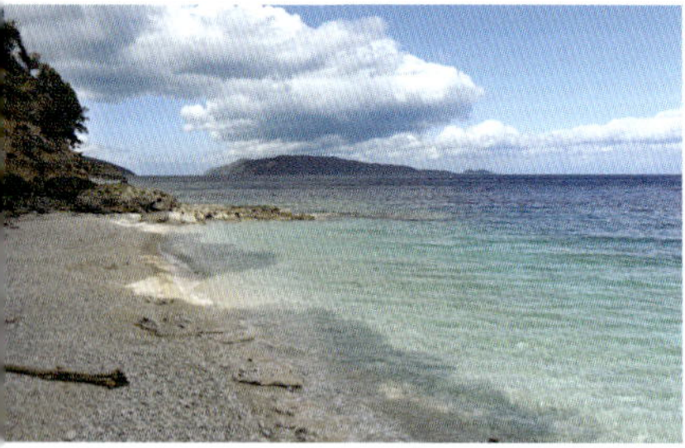

lerdings schwierig. Für die einfache Variante geht man zunächst auf dem Hauptweg weiter und an einem rostigen Zaun entlang bis zu einem rot markierten Stein. Weitere Markierungen folgen bis zum **Lazarou-Strand** ❹ hinunter. Dieser ca. 200 m lange Kieselsteinstrand hat nur wenige sandige Abschnitte.
Wir steigen wieder auf und setzen unseren Weg abermals auf der Piste fort. Der letzte Strand ist bereits zu sehen. Die Piste endet bei einem Trockenbachbett, und es geht über zahlreiche eingestürzte Terrassenfelder bergab. Wir sehen eine kleine Bucht rechts unterhalb und erreichen dann eine 5 m hohe Felswand, wobei wir zunächst eine geeignete Stelle finden müssen, um problemlos abzusteigen. Der **Xilomata-Strand** ❺ ist ca. 200 m lang, hat mehrere schöne Buchten und besteht größtenteils aus Kieselsteinen mit nur wenigen sandigen Abschnitten.
Auf dem bekannten Hinweg gehen wir bis zum **Ausgangspunkt** ❶ zurück.

↗ 570 m | ↘ 570 m | 8.9 km

3.15 h

Merovougli, 1078 m

22

Der einsame Berg

In dem Roman »Herr der Ringe« liegt der »Einsame Berg« nordöstlich des Düsterwaldes und nördlich des Langen Sees und der Stadt Esgaroth. Der »einsame Berg« auf Kefalonia befindet sich nordöstlich des lang gezogenen, mächtigen Aenos-Gebirgsmassivs – mit dem höchsten Gipfel der Insel – und nördlich des Gebirgspasses bei Digaleto. Auch treffen wir hier auf keine Fantasiewelt, dafür führt die Wanderung an einer Quelle vorbei, entlang der Ruinen eines Dorfes mit einer ehrwürdigen Kirche und weiter durch eine der abgelegensten Regionen auf Kefalonia. Aber ganz ohne Einfluss des Menschen ist diese Region nicht, wir stoßen auf verlassene Terrassenfelder, kleine Staudämme zur Bewässerung und zahlreiche Obstbäume. Vom Gipfel genießt man eine wunderschöne Aussicht über das südöstliche Kefalonia.

Die Ruinen einer Kirche am Wegesrand.

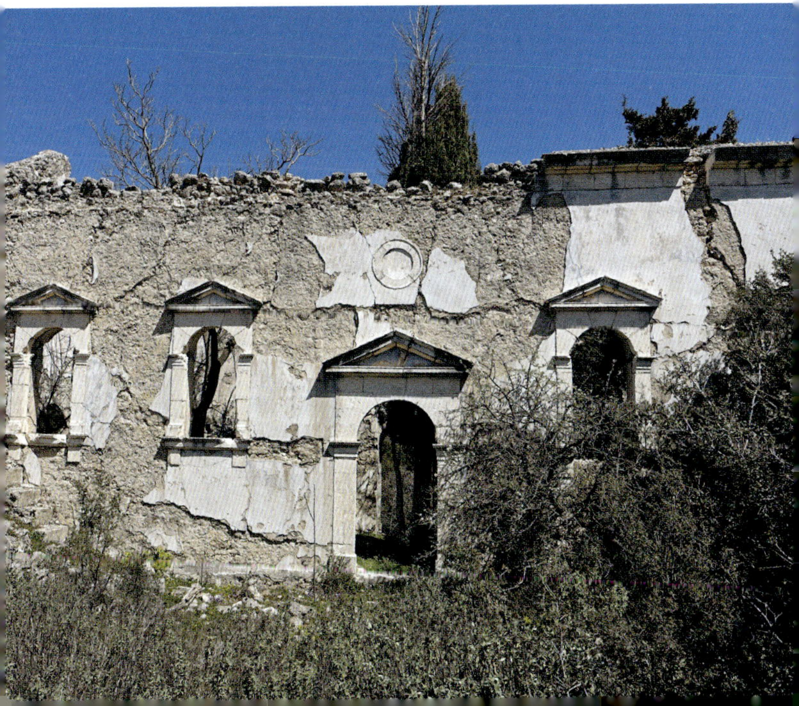

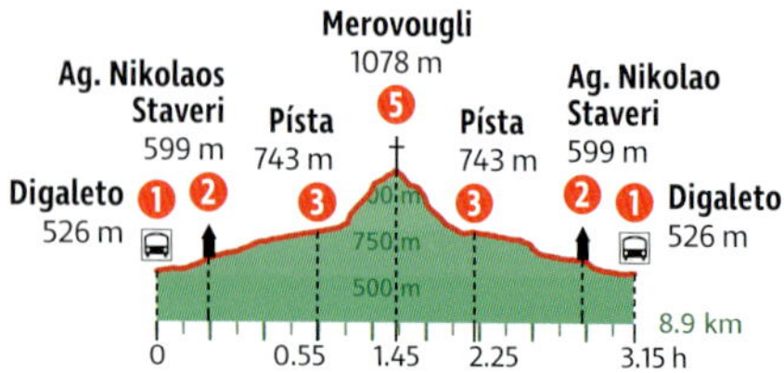

Ausgangspunkt: Digaleto, 526 m (38. 173133 20.689233), im Südosten der Insel Kefalonia, 28 km entfernt von der Hauptstadt Argostoli. An der Verbindungsstraße zwischen Sami und Poros, bereits im Ort Digaleto, zweigt ca. 220 m südlich der Bushaltestelle – also Richtung Poros – eine Stichstraße über eine Brücke mit rotbraunem Geländer ab. – Öffentliche Verkehrsmittel: Busverbindung von Sami nach Poros, Haltestelle Digaleto.
Anforderungen: Ca. 800 m der Strecke sind weglos. Bei guter Sicht ist das kein Problem, da es eindeutige Landschaftsmerkmale gibt. Bei Nebel benötigt man zur Orientierung den heruntergeladenen GPS-Track. Art des Weges: 20 % weglos und 80 % Piste.
Einkehr: Keine.

Am Ortsausgang von **Digaleto** ❶ verlassen wir die Hauptstraße nach links und überqueren die Brücke mit dem rotbraunen Geländer. Nach einigen Metern geht es an einem neu gebauten Steinhaus mit einer grünen Tür vorbei. Auch folgen eine Quelle und eine Kapelle.
Nach wenigen Serpentinen erreichen wir zahlreiche Überbleibsel von Häusern und links vom Weg die ehrwürdigen **Ruinen** ❷ der **Kirche Agios Ni-**

Foto unten: Der felsige Gipfel des 1078 m hohen Merovougli.
Rechts oben: Die Piste geht in einen Pfad über.

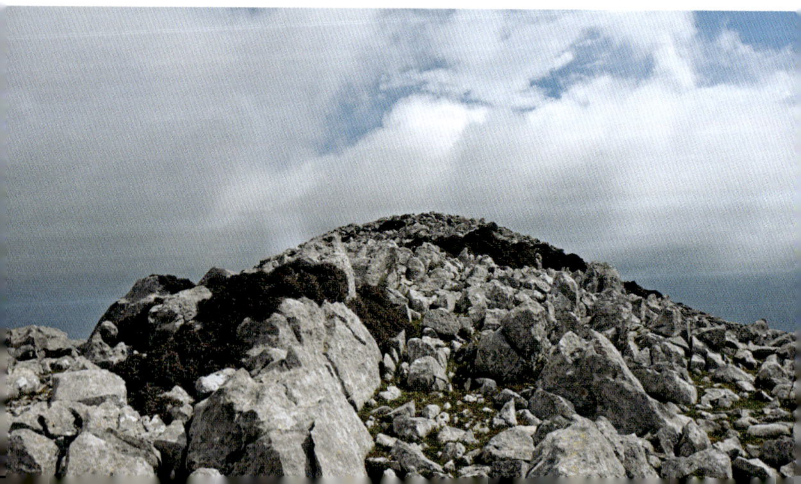

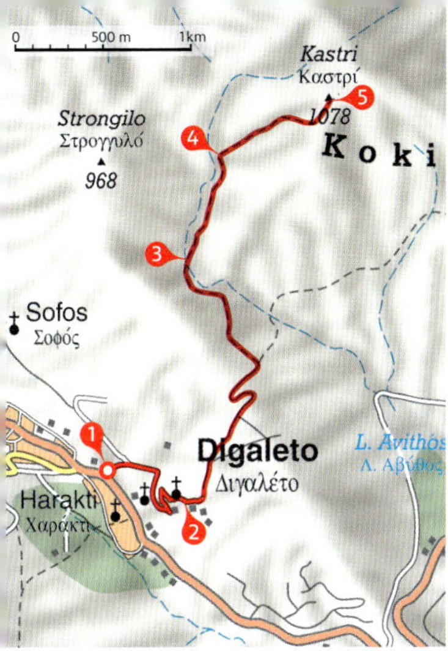

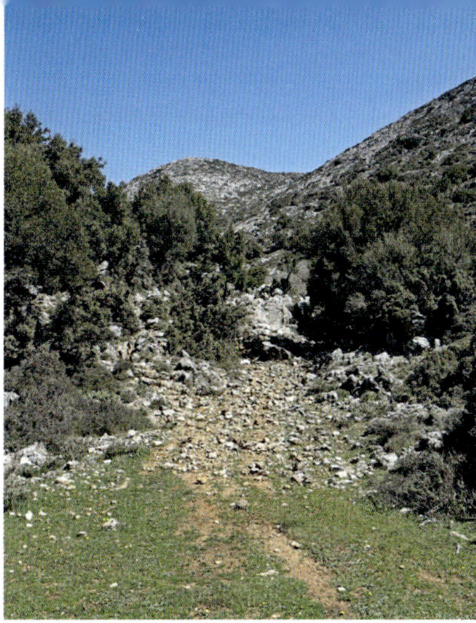

kolaos Staveri. An der nachfolgenden Weggabelung wählen wir den halb linken Arm über einer Hochebene. Hinter dieser erhebt sich imposant der zu besteigende Gipfel. Kontinuierlich folgen wir dem Verlauf der Piste bis zu einer weiteren Hochebene. Hier wachsen zahlreiche Obstbäume, und hinter einer kleinen Hütte erreichen wir das **Ende der Piste** ❸. Ein roter Punkt markiert den weiteren Weg durch eine kleine Schlucht mit zahlreichen Terrassenfeldern. An wenigen Stellen ist die Schlucht zugewachsen, dann kann man sie rechts oder links umlaufen.

Es folgen zahlreiche künstlich angelegte Staumauern bis zu einer Gabelung zweier Schluchten. Wir wandern halb links über weitere Terrassenfelder bis zu einer **Schlüsselstelle** ❹ bei einem allein stehenden großen Obstbaum – ein Pfad ist hier nicht eindeutig auszumachen. Dort gehen wir rechts im rechten Winkel weiter, nun weglos über den breiten Bergrücken, entlang weniger roter Markierungspunkte, auf einem der vielen Ziegenpfade bergauf.

Im Weiteren verlassen wir den breiten Bergrücken nach halb rechts, gelangen so in eine Senke und steigen nun in dieser kontinuierlich auf. Nach ca. 400 m, ab dem Obstbaum gemessen, ändern wir bei einem roten Markierungspunkt abermals die Aufstiegsrichtung und gehen nun rechts steil bergauf bis zum höchsten Punkt. Ein Steinmännchen markiert an dieser Stelle den Abstieg. Die Stelle gut einprägen! Von hier aus wandern wir auf dem Bergrücken links (nordöstliche Richtung) bis zum Gipfel des **Merovougli** ❺.

Auf dem bekannten Hinweg gehen wir zurück zum **Ausgangspunkt** ❶.

↗ 270 m | ↘ 270 m | 10.2 km

23 Grizata – Zervata – Mouzakata

3.15 h

900 Jahre Geschichte erleben

Die Entstehungsgeschichte des heutigen Dorfes Grizata wurde von zwei Ereignissen maßgeblich beeinflusst: Zum einen vom schweren Erdbeben am 12. August 1953, welches das Dorf Zervata komplett zerstörte, zum anderen vom Massaker im Dorf Mouzakata am 23. April 1944, bei dem Soldaten der deutschen Wehrmacht die Häuser niederbrannten und die meisten der Einwohner töteten. Die Überlebenden des Erdbebens und des Massakers verließen die verbrannte Erde und siedelten sich im heutigen Grizata an. All dies ereignete sich in einer besonders schönen Naturlandschaft mit beeindruckend vielen Säulenzypressen und einer wunderschönen Aussicht über das westliche Tal bei Sami zwischen den Bergen Aghía Dinatí (siehe Tour 10) und dem Aenos (Touren 14 und 16). Ein besonderes architektonisches Schmankerl ist dann zum Ende der Wanderung ein Überbleibsel aus der venezianischen Zeit, eine komplett erhaltene Steinbogenbrücke aus dem 12. Jh., die hoch und stolz einen Bachlauf überspannt.

Die alte Steinbogenbrücke.

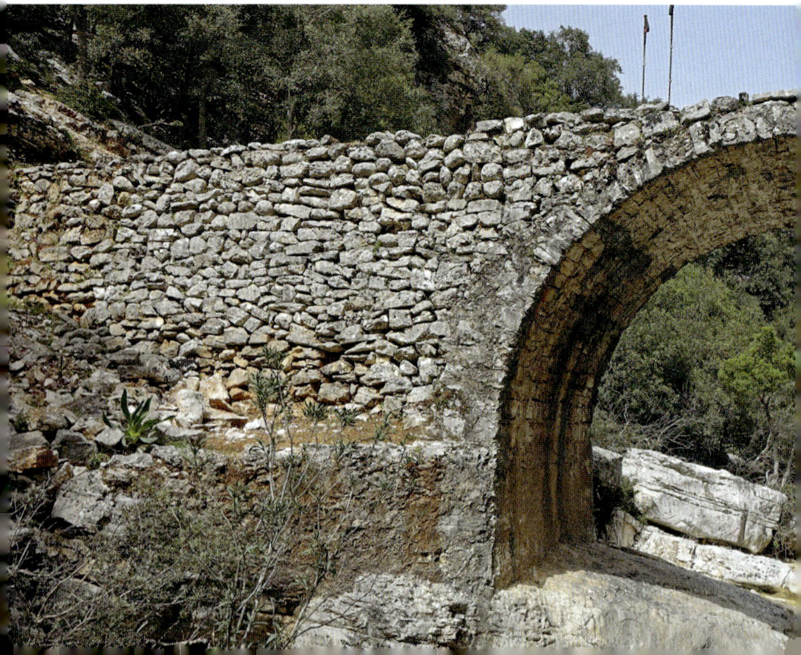

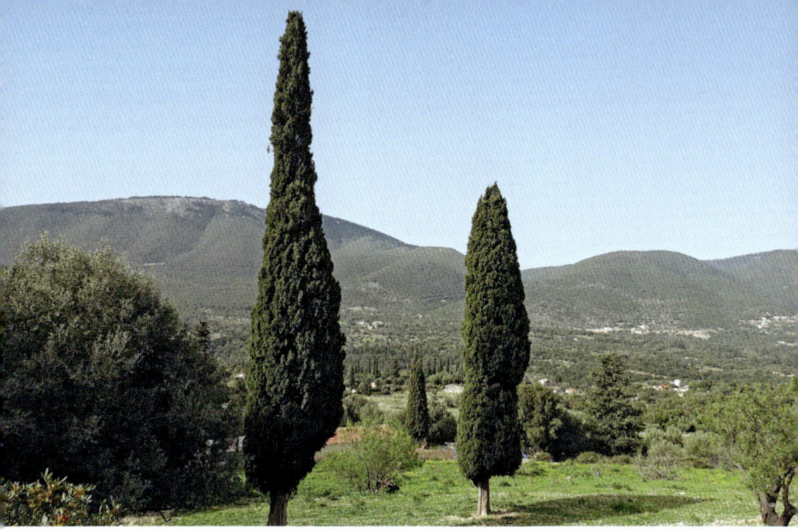

Säulenzypressen oberhalb des Dorfes Grizata.

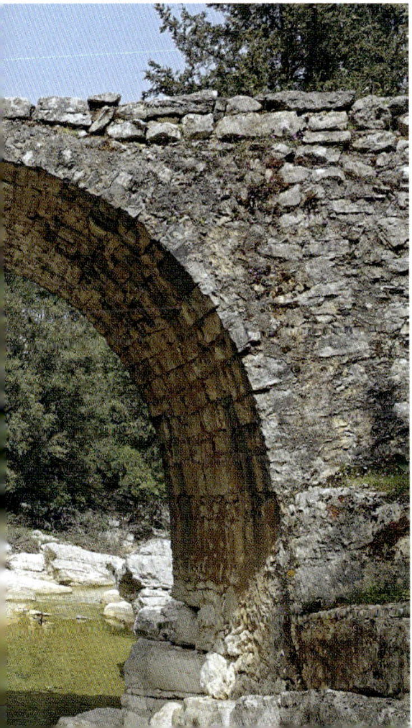

Ausgangspunkt: Grizata, 87 m (38.224967 20.643317), im Osten von Kefalonia, 24 km entfernt von Argostoli, an der Verbindungsstraße zwischen Sami und Poros. Ca. 100 m südlich der Bushaltestelle, also Richtung Poros, zweigt links – bei zwei Löwenstatuen an einer Eingangspforte – eine Stichstraße ab, in der es zahlreiche Parkmöglichkeiten gibt. – Öffentliche Verkehrsmittel: Busverbindung von Sami nach Poros, Haltestelle Grizata.
Anforderungen: Ohne besondere Anforderungen. Art des Weges: 20 % Straße, 20 % Pfad und 60 % Piste.
Einkehr: Unterwegs keine.
Tipp: Drogarati-Tropfsteinhöhle (38.227308 20.628577) etwas westlich des Ausgangspunktes.

Südlich der Bushaltestelle im Dorf **Grizata** ❶ beginnen wir die Wanderung in die östlich verlaufende Stichstraße unmittelbar hinter dem Haus mit den zwei Löwenstatuen.

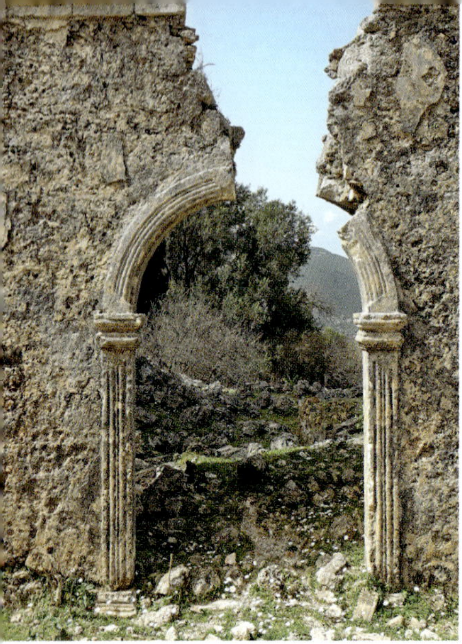

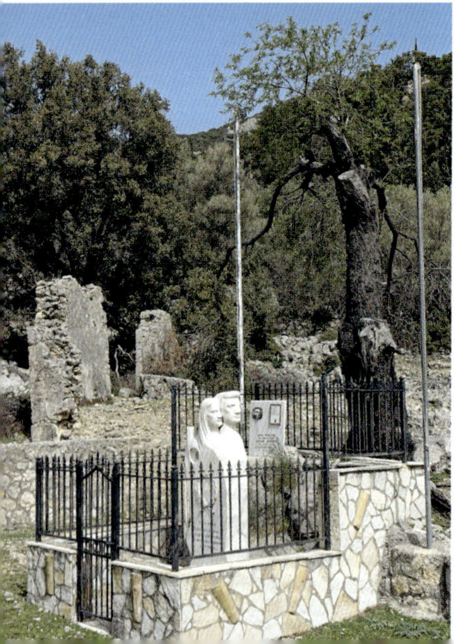

Wir folgen dem Verlauf der Straße durch die Rechtskurve, nach einigen Metern geht es an einem rosa angemalten Haus vorbei. Die asphaltierte Straße geht in eine Piste über. Wir ignorieren die zahlreichen abzweigenden Wirtschaftswege.
Bei der Gabelung mit dem ausgeschilderten Weg nach Katapodata führt scharf links die Piste Richtung Sami, wir gehen aber geradeaus weiter und erreichen kurz später die Ruinen des Dorfes **Zervata** ❷. Wir öffnen und verschließen ein Viehgatter und ignorieren den rechten Abzweiger. Nach einem längeren Wegstück kommen wir zum Denkmal des ehemaligen Dorfes **Mouzakata** ❸. Die Piste geht in einen historischen Pfad über und endet an einer weiteren Piste, auf der wir nun rechts bergab wandern.
Es geht durch ein liebliches Tal mit auffällig vielen Säulenzypressen, die gen Himmel streben. Nachdem die Piste ein kurzes Stück bergauf führt, halten wir uns an der Weggabelung halb links in Richtung der Wassertanks. Aber noch vor diesen wenden wir uns scharf nach links auf einen beginnenden Pfad, der im Weiteren in eine breite Piste mündet. An der sofort darauf folgenden Weggabelung gehen wir am halb rechten Arm an einem Schrottfahrzeug vorbei. Es folgt eine weitere Weggabelung, halb links ge-

Oben: Die Ruinen des Dorfes Zervata.
Unten: Die Ruinen und das Denkmal im ehemaligen Dorf Mouzakata.

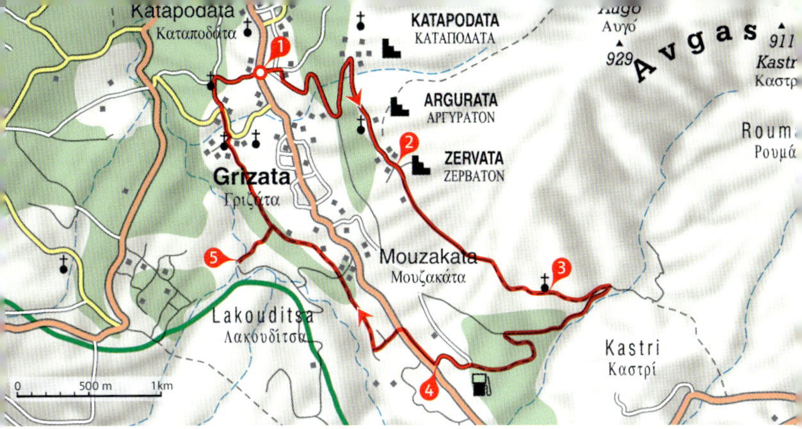

langen wir dann zur **Straße** 4 von Sami nach Poros. Auf dieser gehen wir rechts Richtung Sami. Ca. 125 m hinter einem allein stehenden Gebäude verlassen wir die Verbindungsstraße nach links, nachdem wir das Viehgatter geöffnet und verschlossen haben.

Wir laufen um drei Seiten eines fast quadratischen Grundstückes herum und verlassen die Piste geradeaus am westlichen Grundstückszaun durch ein weiteres Viehgatter, nun auf einem ausgetretenen Pfad durch einen Olivenhain. Blau-weiße Markierungen helfen hier bei der Wegfindung. Hinter der hohen Steinmauer eines Reiterhofes mündet der Pfad in die Straße, auf der wir halb links marschieren, um sie ca. 50 m vor Ziegenstallungen nach rechts auf einen Pfad wieder zu verlassen. Hinter einem weiteren Viehgatter wandern wir links durch eine Senke entlang eines Trockenbachbetts. Es folgt eine Weggabelung, halb rechts gehen wir später zurück nach Grizata, halb links gelangen wir auf einem schönen historischen Pfad zur alten **venezianischen Steinbogenbrücke** 5 *(Enetiki Géfyra)*.

Nach diesem Abstecher gehen wir zur Weggabelung zurück, hier nun halb links (roter Punkt auf einem Stein) und dann immer geradeaus bis zur Hauptstraße. Hier halten wir uns links, verlassen die Straße bereits in der nachfolgenden Linkskehre auf der geradeaus weiterführenden Straße und biegen bei einer Kapelle rechts in die Seitenstraße, die bis zum **Ausgangspunkt** 1 führt.

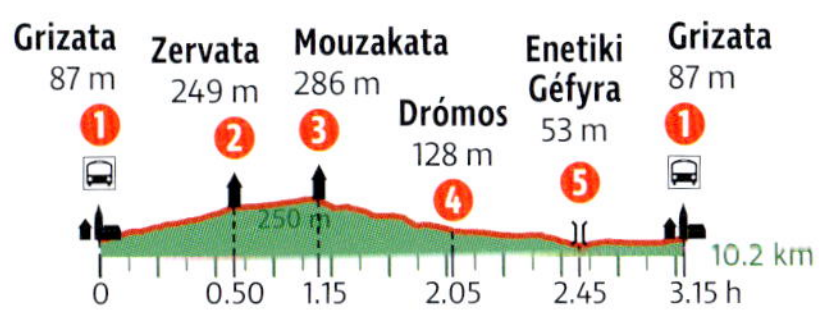

↗ 820 m | ↘ 820 m | 14.7 km

24 Spilitsa-Strand – Sikia-Strand

5.00 h

Zwei unentdeckte Strandperlen der Insel Kefalonia

Den touristisch voll erschlossenen und in den Sommermonaten hoch frequentierten Antisamos-Strand lassen wir auf dieser Wanderung schnell hinter uns und tauchen ein in einsame Natur. Der gesamte von der Inselregierung angelegte Wanderweg führt durch unbewohntes Gebet. Ein faszinierender Pfad schlängelt sich durch einen urwaldähnlichen Wald hinunter zum romantischen Kieselsteinstrand Spilitsa in einer ca. 30 m breiten, wunderschön gelegenen Bucht. Möchte man eine verkürzte Tageswanderung unternehmen, so bietet sich an, hier zu verweilen und auf dem gleichen Weg zurückzukehren (dann insgesamt 9 km, 250 Hm). Landschaftlich noch reizvoller ist allerdings der nachfolgende, ca. 150 m breite Sikia-Strand. Der Küstenstreifen mit kleinen Kieselsteinen ist an einigen Stellen auch sandig. Leider werden hier im Sommer Sonnenschirme und Liegestühle vermietet, auch haben organisierte Tagestouren diesen Strand in ihrem Programm, sodass man hier nicht ganz alleine ist.

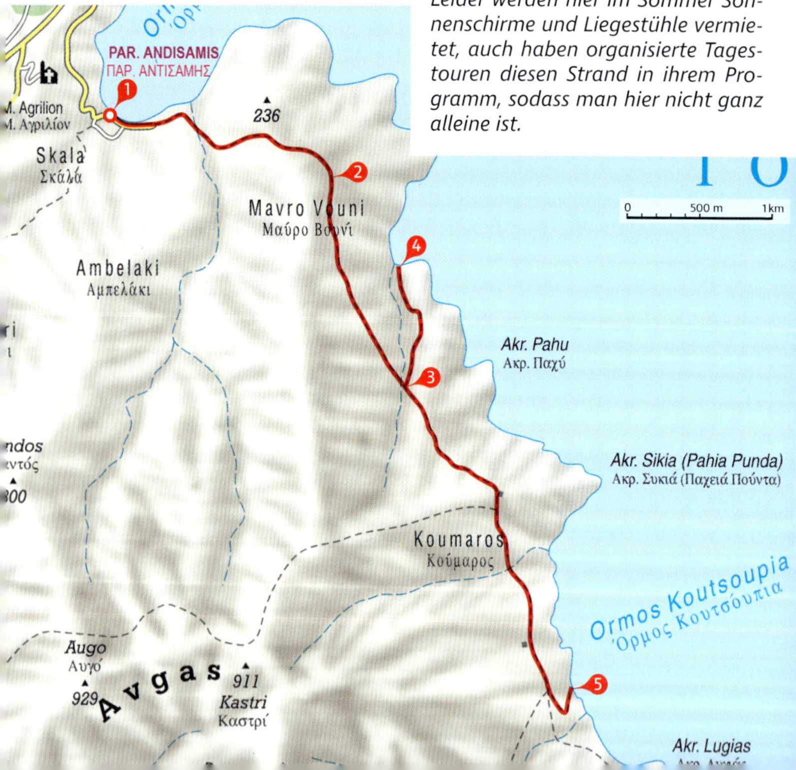

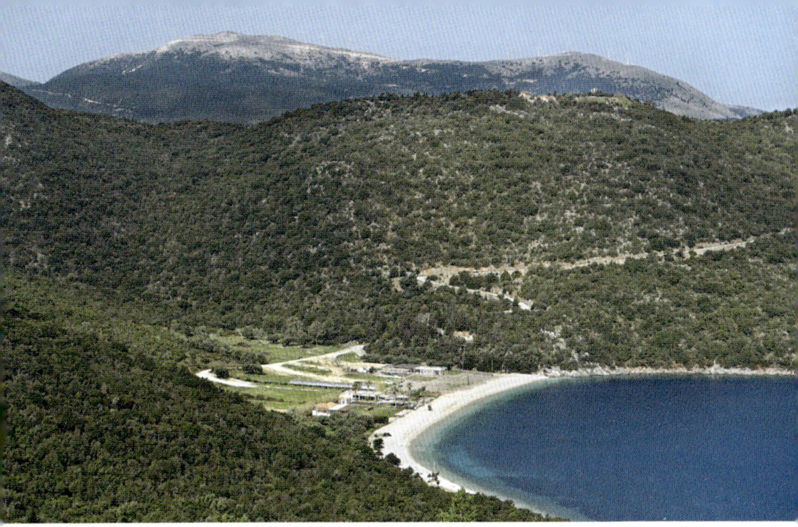

Der Antisamos-Strand.

Ausgangspunkt: Antisamos-Strand, 1 m (38.259800 20.674000), an der Ostküste von Kefalonia, 30 km entfernt von Argostoli. Nach 4,5 km östlich von Sami endet die Straße bei einem großen Parkplatz. – Öffentliche Verkehrsmittel: Busverbindung von Sami zum Antisamos-Strand nur in den Sommermonaten.

Anforderungen: Anstrengende Wanderung aufgrund der Entfernung und der zu absolvierenden Höhenmeter. Art des Weges: 100 % Pfad.
Einkehr: Am Ausgangspunkt Tavernen.
Tipp: Schifffahrtsmuseum Sami (38.235517 20.639990) etwas südlich des Ortes.

Vom Ausgangspunkt am westlichen Rand des **Antisamos-Strands** ❶ laufen wir in östliche Richtung an das andere Ende des Strandes. Dort, wo eine kleine Steilküste beginnt, marschieren wir auf einem Pfad weiter, der entlang eines Großteils der Wanderung weiß-blau markiert ist. Der ausgetretene und gut zu erkennende Pfad schlängelt sich steil zwischen zahlreichen Erdbeerbäumen bergauf. Lohnenswert ist es, sich umzudrehen, denn die Aussicht auf die Antisamos-Bucht ist von hier wunderschön.

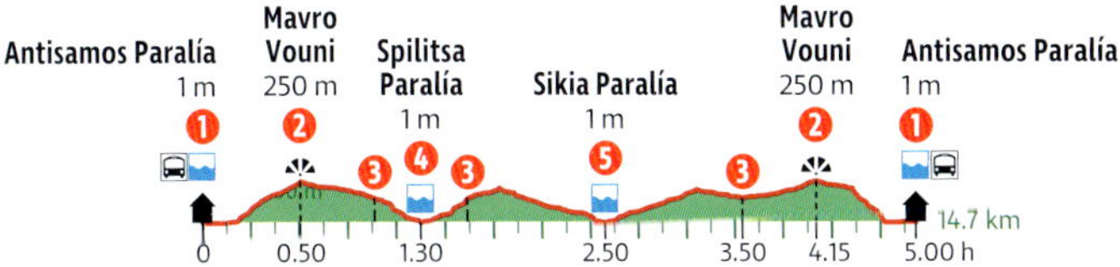

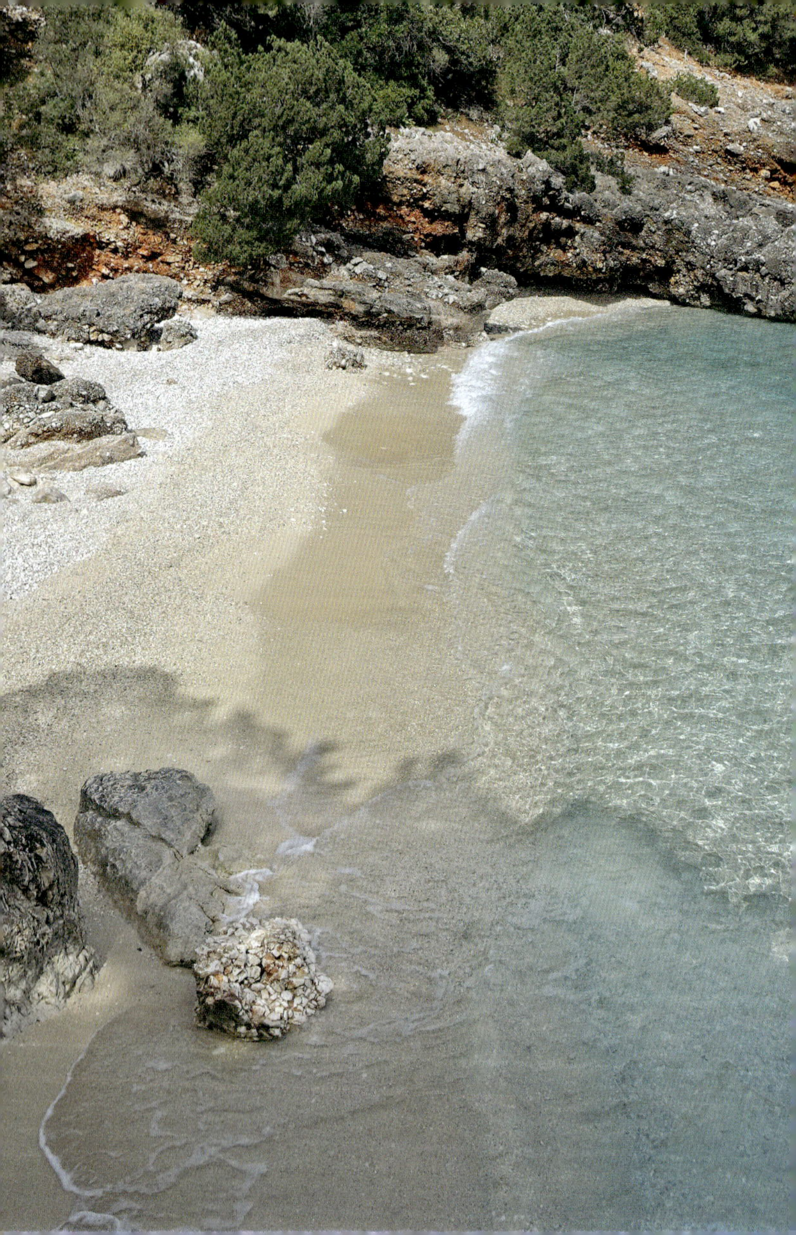

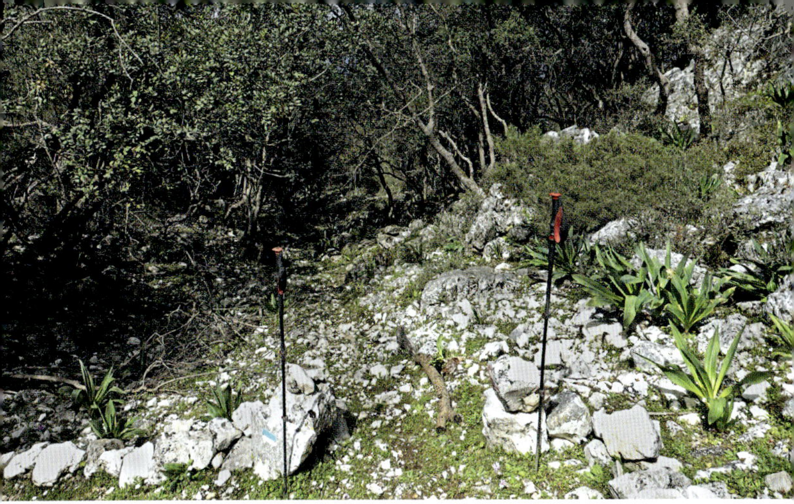

Der Abzweiger zum Spilitsa-Strand.

Durch die sanfte Hügellandschaft steigt der Weg bis zur Anhöhe **Mavro Vouni** ❷ auf. Richtung Norden erhebt sich die Nachbarinsel Ithaka aus dem Ionischen Meer. Der Pfad verliert dann wieder kontinuierlich an Höhe. Gibt der lichte Wald den Blick frei, so sieht man links unterhalb bereits den übernächsten Wegpunkt, den Spilitsa-Strand.
Über ein längeres Wegstück quert der aussichtsreiche Pfad einen Berghang. Vor einer ca. 5 m hohen Felswand und zwei roten Strichen auf einem Stein haben wir den **Abzweiger** ❸ zum Spilitsa-Strand erreicht. Nach links steigen wir nun auf einem schwer auszumachenden Pfad ab.
Auf dem ersten Teilstück orientieren wir uns am Verlauf des Trockenbachbetts. Im Weiteren ist dann ein Pfad zu erkennen. Wenige rot bemalte Steine und Steinmännchen helfen bei der Orientierung. Wir verlassen das Dickicht, und vor einer Lichtung – die mit Olivenbäumen gesäumt ist – halten wir uns scharf links (riesiger roter Punkt). Es folgt ein weiterer Abschnitt entlang des Trockenbachbetts, bis wir dann den **Spilitsa-Strand** ❹ erreicht haben.
Wir steigen wieder die 147 Höhenmeter bis zum **Abzweiger** ❸ auf und gehen nun auf dem Pfad links weiter. Es folgen noch weitere 100 Höhenmeter Aufstieg, bevor es dann kontinuierlich bergab geht. Der links abzweigende Pfad zum nächsten Strand befindet sich hinter einer Zisterne und führt durch einen Wald bis in die Bucht mit dem **Sikia-Strand** ❺.
Zurück zum **Ausgangspunkt** ❶ geht es auf dem bekannten Hinweg.

Der Spilitsa-Strand.

TOP

25

↗ 520 m | ↘ 520 m | 12.0 km

Sami – Antisamos-Strand

4.00 h

Antike Stätten und ein erfrischendes Bad

In der heute wichtigsten Hafenstadt auf Kefalonia beginnt unsere Wanderung durch die Geschichte. Auf einem historischen Pfad geht es zu den phänomenalen Überresten der Akropolis des antiken Sami. Die Festung mit außergewöhnlicher Architektur stammt aus den Jahren 480 bis 323 v. Chr. Von dort ist der Blick in die Ferne wunderschön, ebenso auch beim nächsten Höhepunkt, dem Kloster von Agrilia mit den Ruinen eines allein stehenden Glockenturms aus dem 17. Jahrhundert. Wieder in der Gegenwart angekommen gibt es dann am Antisamos-Strand die Möglichkeit zu einem kühlenden Bad und die Gelegenheit, für sein leibliches Wohl zu sorgen – bevor sich die Wanderung dann zu den Ruinen des Klosters Agioi Fanentes fortsetzt. Die Ruine der Kirche stammt aus der venezianischen Epoche (1633), das Kloster ist noch viel älter. Besonders sehenswert ist auch die Kapelle Agios Nikolaos mit Fresken auf seiner verbliebenen Apsis aus dem 17. Jahrhundert. Hoffentlich die Neugier gestillt, geht es auf einem weiteren historischen Verbindungspfad zurück.

Sami vom Wanderweg gesehen.

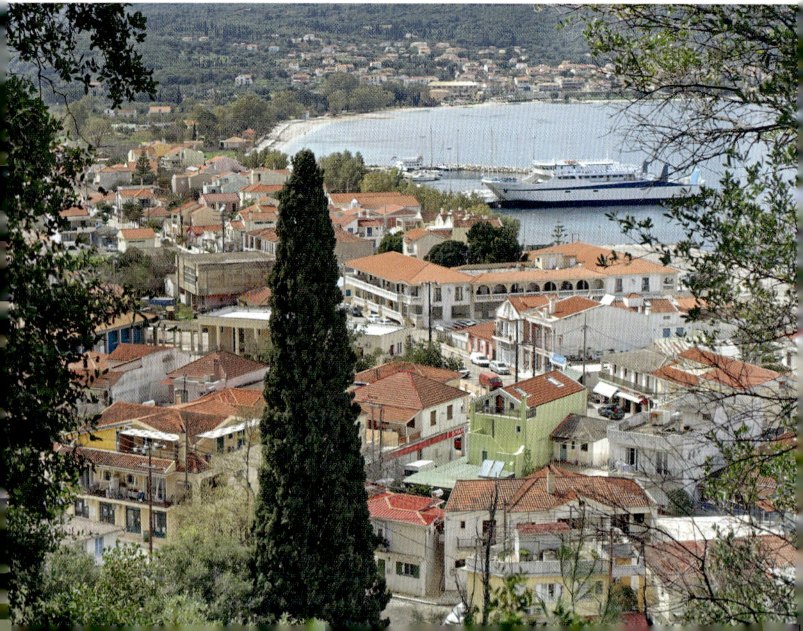

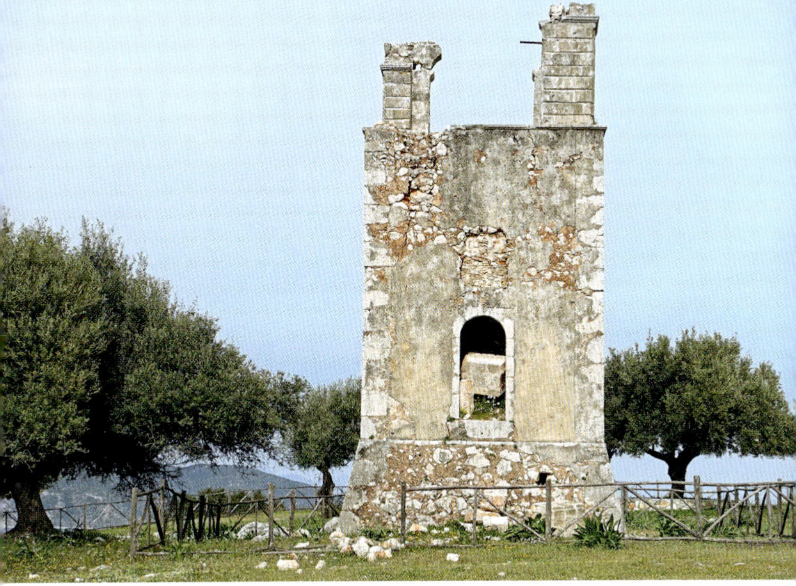

Ruine des Glockenturms des Klosters von Agrilia.

Ausgangspunkt: Sami, 10 m (38.251686 20.648085), im Osten von Kefalonia, 26 km entfernt von der Inselhauptstadt Argostoli. An der Zufahrt zum Hafen befindet sich noch im Ortszentrum auf der rechten Seite ein Spar-Supermarkt. Hier gibt es zahlreiche Parkmöglichkeiten am Straßenrand. – Öffentliche Verkehrsmittel: Busverbindung von Argostoli nach Sami über Poros (Bushaltestelle am Hafen).
Anforderungen: Keine besonderen Anforderungen. Art des Weges: 30 % Straße, 30 % Piste und 40 % Pfad.
Einkehr: Tavernen am Ausgangs- bzw. Endpunkt sowie bei Km 7,9.

Variante: Möchte man nicht entlang der Straße gehen und verzichtet auf die Besichtigung des Klosters Agrilia, so kann man beim antiken Sami ❷ rechts auf der Straße gehen und nach einigen Metern bei der Infotafel links auf dem Rückweg hinunter zum Strand ❹ wandern.
Hinweis: Öffnungszeiten des Klosters von Agrilia: 8.00–13.00 und 16.00–18.30 Uhr.
Tipps: 1. Badesachen nicht vergessen. 2. Etwas westlich bzw. nordwestlich von Sami das Casa Museo (38.255852 20.627808) und die Kalksteinhöhle Melissani (38.256885 20.624233) mit einem See in der Höhle.

Beim Supermarkt im Ortszentrum von **Sami** ❶ zweigen wir rechts (Richtung Hafen gesehen) auf die Seitenstraße ab, an deren Ende links und hinter einer Platane rechts, am Ende der Straße vor der Kapelle wiederum links. Bei einer Steinmauer verlassen wir die Straße nach rechts auf dem

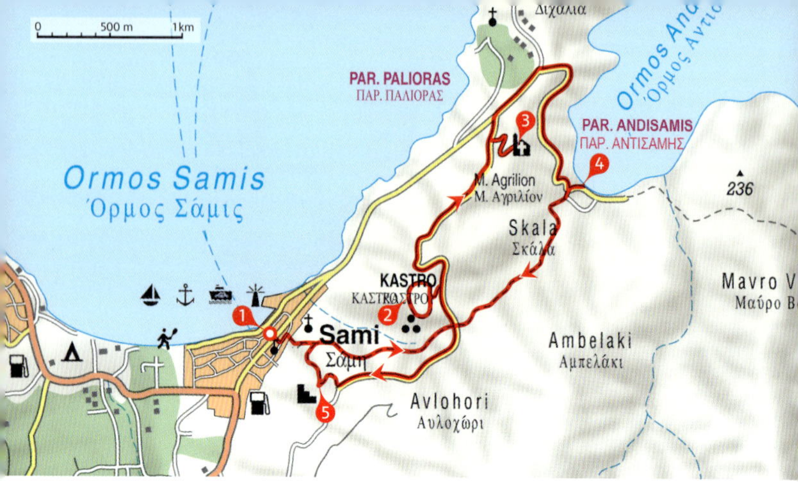

beginnenden Wanderweg. An der Weggabelung im schattigen Wald folgen wir dem halb linken Arm am Zaun entlang. Einen rechts abzweigenden Pfad lassen wir aus.

Der Wald lichtet sich, und links oberhalb ist der Hügel von Paleokastro mit der Akropolis und den verbliebenen Resten der Befestigungsmauer zu sehen. Über Terrassenfelder mit eingestürzten Mauern und vorbei an einigen Obstbäumen am Wegesrand folgen wir den Markierungen bis zur asphaltierten Straße bei einer Informationstafel. Wir gehen links und bei einem braunen touristischen Hinweisschild nun links bergauf bis zur **Akropolis** des **antiken Sami** ❷. Durch einen schmalen Zugang, gesäumt von riesigen Felsen, gelangt man in das Innere der einstigen Befestigungsmauer. Ein aussichtsreicher Pfad führt dann in einer Runde über das Hochplateau.

Nach einer Runde duch die antike Stätte gehen wir auf dem gleichen Weg bis zur selten befahrenen Straße hinunter, nun links bergab und dann nach einem längeren Wegstück rechts bergauf zum **Kloster von Agrilia** ❸. Im Zentrum der Anlage steht die Ruine eines Glockenturms. Geht man bis zum Zaun vor, so ergibt sich eine wunderschöne Aussicht auf den Golf von Sami, das griechische Festland, die Peloponnes und die Nachbarinsel Ithaka.

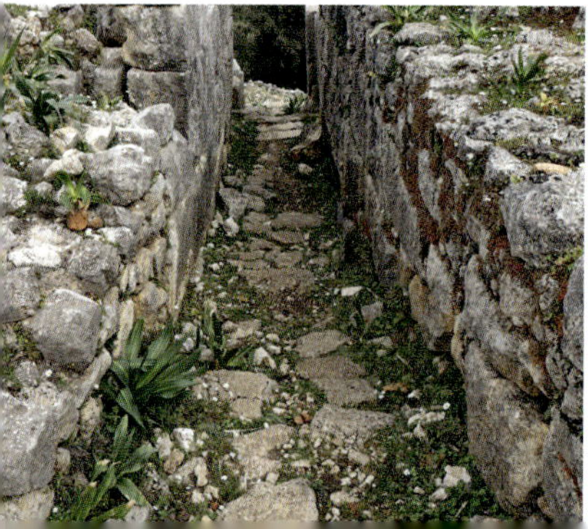

Der Zugang der Akropolis des antiken Sami.

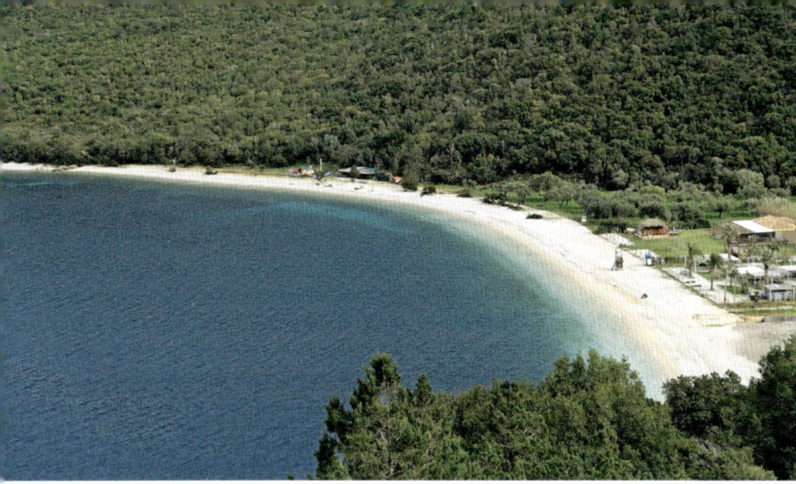

Der Antisamos-Strand.

Wieder zurück zur Straße, geht es nun rechts bergab und dann auf der Verbindungsstraße von Poros nach Antisamos weiter. Es folgen 2 km entlang der Straße bis zum **Antisamos-Strand** 4. Eine Liegestuhl- und Sonnenschirm-Vermietung sowie Tavernen liefern die Infrastruktur zum Verweilen. Zur Fortsetzung unserer Runde verlassen wir die Straße nach Poros beim Anfang der Serpentinen und wandern entlang eines Zauns in Richtung Landesinneres. Die weiß-blauen Wanderwegmarkierungen wären hier eigentlich nicht notwendig, denn der Pfad durch den nun wieder schattigen Wald ist breit ausgetreten. Bei der Informationstafel und an der querenden Straße vom Hinweg gehen wir nun links auf der selten befahrenen Straße bis zu den **Ruinen** des **Klosters Agioi Fanentes** und einer Kapelle. Spaziert man hinter dieser noch ca. 150 m bergab in südliche Richtung, so gelangt man zur sehr sehenswerten **Kapelle Agios Nikolaos** 5.
Wir steigen wieder einige Meter auf und gehen nun scharf links an einer Mauer entlang – rechts befinden sich die Ruinen des Klosters. Der weitere bergab führende Waldweg ist dann wieder weiß-blau markiert und trifft auf den Hinweg, auf dem wir bis zum **Ausgangspunkt** 1 zurückgehen.

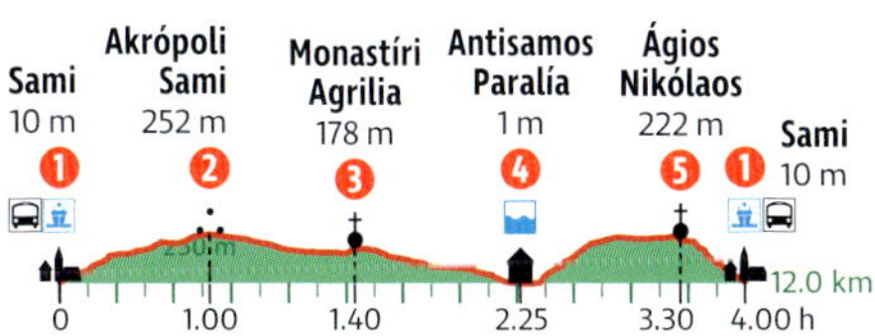

Wanderungen auf der Insel Ithaka

Aus den Werken eines der ersten Autoren der Literaturgeschichte – die Rede ist von Homer – ist Ithaka als Heimatinsel des Odysseus bekannt, dessen Irrfahrten Homer in der »Odyssee« beschreibt.

In dem zentral gelegenen charmanten Hauptort Vathi geht es noch beschaulich zu. Zahlreiche gemütliche Tavernen, individuelle Unterkünfte und unzählige kleine Läden entschleunigen ganz automatisch. Sogar die Bewohner von Kefalonia kommen nach Ithaka wegen der Ruhe und der schönen und sauberen Strände mit ihrem kristallklaren und smaragdgrünen Wasser. Auf Ithaka findet der Urlaub auch heute noch abseits der Touristenmassen statt; in der Vor- oder Nachsaison kann man die einsamen Buchten oft ganz für sich alleine genießen, umgeben von Zypressen, der Stille und sonst nichts.

Auf der Insel wurde ein kleines Wegenetz mit offiziellen Wanderwegen angelegt, die teilweise auch gekennzeichnet sind.

Am Gipfel des 810 m hohen Berges Agia Eleousa.

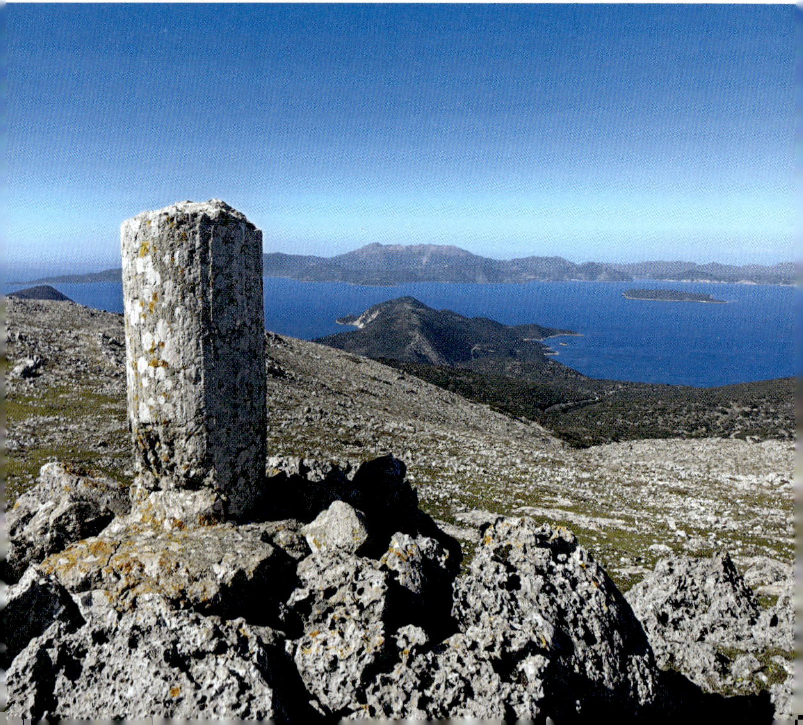

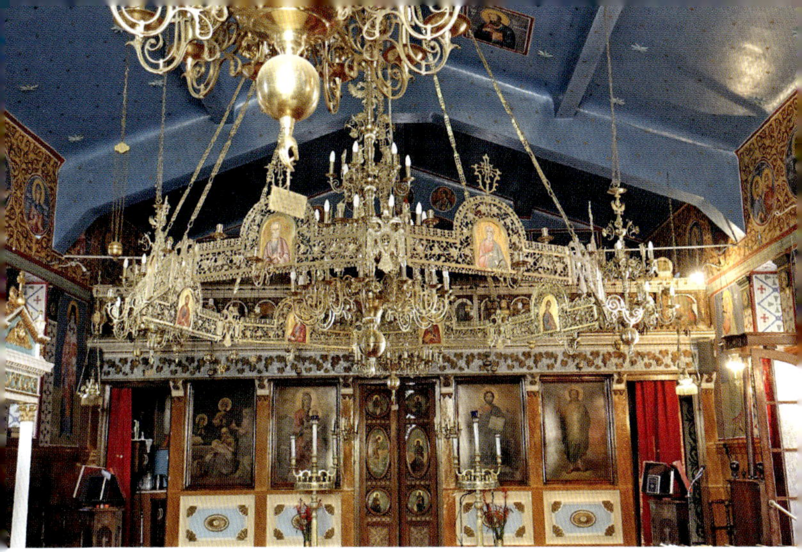

Im Kloster Katharon (Tour 28).

5 BESONDERE UNTERKÜNFTE AUF ITHAKA

Apartment Erigonis Simiris House (€)
Die Unterkunft befindet sich 3 km entfernt von der Inselhauptstadt in einem traditionellen Dorfhaus, mit spektakulärem Blick auf die Bucht und das Dorf Perachori.

- Perachori, ithacorama.com/en/where-to-stay/apartments/item/624-erigonis-simiris-house (38.348474 20.717185)

Hotel Mentor (€)
Das Hotel Mentor befindet sich im Zentrum des malerischen Dorfes Vathi nur wenige Meter entfernt vom Meer.

- Vathi, hotelmentor.gr (38.365278 20.721359)

Anticlea I und II (€€)
Die individuell eingerichtete Unterkunft in Vathi liegt ca. 200 m vom Hafen in Ithaka entfernt.

- Epar. Od. Kioniou – Pera Pigadiou 13, 28300 Vathi, zu buchen über booking.com (38.362250 20.718081)

Hotel Omirikon (€€)
Die im Jahr 2003 eröffnete Unterkunft liegt an der Bucht von Vathi und ist nur wenige Gehminuten von Restaurants und Einkaufsmöglichkeiten entfernt.

- Georgios Drakoulis Av. Ithaca, Vathy, 28300, omirikon.business.site (38.369428 20.718149)

Hotel Perantzada (€€€)
Die Unterkunft liegt am malerischen Hafen von Vathi und ist in einem hellblauen neoklassizistischen Gebäude aus dem 19. Jahrhundert untergebracht.

- Odisseos Androutsou, 28300 Vathi, perantzadahotel.com (38.366626 20.721016)

TOP

26 Stavros – Exogi

↗ 470 m | ↘ 470 m | 9.6 km

3.15 h

Unbekannte Höhen auf Ithaka

Diese besondere Rundwanderung ist mit zahlreichen Sehenswürdigkeiten gespickt: dem kleinen Park mit Skulpturen aus der griechischen Geschichte und Mythologie, dem Brunnen von Kalamos, der archäologischen Stätte der »Schule von Homer«, der Kirche Ag. Marina im Bergdorf Exogi und dem Kloster Panagia Eleousa. Vom Kloster ergibt sich ein faszinierender Fernblick über das nördliche Ithaka und die Nordostküste von Kefalonia mit den Orten Sami bis Fiskardo. Ganz im Süden sind die Hügelketten auf Zakynthos auszumachen, und bei besonderes klarer Luft kann man im Osten sogar die Berge auf der Peloponnes und dem griechischen Festland sehen.

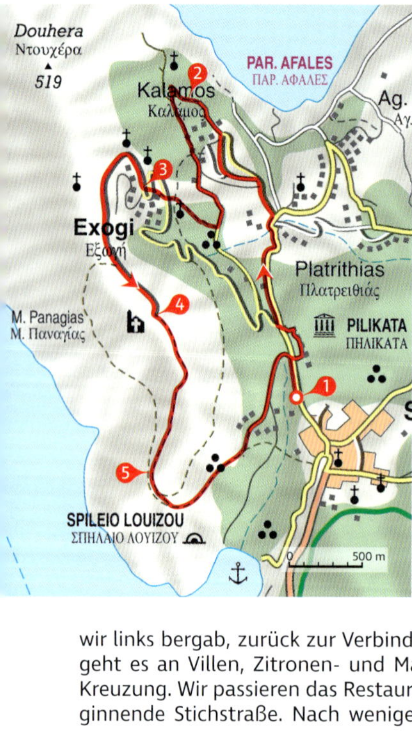

Ausgangspunkt: Bergdorf Stavros, 117 m (38.449950 20.644683), im Norden von Ithaka, 17 km entfernt von der Inselhauptstadt Vathi. Am Ortsausgang gibt es einige wenige Parkplätze am Straßenrand. Die Parkbuchten gehören größtenteils zu Unterkünften.
Anforderungen: Ohne besondere technische Anforderungen. Auf einem Teilstück wird ein guter Orientierungssinn benötigt. Art des Weges: 30 % Pfad, 30 % Piste und 40 % Straße.
Einkehr: Bei Km 1,4 eine Taverne und eine Bar.
Hinweis: Öffnungszeiten des Archäologischen Museums Stavros: täglich außer dienstags 8.30–15.30 Uhr.

Von der Parkgelegenheit beim **Bergdorf Stavros** ❶ gehen wir ein kurzes Stück auf der weiterführenden Straße in nördliche Richtung und folgen dann der rechts abzweigenden Stichstraße – hier befindet sich auch ein Wegweiser – zum kleinen **Archäologischen Museum Stavros**. Dort, wo die Straße endet, wandern wir links bergab, zurück zur Verbindungsstraße. Rechts, Richtung Norden, geht es an Villen, Zitronen- und Mandarinenbäumen vorbei bis zu einer Kreuzung. Wir passieren das Restaurant und wandern geradeaus in die beginnende Stichstraße. Nach wenigen Metern ist ein wunderschöner und

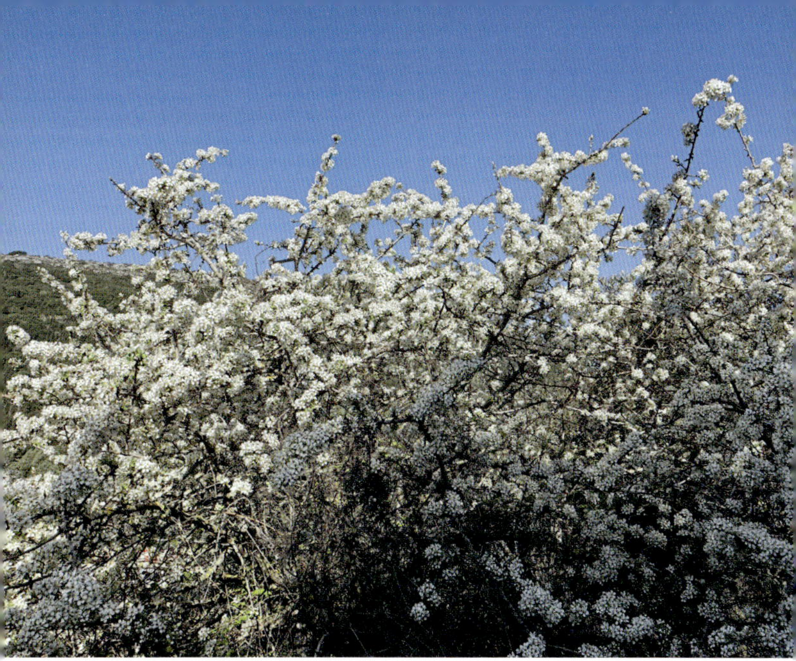

Blütenpracht im März am Anfang der Rundwanderung.

mit Steinen gesäumter Aussichtspunkt erreicht. An der nachfolgenden Weggabelung folgen wir dem halb linken Arm, vorbei an aufgetürmten Mahlsteinen und zahlreichen Skulpturen aus der griechischen Geschichte und Mythologie.

An einer weiteren Straßengabelung wählen wir den halb rechten Zweig, nun auch ausgeschildert in Richtung der **Brunnen von Kalamos** ❷ – die wir dann am Ende der Straße auch erreichen. Hinter dem Gebäude mit dem Brunnen folgen wir dem ausgewiesenen Wanderweg Richtung Exogi. Nach kurzem Aufstieg endet der Pfad an einer Piste, auf der wir uns links halten. Bei Häusern angekommen gehen wir wenige Meter auf einem betonierten

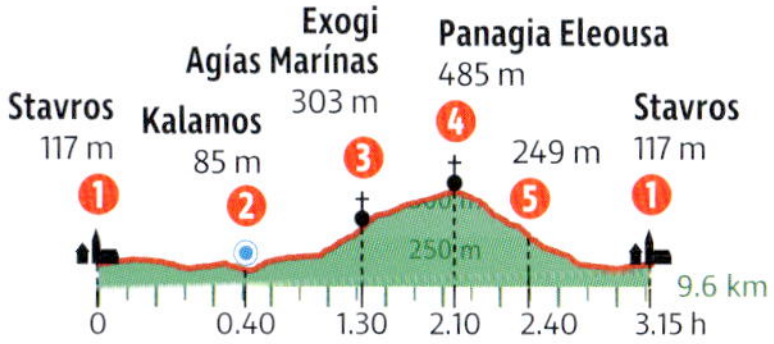

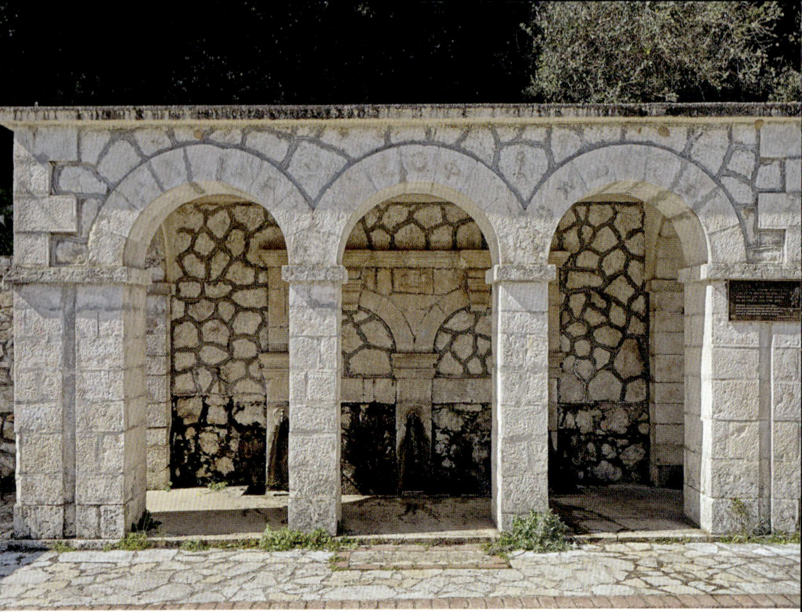

Brunnen von Kalamos.

Abschnitt und dann gleich geradeaus weiter auf einer Piste bis zur archäologischen Stätte der »Schule von Homer«.
Nach der Besichtigung bleiben wir noch einige Meter auf der Straße, um diese dann nach rechts auf einen uralten gepflasterten Pfad zu verlassen, abermals ausgeschildert nach Exogi. Der Aufstieg erfolgt abschnittsweise durch einen Schatten spendenden Wald. Sowohl hinter einem Heiligenschrein als auch einer Ruine geht es jeweils links bergauf. Im weiteren Verlauf wird die asphaltierte Straße mehrmals gequert. Über Treppen gelangen wir ins Dorfzentrum von **Exogi**, einem der ältesten Dörfer auf Ithaka, mit der **Kirche Agia Marina** ❸. Die bergauf führende Straße passiert eine zweite und dritte Kirche. Auf einem aussichtsreichen Höhenweg steigen wir bis zum Funkmast und dem verlassenen **Kloster Panagia Eleousa** ❹ auf. Es stammt aus dem 17. Jahrhundert und wurde wahrscheinlich vor dem Ersten Weltkrieg aufgegeben. Die Aussicht ist gigantisch!
Entweder durch die Eingangspforte oder einen Durchbruch in einer Steinmauer steigen wir die verbliebenen Meter bis zum Funkmast auf. Dort markiert ein kleiner Holzpfeil den beginnenden Pfad, der streckenweise schwierig auszumachen ist. Gelegentliche weiß-blaue Markierungen unterstützen die Wegfindung. Bei einer baumlosen Fläche und einem Brunnen gehen wir an der Weggabelung auf dem halb linken Arm weiter.

Wir verlassen den lichten Wald und erreichen ein weiteres Mal eine große freie Fläche, die mit einigen Olivenbäumen bestanden ist. An dieser **Schlüsselstelle 5** – ohne Hinweise auf einen weiterführenden Pfad – überqueren wir weglos die Lichtung zwischen einem großen Baum und einem Felsen zum dahinter liegenden Waldrand. Links an diesem Waldrand entlang führt ein blau-weiß markierter Wanderweg weiter. Einen halb links bergauf führenden Pfad ignorieren wir. An einer ersten Ruine gehen wir links vorbei, auf der nachfolgenden Straße wandern wir dann bis zur bekannten Verbindungsstraße und rechts auf dem Hinweg bis zum **Ausgangspunkt 1**.

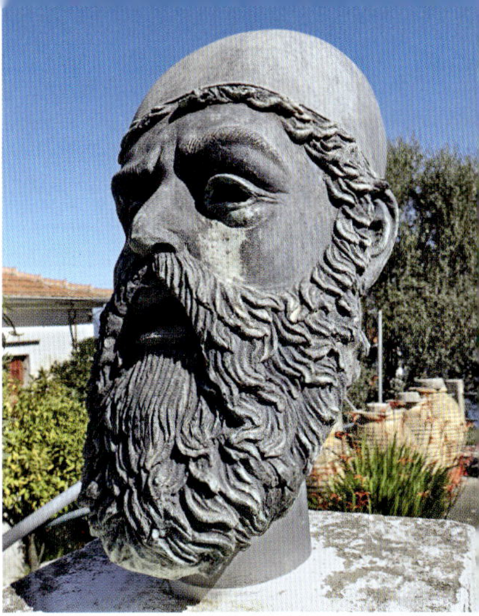

Foto rechts oben: Die Büste von Homer am Wegesrand.
Unten: Die Schlüsselstelle, an der die Lichtung gequert wird.

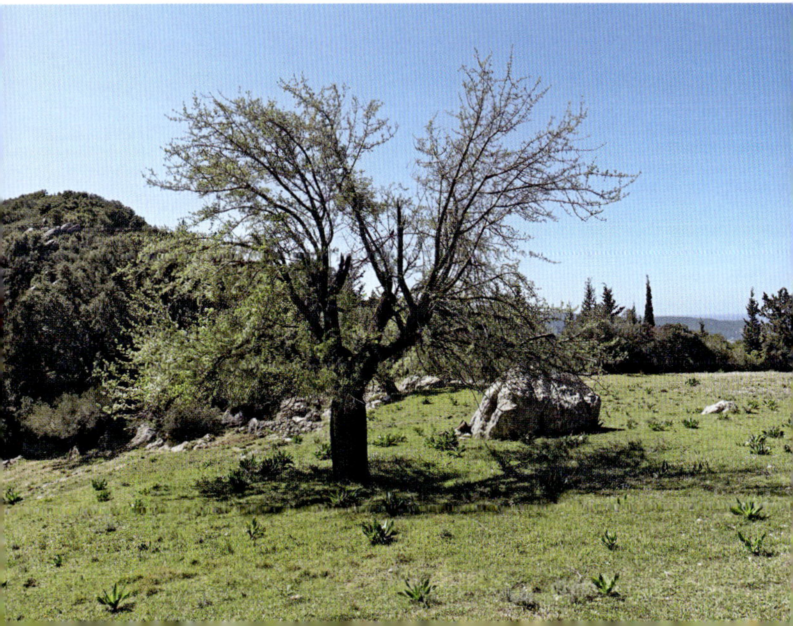

↗ 520 m | ↘ 520 m | 11.6 km

27 Kioni – Anogi

3.30 h

Auf einem alten Verbindungspfad ins Hinterland

Der Fischerort Kioni liegt südlich einer Landzunge im Norden der Insel Ithaka. Der malerische Hafen ist von zahlreichen weißen Häusern gesäumt. In der schönen Bucht machen im Sommer Dutzende Jachten fest – einst war sie Zufluchtsort und Piratenbasis. Den Eingang zum offenen Meer schmücken drei Ruinen früherer Windmühlen. Es folgt ein Aufstieg auf einem historischen Pflastersteinpfad zu einem sehr beeindruckenden, ca. 8 m hoch aufragenden Steinblock – einem sogenannten »Menhir«, der wohl auch für Obelix zu groß wäre. Auf einem kurzen Wegstück wird es abenteuerlich, da kein ausgetretener Pfad zu sehen ist. Durch die unberührte Natur von Ithaka erfolgt der Abstieg zum Ausgangspunkt. Zahlreiche Tavernen mit Terrassen am Wasser und nette griechische Kafeneía (Cafés) laden zum Verweilen ein.

Der Monolith Araklis ist ca. 8 Meter hoch.

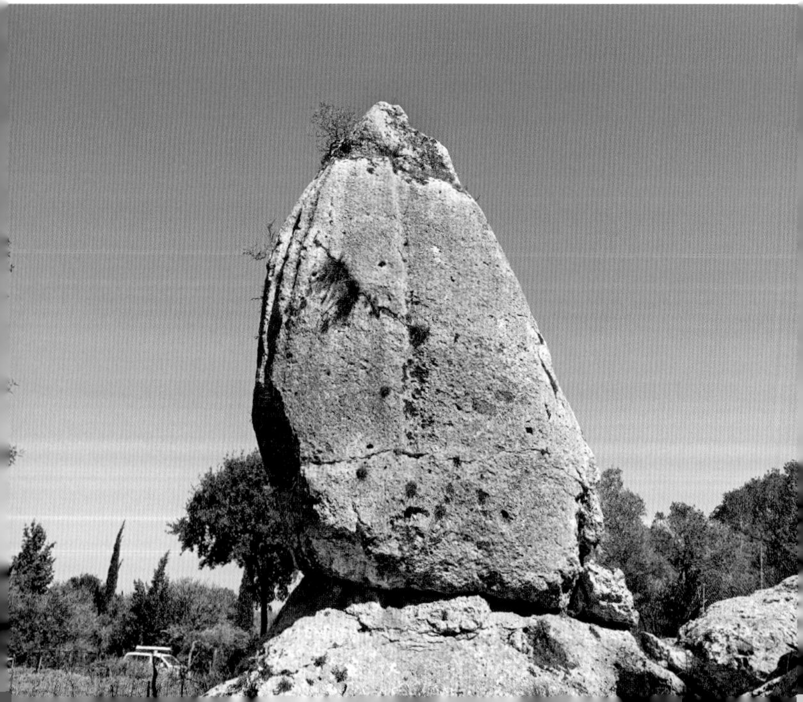

Ausgangspunkt: Kioni, 17 m (38. 448267 20.687900), im Norden der Insel Ithaka, 23 km entfernt vom Hafen in Vathi. Ein großer Parkplatz befindet sich oberhalb des kleinen Ortes. Frühmorgens gibt es auch noch freie Plätze an der Uferpromenade.
Anforderungen: Auf einem weglosen Abschnitt muss man gelegentlich die Hände zu Hilfe nehmen. Auch benötigt man hier guten Orientierungssinn, es gibt aber zahlreiche rote Farbtupfer. Art des Weges: 10 % weglos, 10 % Straße, 10 % Piste und 70 % Pfad.
Einkehr: Am Ausgangspunkt zahlreiche Tavernen, unterwegs keine.

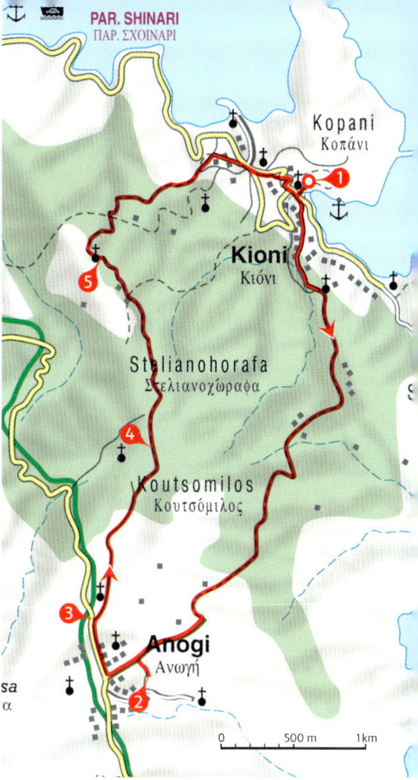

In dem kleinen **Fischerdorf Kioni** 1, mit Blick auf die gelbe Fassade eines Cafés, gehen wir nur einige Meter rechts in die Zufahrtsstraße, um dann sofort scharf links auf dem steilen, bergauf führenden Weg abzuzweigen. Angekommen bei einer Straße gehen wir dann links weiter und marschieren an einer ersten Weggabelung halb links an dem Steinhaus vorbei. Die Straße geht in eine Piste über. Der hier beginnende historische Pflastersteinpfad verläuft wenige Meter parallel zur neu angelegten Straße. Mehrmals werden auf diesem Pfad lange Kurven der Piste abgekürzt. Nach einem kurzen Stück auf dieser Piste geht es dann wieder auf dem Pflastersteinpfad weiter.

Abschnittsweise ist der ohnehin eindeutige Pfad blau-weiß markiert. Auch folgen mehrere Sitzbänke mit einer schönen Aussicht. Streckenweise verläuft der Pfad im Zickzack bergauf. Auf Höhe weiterer Sitzbänke erblickt

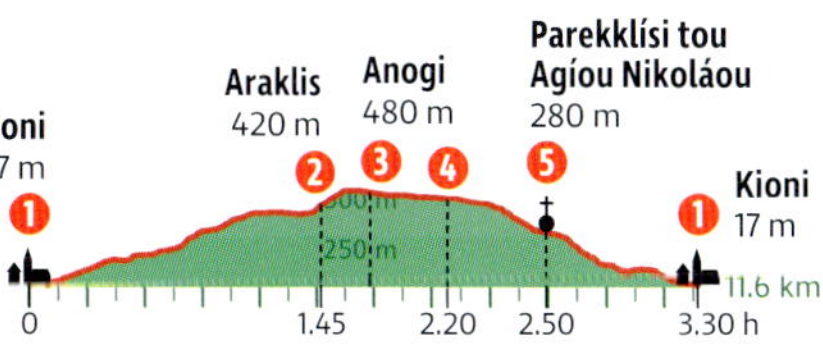

man in westlicher Richtung einen Steinturm, bevor ein überdachter Picknickplatz folgt. Hinter einem Ziegenzaun, den wir öffnen und wieder schließen, gehen wir um den Zaun des Helikopterlandeplatzes herum und erreichen eine asphaltierte Straße. Ein lohnenswerter Abzweiger führt uns dann nach links zum ausgeschilderten **Menhir Araklis** 2, einem ca. 8 m hoch aufragenden Hinkelstein.

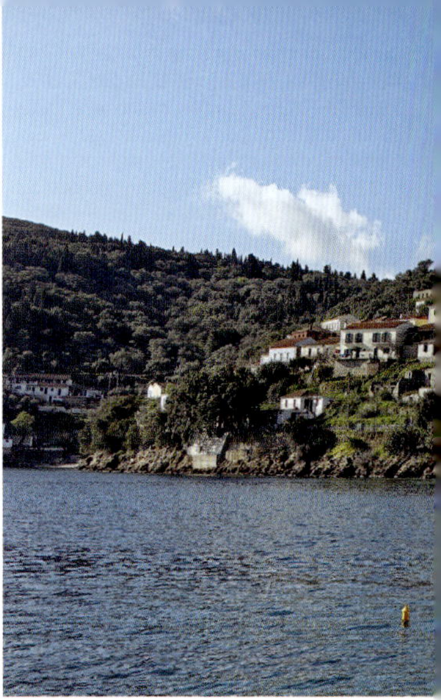

Nach dem kleinen Abstecher gehen wir an der bald folgenden Durchgangsstraße des Bergdorfes **Anogi** rechts. Direkt hinter dem Ortsausgangsschild verlassen wir die **Straße nach halb rechts** 3 auf die beginnende Piste. Etwas entfernt links vom Weg befindet sich eine Kapelle mit Friedhof. Wir öffnen und verschließen ein weiteres Ziegengatter. Immer auf dem Hauptweg bleibend, kommen wir an vereinzelt abgestellten Kühlschränken und Schrottfahrzeugen vorbei.

Wo sich der Weg auf einer freien Fläche gabelt, wählen wir den halb rechten Arm. Die Fahrspur endet 4 und wir folgen nun den roten Markierungspunkten oder dem heruntergeladenen GPS-Track auf dem nachfolgenden **weglosen Abschnitt**. Nach ca. 300 bis 400 m erreichen wir eine querende

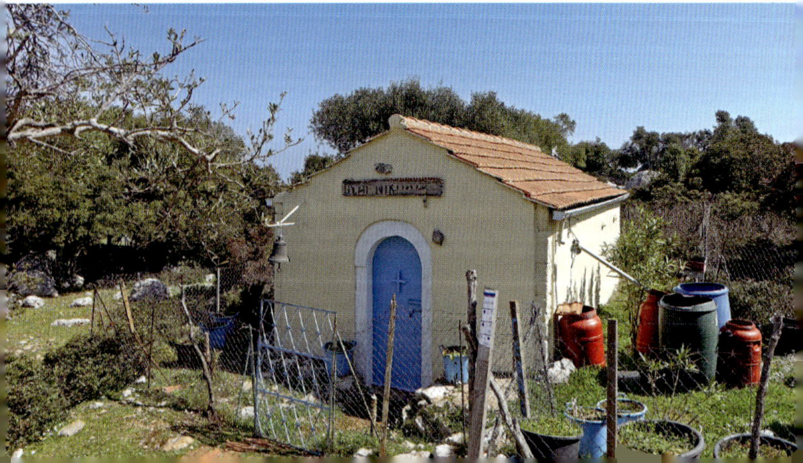

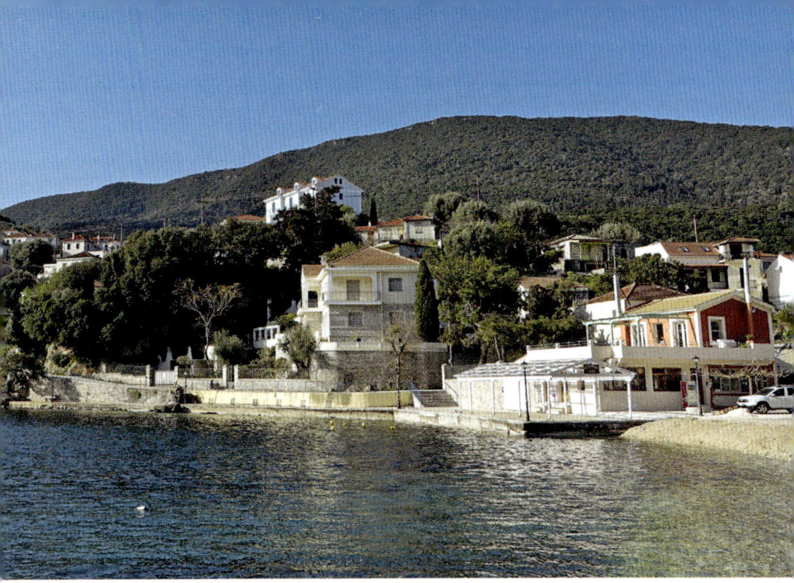

Der romantische Fischerort Kioni.

Spur. Diesem blau-weiß markierten Pfad folgen wir nach rechts. Durch einen lichten Wald und über zahllose verfallene Terrassenfelder schlängelt sich der Pfad kontinuierlich bergab. Zwischenzeitlich sehen wir zwei weitere Steintürme gleicher Bauart wie schon beim Aufstieg. Auf einer weiteren großen freien Fläche – mittig steht eine Ruine – ist der Pfad nur schwer auszumachen. Diese Fläche queren wir nach halb links, das Meer liegt rechts von uns. Hinter der nächsten freien Fläche befindet sich dann die **Kapelle Agios Nikolaos 5**.
Mit der Kirche im Rücken – Richtung Norden also – folgen wir dem weiterführenden blau-weiß markierten Pfad. Er bringt uns an einer Zisterne vorbei. Bald ergibt sich ein schöner Blick auf die Bucht von Kioni. Der nun anschließende Pfad durch einen dichten Urwald mündet in eine Schotterpiste. Auf dieser gehen wir aber nur wenige Meter, um gleich halb rechts auf den beginnenden Pfad abzuzweigen. Hinter einer Ruine gelangen wir dann auf eine betonierte Straße, die in die Zufahrtsstraße nach Kioni mündet. Hinter einer engen Gasse zweigen wir aber scharf links ab und bereits nach einigen Metern halb rechts auf den hier beginnenden Fußweg. Auf der nachfolgenden Straße gelangen wir wieder zurück zum **Ausgangspunkt 1**.

Kapelle Agios Nikolaos.

↗ 340 m | ↘ 340 m | 7.3 km

28 Agia Eleousa, 810 m – Klisma Paraskevis, 803 m

2.30 h

Auf den Gipfeln des Gebirgszugs Nirito

Der mächtige und steil aufragende Gebirgszug Nirito dominiert das Landschaftsbild im Norden der Insel Ithaka. Zu Beginn dieser Rundwanderung erobern wir seine beiden aussichtsreichen Gipfel, Agia Eleousa und Klisma Paraskevis. Danach erfolgt der Abstieg zum religiösen Mekka der Insel, dem Kloster Katharon. Ursprünglich 1530 erbaut, am 12. August 1953 nach einem heftigen Erdbeben zerstört, 1996 wieder aufgebaut, beherbergt es heute die Gebeine von Gerasimos, dem Schutzpatron der Insel Ithaka. Von dort und auch dem Rückweg genießt man einen atemberaubenden Blick über Ithaka und die Bucht von Vathi. Bei sehr klarer Luft und daraus resultierender extrem guter Fernsicht meint man in nordöstlicher Richtung auf dem griechischen Festland das ca. 235 km entfernte höchste Gebirge Griechenlands – mit dem 2918 m hohen Berg Olymp – sehen zu können. Mit Sicherheit lugen aber die bis Mitte Mai schneebedeckten Bergspitzen auf der Peloponnes aus dem Dunst.

Ausgangspunkt: Bergdorf Anogi, 544 m (38.414850 20.675450), im Norden von Ithaka, 15 km entfernt vom Hafen in Vathi. Südlich von Anogi an der Verbindungsstraße zwischen Wassertanks und einer Solaranlage gibt es zahlreiche Parkmöglichkeiten.

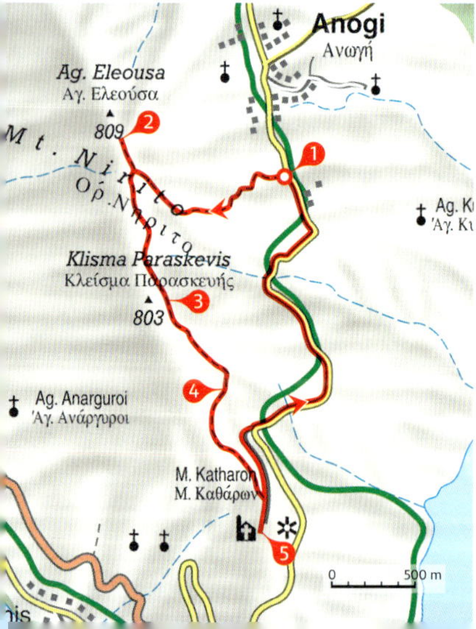

Anforderungen: Ca. 600 m Strecke sind weglos. Für diesen Abschnitt benötigt man Trittsicherheit und ein gutes Orientierungsvermögen. Bei Nebel kann es zu Orientierungsproblemen kommen. Art des Weges: 10 % weglos, 20 % Pfad, 30 % Piste und 40 % Straße.
Einkehr: Keine.

Das Viehgatter links von der **Solaranlage** ❶ und den Wassertanks nahe **Anogi** öffnen und verschließen wir. Dann folgen wir dem Verlauf der dahinter beginnenden Fahrspur durch zahlreiche Kehren bergauf bis zu einer baumlosen Hochebene. An der Gabelung der Fahrspur wandern wir halb rechts bis zum sehr aussichtsreichen Gipfel **Agia Eleousa** ❷.
Wieder zurück an der Gabelung gehen wir nun halb rechts über die weite Hochebene – in Richtung ei-

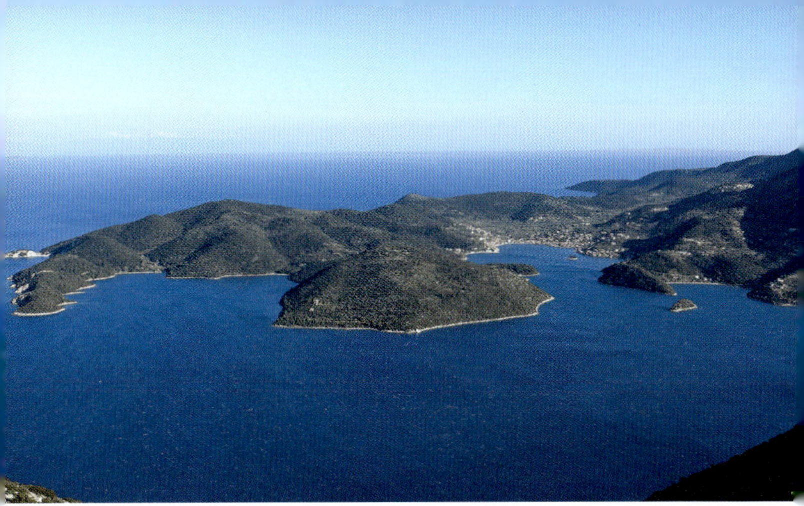

Die Bucht von Vathi.

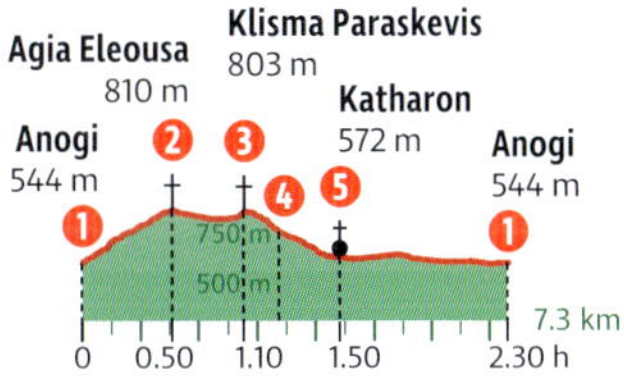

nes einzeln stehenden Funkmasts, der auf dem Nachbargipfel zu sehen ist. Unterwegs queren wir zunächst zwei Mauerdurchbrüche. Hinter einer eingestürzten Blechhütte endet die Fahrspur und es geht auf einem Pfad weiter. Dieser verzweigt sich in zahlreiche Ziegenpfade, wir orientieren uns in Richtung eines Steinmanns auf einem Felsband, das wir dort auch leicht übersteigen können. Bald haben wir den Gipfel des Berges **Klisma Paraskevis** ❸ erreicht.

Wir überqueren die fast ebene Hochfläche nach halb links (Südosten), sodass sich nun der Funkmast direkt hinter uns befindet. Wir erreichen einen weiten Kessel, an dessen Rand bereits die Klosteranlage zu sehen ist. Immer in der Falllinie steigen wir nun durch das weglose Gelände ab. Dabei suchen wir uns den einfachsten Weg durch das Gestrüpp. Nur bei einer Steinstelle im felsigen Gelände müssen kurz die Hände zu Hilfe genommen werden. Dann erreichen wir einen **querenden Pfad** ❹, dessen weiß-blauer Markierung wir nach rechts folgen.

Den Kesselrand und auch den Hang des nachfolgenden Bergrückens queren wir so lange, bis wir dann mittig auf dem Bergrücken zum **Kloster Katharon** ❺ absteigen. Nach der Besichtigung marschieren wir bis zur Straße vor. Es folgt eine extrem aussichtsreiche Höhenwanderung auf einer sehr selten befahrenen Straße bis zum **Ausgangspunkt** ❶.

↗ 330 m | ↘ 330 m | 6.5 km

29 Perachori – Höhle der Nymphen

2.15 h

Durch die mythische Heimat des Odysseus

Odysseus' abenteuerliche Irrfahrt zurück in seine geliebte Heimat machte die Ionische Insel Ithaka zu einem Mythos. Sie wurde Symbol für spirituelle Reisen und Inspiration und damit ein Zufluchtsort. Genügend Stoff also für die heutige Wanderung: Vom Denkmal des Helden der griechischen Mythologie wandern wir durch das malerische Dorf Vathi zum traditionellen Bergdorf Perachori. In den Berghängen oberhalb von Vathi erkunden wir die Ruinen des byzantinischen Dorfes Paleochora mit dem renovierten Kirchturm Agios Ioannis. Weiter geht es über einen aussichtsreichen Höhenweg zur Höhle der Nymphen – in der Mythologie eine Kultstätte der weiblich anmutenden Naturgottheit. Zum Ende der Rundwanderung an der Promenade der Bucht von Vathi gibt es zahlreiche gemütliche Tavernen mit Meerblick.

Ausgangspunkt: Hafen von Vathi, 1 m (38.364900 20.718317), an der Odysseus-Statue. An dem Dorfplatz gibt es zahlreiche Parkplätze. – Öffentliche Verkehrsmittel: Bus vom Hafen Pisaetos.

Anforderungen: Keine besonderen Anforderungen. Art des Weges: 30 % Pfad und 70 % Straße.

Einkehr: An der Uferpromenade in Vathi, unterwegs keine.

Blumenpracht am Wegesrand.

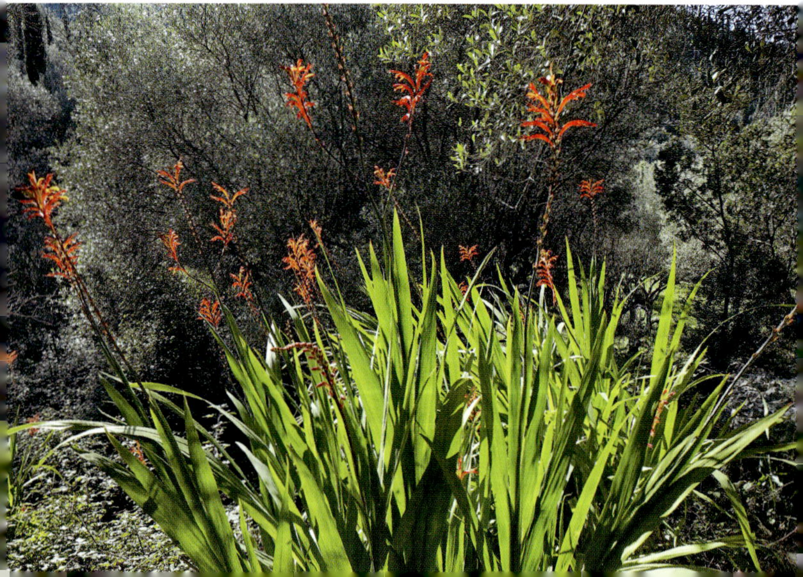

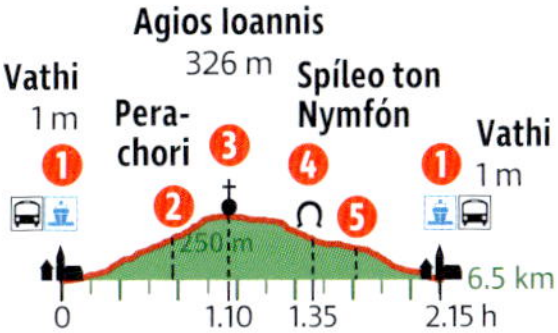

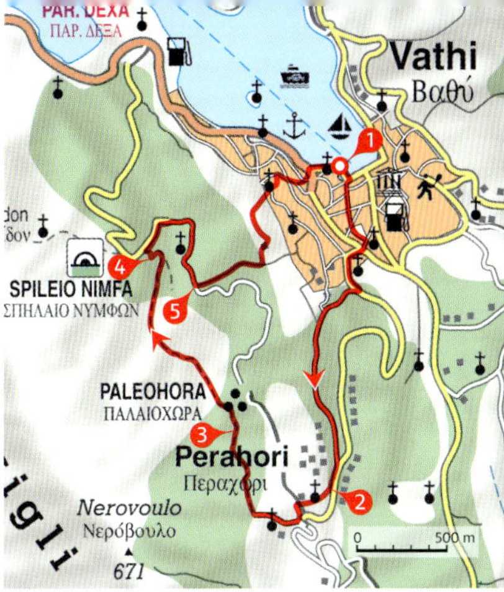

Von der Statue des Odysseus im **Hafen von Vathi** ❶ gehen wir am Dorfplatz entlang in südliche Richtung. An der querenden Straße spazieren wir vor der Piraeus-Bank rechts und zweigen bei einem kleinen Handwerksladen in die zweite linke Seitenstraße ab. Die nachfolgende Kreuzung überqueren wir in die Einbahnstraße. Die nächste Straße überschreiten wir nach halb links – zwischen den Häusern mit den blauen und roten Markisen hindurch. Am Ende der Straße wandern wir rechts bergauf, bis auch diese Straße endet. Nun geht es an einer Ortsdurchgangsstraße ca. 200 m links bergauf. Dort an der Straßengabelung halten wir uns halb rechts. Nach kurzem Aufstieg stoßen wir auf eine weitere Gabelung, hier folgen wir dem halb rechten Arm.

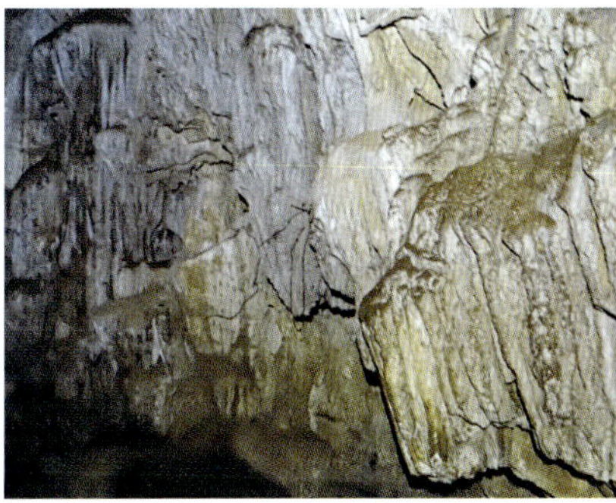

Die Höhle der Nymphen.

Hinter dem Stoppschild bei der Ortschaft **Perachori** ❷ gehen wir an der nachfolgenden Kreuzung halb rechts. Ca. 50 m vor riesigen Yuccapalmen biegen wir links in die Seitenstraße ab – es geht an einem rosa Haus vorbei. Schon nach einigen Metern verlassen wir die Straße nach rechts und steigen über Treppen auf, die von einem grünen Geländer gesäumt sind. Achtung! Hinter den Treppen kurz links, um dann auf der nachfolgenden Straße rechts bis zur gelb gestrichenen Kirche vorzugehen. Hinter dem Friedhof und dem Fahrweg mit der hohen Steinmauer beginnt ein Pfad zu den Ruinen des mittelalterlichen Dorfes **Paleochora**. Überragt werden die Ruinen von der renovierten **Kirche Agios Ioannis** ❸.

Fortan geht es über einen Pflastersteinpfad. Auch befinden sich hier rote und weiß-blaue Markierungen. Es folgt ein wunderschöner Höhenweg mit

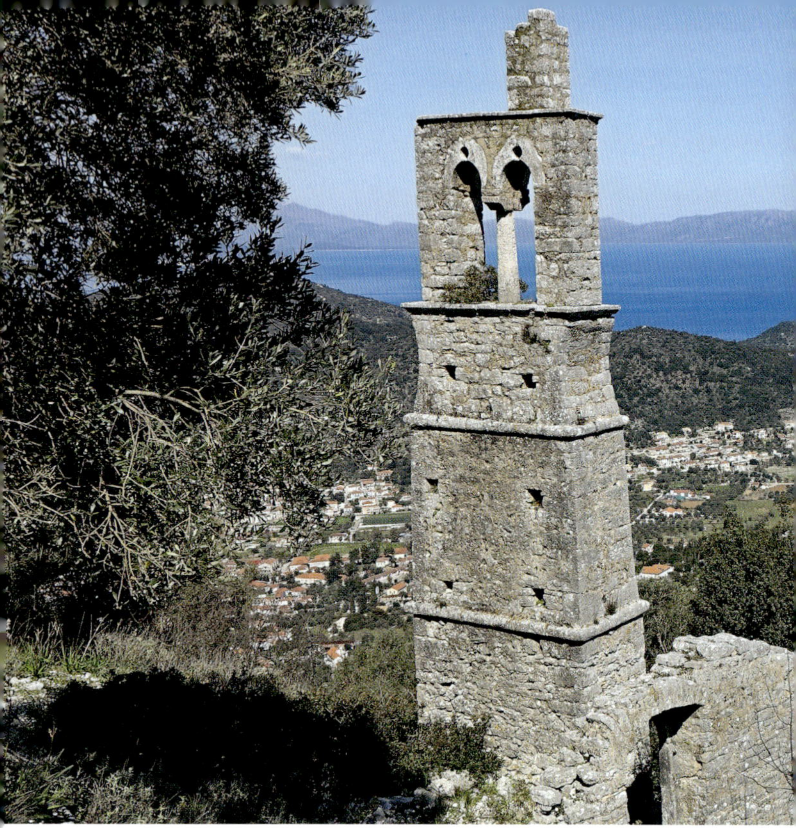

Steinturm der Kirche Agios Ioannis in Paleochora.

faszinierender Fernsicht und Picknickbank. Ab einem Dreschplatz verläuft der Pfad nun steiler bergab und nachfolgend an einer Kapelle vorbei.
Vor einer zweiten Kapelle führt der Pfad nun links weiter, vorbei an einem rechts abzweigenden Weg – der Beginn unseres späteren Rückwegs – bis zur **Höhle der Nymphen** ❹. Das Metalltor am Eingang lässt sich durch kräftiges Ziehen öffnen, und man kann in die nicht besonders spektakuläre Höhle eintreten. Die Funde der archäologischen Ausgrabungen sind im Archäologischen Museum von Ithaka in Vathi ausgestellt.
Wir gehen einige Meter zurück, dann links bergab und dann rechts auf einer asphaltierten Straße weiter, die kurz später in eine Schotterpiste übergeht. Einen halb rechts bergauf führenden Weg ignorieren wir. Ca. 40 m

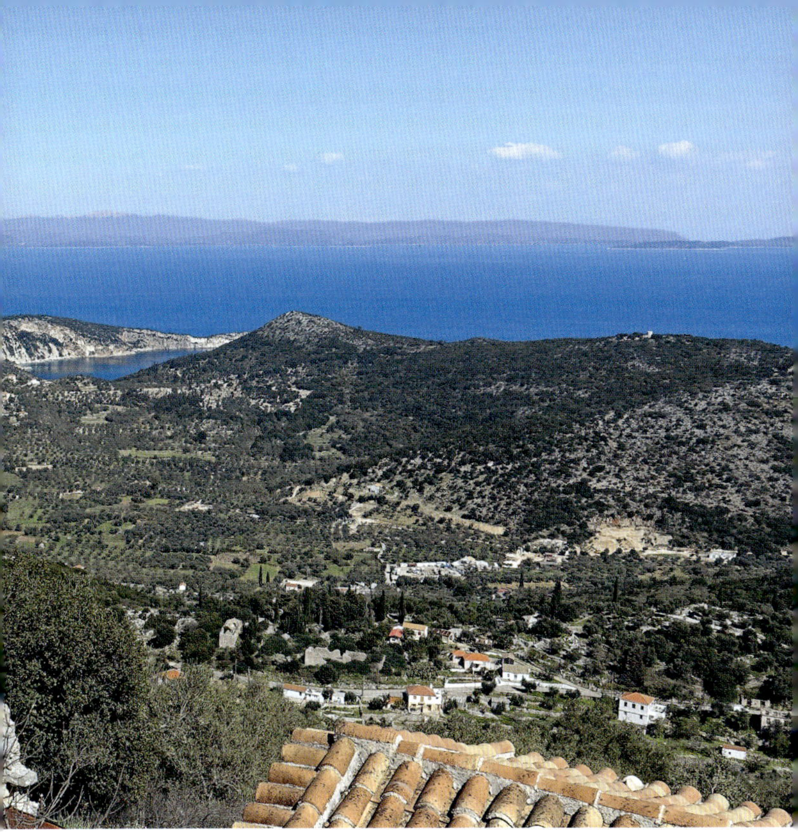

hinter dem Ende des zwischenzeitlich betonierten Fahrweges verlassen wir die **Piste 5** bei einem großen Baum nach links. Wir wandern nicht durch das rostige Gatter, sondern rechts an diesem entlang. Nach einer Blechhütte und einer Säulenzypresse beschreibt der historische Pfad eine scharfe Linkskurve.
Hinter einem weiteren Dreschplatz geht es links an einem Zaun und einer Steinmauer entlang. Am Ende dieser Steinmauer halten wir uns dann geradeaus. Der Pfad mündet in eine Straße, die uns an der Kirche vorbeiführt. Sobald diese Straße in eine weitere Straße mündet, steigen wir links über Treppen ab, gehen an der nachfolgenden Kreuzung bis zum Wasser vor und spazieren rechts entlang der Bucht von Vathi bis zum **Ausgangspunkt 1**.

↗ 480 m | ↘ 480 m | 11.2 km

30 Bädertour im Osten von Ithaka

3.30 h

Rundwanderung zu einem der schönsten Strände Griechenlands

Wir beginnen die abenteuerliche Tour an der Uferpromenade von Vathi bei der Villa Drakouli. Sie wurde zu Beginn des 20. Jahrhunderts im Stil des Neoklassizismus erbaut. Dann geht es vorbei am Archäologischen Museum Vathi, das Exponate aus der Antike bis zum Ende des Römischen Reiches zeigt. Wir lassen die Spuren des kulturellen Erbes von Ithaka hinter uns und entdecken nun die Naturschönheiten der Insel: den Sarakiniko-Strand, den Filiatro-, den Gidaki-, den Skinos- und den Minimata-Strand. Besonders erwähnenswert ist der ca. 500 m lange Gidaki-Strand. Dieser Sand-Kieselstein-Strand liegt in einer breiten Bucht unterhalb von bis zu 80 m hohen, grün bewachsenen Klippen. Das kristallklare Wasser lädt zum Baden ein – definitiv der schönste Strand auf Ithaka, viele meinen sogar, einer der schönsten Strände Griechenlands.

Ausgangspunkt: Uferpromenade von Vathi, 2 m (38.364701 20.719350); im Umfeld der Villa Drakouli zahlreiche Parkplätze. – Öffentliche Verkehrsmittel: Bus vom Hafen Pisaetos auf Ithaka.
Anforderungen: Auf einem kurzen, weglosen Abschnitt wird guter Orientierungssinn benötigt. Gamaschen sind auf einem fast zugewachsenen Abschnitt sinnvoll. Für den steilen und rutschigen Abstieg zum Filiatro-Strand benötigt man Trittsicherheit und Schwindelfreiheit. Art des Weges: 10 % Strand, 10 % weglos, 30 % Piste und 50 % Straße.
Einkehr: Tavernen am Ausgangspunkt sowie bei Km 2,2 und Km 3,3.

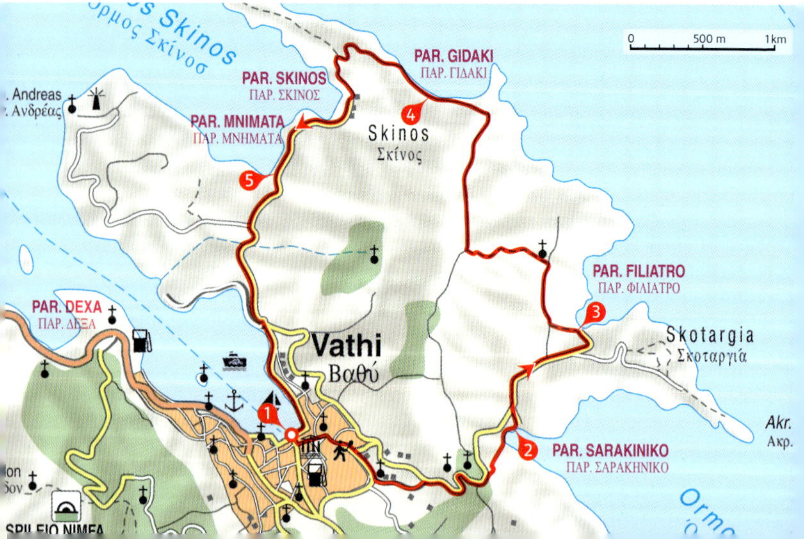

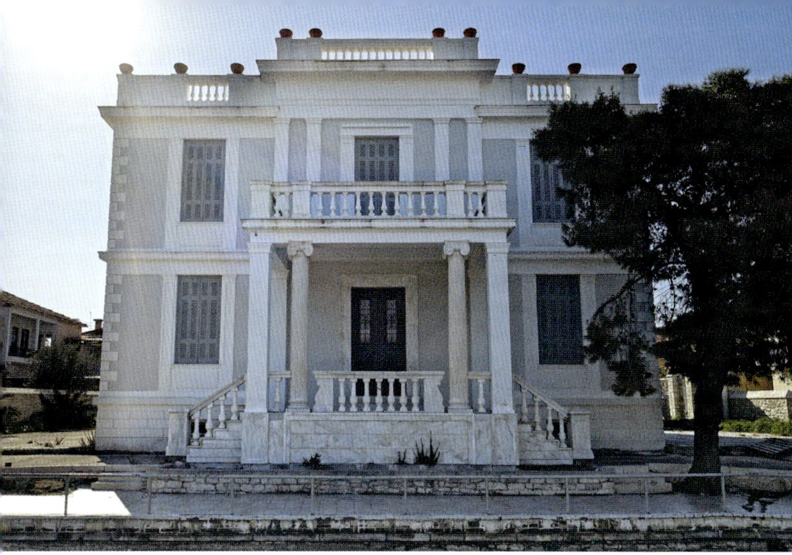

Die Villa Drakouli.

Mit Blick auf die **Villa Drakouli** ❶ verlassen wir die Uferpromenade in die Seitenstraße direkt am Büro der Levante Ferries vorbei. Bei der nächsten Möglichkeit zweigen wir links ab und gehen am Archäologischen Museum vorbei in Richtung eines Kirchturms, wo wir dann dem Verlauf der halb rechts weiterführenden Straße folgen. Die links abzweigende Straße zum Sarakiniko-Strand ignorieren wir. An der nächsten Weggabelung gehen wir halb links in die Sackgasse und über die Treppen bis zur Straße, deren Verlauf wir weiter bergauf folgen. Hinter einer Kirche halten wir uns dann an der Weggabelung halb rechts, ein Stück weiter links am Wegesrand befindet sich eine weiß getünchte Kapelle.
Hinter einem in einer Linkskurve gelegenen Anwesen verlassen wir die Straße nach rechts auf einen hier beginnenden Pfad. Vor den Überresten eines Zauns gehen wir nach links weiter und erreichen die erste von zwei Buchten. Wir überqueren den ca. 100 m langen Kieselsteinstrand und fol-

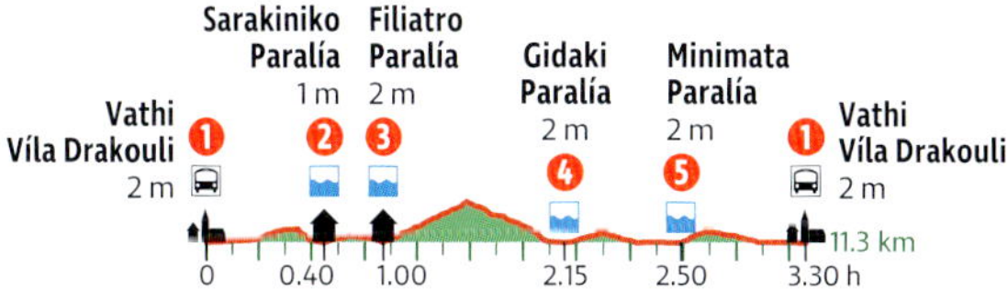

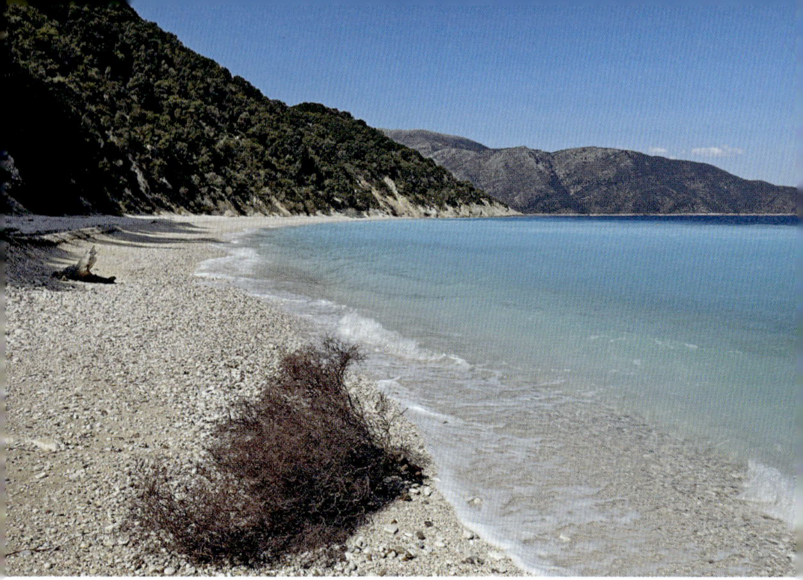

Der Gidaki-Strand.

gen einem beginnenden Pfad oberhalb der Klippe bis zur zweiten Bucht mit dem **Sarakiniko-Strand** ❷. Am Ende dieser ca. 150 m langen Bucht mit einigen sandigen Abschnitten gehen wir links in die beginnende Straße, vorbei an einer Taverne. Bei Eukalyptusbäumen, wo die Straße endet, marschieren wir rechts auf einer weiteren, nur gering befahrenen Straße bergauf.

Bald sieht man ihn schon durch das Buschwerk, und nach einer lang gezogenen Kurve erreicht man ihn auch: den **Filiatro-Strand** ❸, einen der beliebtesten Strände auf Ithaka. Eine Taverne und weitere touristische Infrastruktur erwarten den Besucher hier. Wir überqueren den ca. 200 m breiten Strand bis zum Ende der Bucht.

Für das nun folgende weglose Stück nehmen wir das stark erodierte und landeinwärts führende Trockenbachbett als Orientierungshilfe bis zu einem Terrassenfeld. Hier befindet sich auch eine hohe Steinmauer. Wir gehen durch eine kleine Senke weiter, weichen undurchdringlichem Gestrüpp aus, kommen an einer Ruine vorbei und gelangen neuerlich an eine Steinmauer, hinter der sich der weiterführende Pfad befindet.

Dieser Pfad führt zu einer kleinen **Kapelle**, die von zwei uralten Olivenbäumen gesäumt ist. Für die Fortsetzung unserer Route steigen wir Richtung der Funkmasten auf. Kurz bevor wir diese erreichen, wandern wir aber auf der querenden Piste rechts – das Meer ist in der Ferne zu sehen. Die Piste

geht in einen Pfad über. Sobald wir eine Landzunge sehen, ist der Weg kaum noch auszumachen und zudem noch dicht zugewachsen. Hier benötigt man Gamaschen, um sich nicht am dornigen Gebüsch zu verletzen. Wir orientieren uns hin zum linken Steilufer der Landzunge. Der sehr schwierige steile Abstieg verläuft durch stark erodiertes, gerölliges Gelände. Vereinzelt angebrachte Bänder – also nicht einmal stabile Kletterseile – erleichtern den Abstieg zum **Gidaki-Strand** 4 nicht. Der Lohn der Mühe ist einer der schönsten Strände Griechenlands. Über streckenweise feinen Sandstrand queren wir die ca. 500 m breite Bucht.
Dort steigen wir auf den beginnenden Pfad – auf den ersten Metern betoniert – durch ein Waldstück bis zur Einsattelung auf. Im Weiteren ignorieren wir bei einem einzeln stehenden Haus den rechten Abzweiger und erreichen danach den einsam gelegenen **Skinos-Strand**. Am gegenüberliegenden Ende der Bucht wandern wir auf einem Pfad, bis dieser hinter einem Tor in eine Zufahrtsstraße mündet. Auf der gering befahrenen Asphaltstraße erreichen wir den ca. 100 m breiten, mit sehr groben Kieselsteinen übersäten **Minimata-Strand** 5. Weiterhin folgen wir dem Verlauf der Straße. Hinter der folgenden Einsattelung ergibt sich ein wunderschöner Blick auf die Bucht von Vathi.
Immer entlang der Uferpromenade geht es schließlich wieder zurück zum **Ausgangspunkt** 1.

Der Minimata-Strand.

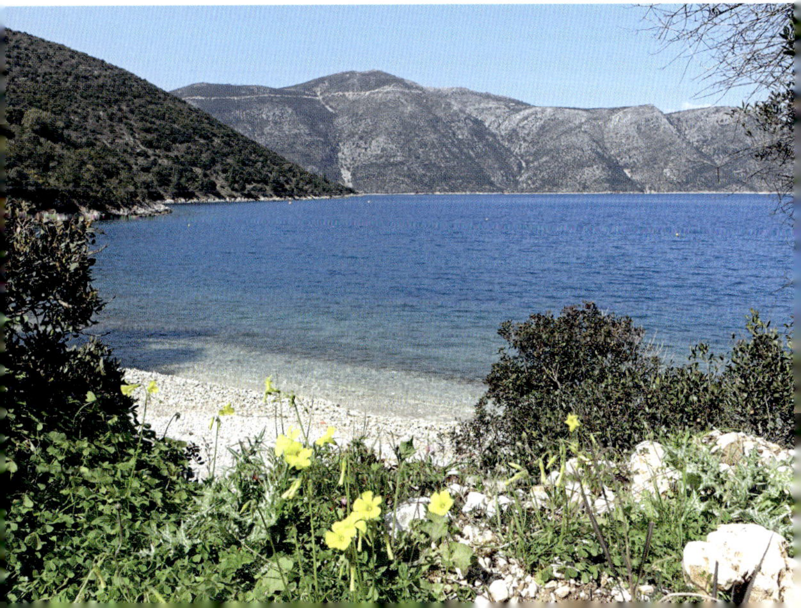

Wanderungen auf der Insel Zakynthos

Zakynthos, die Insel der großen Gegensätze: einerseits bis zu 10 km lange goldfarbene Sandstrände, andererseits gewaltige und bis zu 220 m über das Meer aufragende Steilküsten. Einerseits urban anmutende, von Besucherströmen heimgesuchte Zentren, andererseits traditionelle kleine Dörfer ohne jegliche Anzeichen von Tourismus im Hinterland.

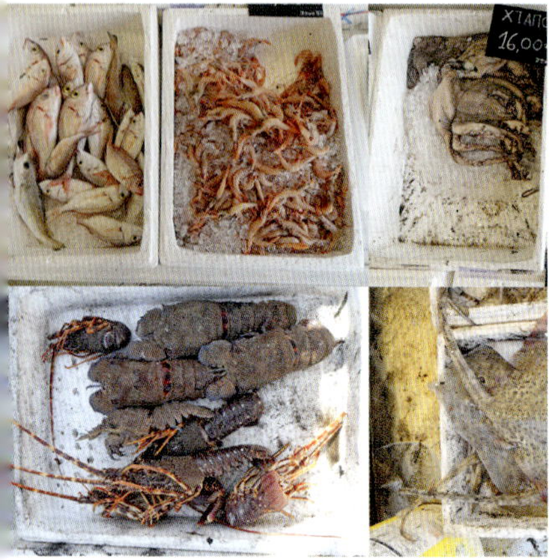

Im Hafen von Zakynthos-Stadt verkaufen Fischer ihren Fang (Tour 50).

Ebenso wie Ithaka und Kefalonia hat auch Zakynthos wunderschöne, üppig grüne Landschaften mit Kiefernwäldern, Olivenhainen, Pinienwäldern und im Frühjahr eine prächtige Blumenvielfalt zu bieten. Zakynthos auf Schusters Rappen zu erkunden, ist ein besonderes Erlebnis. So hat man die Möglichkeit, versteckte Badebuchten, beeindruckende Steilküsten, Höhlen, fruchtbare Hochtäler und weitere Naturschönheiten sowie zahlreiche Sehenswürdigkeiten wie zum Beispiel Kapellen und Klöster zu entdecken.

10 BESONDERE UNTERKÜNFTE AUF ZAKYNTHOS

Hotel Ionian Hill (€€)
Das Hotel liegt auf einem Hügel am Stadtrand von Argassi und bietet eine wunderschöne Aussicht auf das Ionische Meer, einen spektakulären Swimmingpool und ein Restaurant.
- Argassi, ionianhillhotel.com (37.760289 20.9376963; Tour 31)

Hotel Villas Cavo Marathia (€€)
Das familiengeführte Hotel Villas Cavo Marathia liegt ruhig in der Natur, fernab vom Massentourismus. Die 14 Apartments sind im rustikal griechischen Stil eingerichtet.
- Keri-Marathias 336, villas-cavo-marathia.com (37.667765 20.854831; Touren 36 und 37)

Logothetis Organic Farm (€€)
Fünf gemütlich eingerichtete Bauernhäuser liegen verstreut in einem Olivenhain des Anwesens der Logothetis Organic Farm.
- Vasilikos, logothetisfarm.gr (37.720772 20.975971; Touren 31–50)

Lithies Organic Farm & Houses (€€)
Die Unterkunft auf dem 55.000 m² großen Grundstück wird von der Familie Giannoulis geführt.
- Vasilikos, lithieshouses.gr (37.723180 20.979609; Tour 33).

Hotel Armonia Houses (€€)
Die Armonia Houses sind traditionelle Steinvillen mitten in einer grünen,

ländlichen Umgebung in einem traumhaften Garten.

■ Vassilikos, zakynthos-armoniahouses.com (37.725404 20.970057; Touren 32, 38 und 39)

Tsivouli Park (€€)
Das familiengeführte Bed & Breakfast Tsivouli Park verfügt über 6 Zimmer. Die Steinhäuser sind im byzantinischen Stil um einen Innenhof erbaut.

■ Lithakia, tsivouli.com (37.704390 20.8298598; Touren 34 und 35)

Hotel Boschetto Village (€€€)
Das Boschetto Holiday Village befindet sich in der Nähe des hübschen Dorfes Agios Leon, inmitten der malerischen Landschaft der Insel Zakynthos.

■ Agios Leon, boschettovillage.gr (37.776509 20.726981; Touren 40, 41, 42 und 47)

Hotel Anatoli Labreon (€)
Das Hotel Anatoli Labreon befindet sich im traditionellen Dorf Agia Marina inmitten eines gepflegten Gartens mit duftenden Blumen.

■ Agia Marina, anatolilabreon.gr (37.791738 20.775450; Tour 47)

Hotel Olea All Suite (€€€)
Herzstück des 5-Sterne-Resorts ist der riesige, ca. 4000 m² große Pool, der sich durch die Anlage und um die 93 Suiten schlängelt.

■ Planos, oleaallsuitehotel.com (37.806830 20.872023; Touren 48, 49 und 50)

Hotel Lithies Boutique (€€)
Im Norden der Insel Zakynthos bietet die Unterkunft geräumige und stilvoll eingerichtete Apartments.

■ Korithion, lithies.gr (37.924007 20.700912; Touren 43, 44 und 45)

Der Gerakas-Strand (Tour 33).

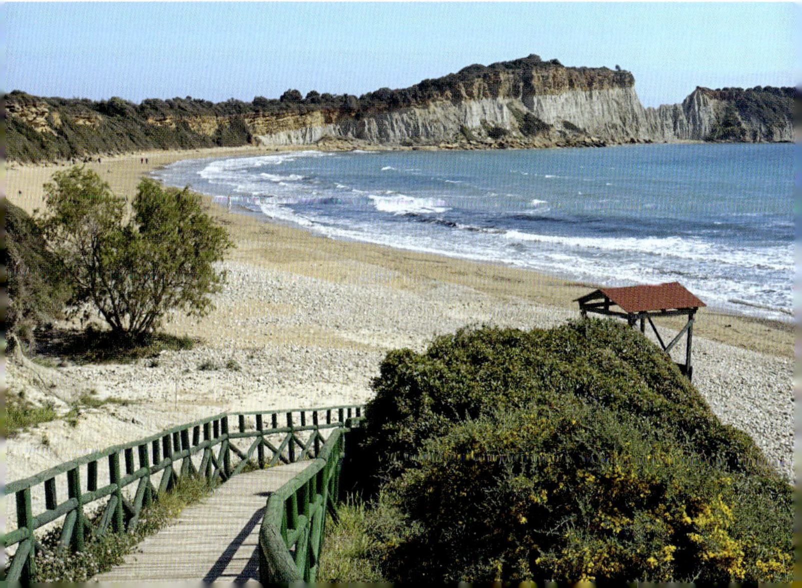

↗ 530 m | ↘ 530 m | 12.2 km

31 Skopos, 492 m – Ostaufstieg

4.15 h

Zum heiligen Kloster von Panagia Skopiotissa

Die Rundwanderung beginnt in dem urbanen Ort Argassi mit seiner touristischen Infrastruktur, die wohl nur wenige Wünsche offenlässt. Von dort machen wir uns auf zum höchsten Aussichtsberg im Süden der Insel Zakynthos. Aber auch kulturell hat die Tour so einiges zu bieten: Eine Steinbrücke und eine byzantinische Kirche aus dem 18. Jahrhundert sowie das im 15. Jahrhundert erbaute heilige Kloster von Panagia Skopiotissa – somit das älteste seiner Art auf der Insel Zakynthos. Sehenswert ist auch das Vrysakia-Aquädukt mit bis zu 15 m hohen Bögen, das einst Quellwasser nach Zakynthos-Stadt leitete. Es wurde im 19. Jahrhundert von Engländern errichtet.

Ausgangspunkt: Argassi, 6 m (37.765267 20.920791), im Südosten der Insel, 3 km entfernt von Zakynthos-Stadt. An der Durchgangsstraße befinden sich auf der dem Meer zugewandten Seite eine Apotheke und das Restaurant Street Dinner, gegenüber gibt es einige wenige Parkmöglichkeiten. – Öffentliche Verkehrsmittel: Bus von Zakynthos-Stadt.

Anforderungen: Nur für den kurzen Aufstieg auf den felsigen Gipfel muss man trittsicher und schwindelfrei sein, daher der Schwierigkeitsgrad »rot«. Sonst keine besonderen Anforderungen. Art des Weges: 5 % Pfad, 35 % Piste und 60 % Straße.

Einkehr: Zahlreiche Tavernen in Argassi und entlang der Durchgangsstraße.

Die venezianische Argassi-Brücke.

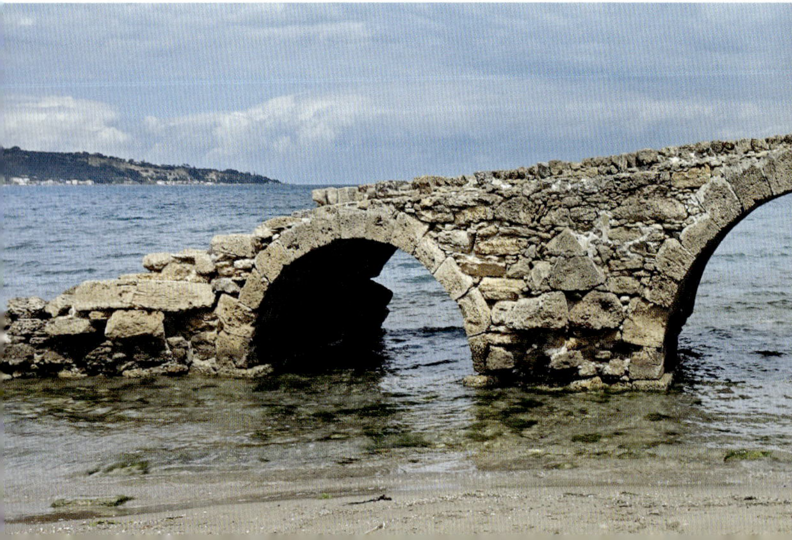

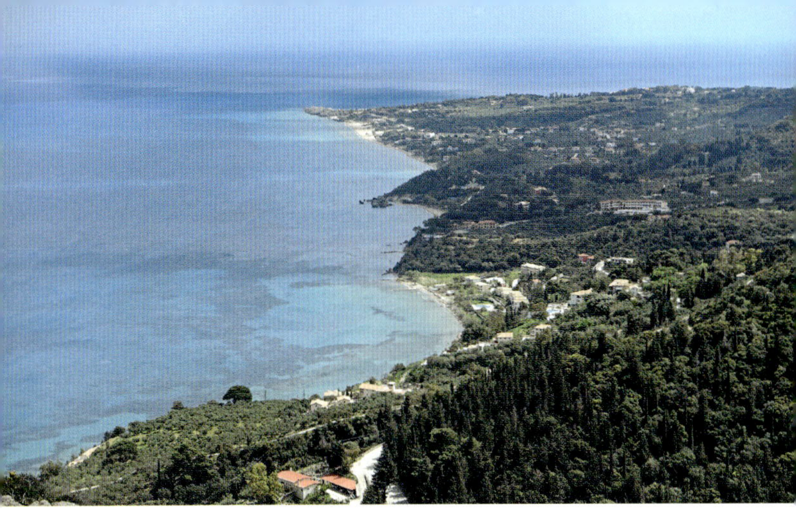

Die Südostküste von Zakynthos.

Beim Parkplatz im Ort **Argassi** ❶ überqueren wir die Hauptstraße, gehen einige Meter nach links – also Richtung Zakynthos-Stadt – und biegen rechts vor der Apotheke und Autovermietung in die Stichstraße, die zum Meer führt. Dort gehen wir rechts unmittelbar an der 1805 erbauten Steinbogenbrücke Argassi vorbei. An dem sehr schmalen Uferbereich kommen

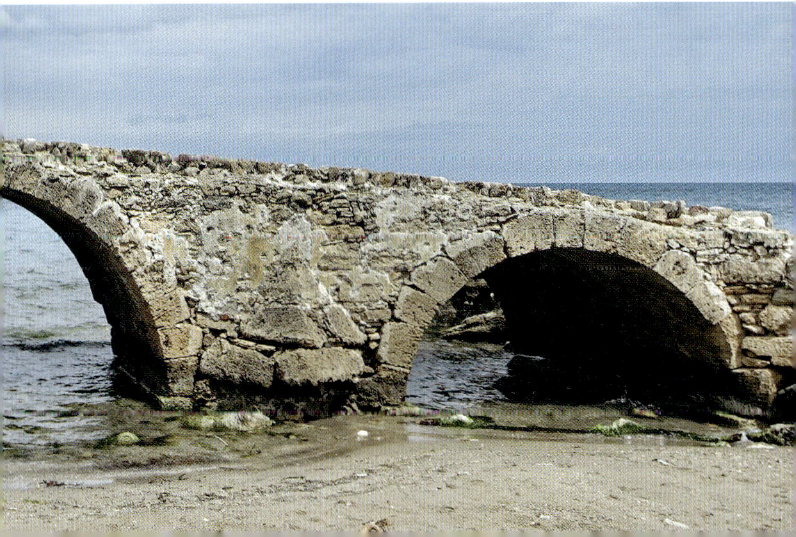

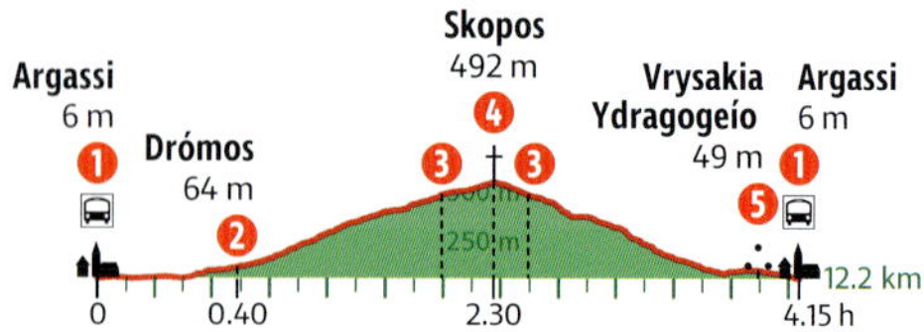

wir ca. 200 m voran, dann versperren Hotels das Weiterkommen. So gehen wir zwangsläufig wieder zur Durchgangsstraße hoch und dort nach links auf den Bürgersteig.
Es folgen Souvenirläden, Juweliergeschäfte, Konditoreien, Tavernen und zahlreiche Supermärkte, bevor wir dann den Trubel hinter uns lassen. Zwischenzeitlich endet der Bürgersteig auf der linken Straßenseite, so nehmen wir den Gehweg auf der anderen Seite. Dieser endet auf Höhe des Paradise-Beach-Hotels. Nun geht es 900 m am Straßenrand weiter, vorbei am Hotel Ionian Hill. Hinter der Linkskurve über eine Steinbrücke verlassen wir schließlich die **Straße** ❷ nach scharf rechts.
Bei der sofort darauf folgenden Weggabelung nehmen wir den halb rechten Arm und ignorieren den nächsten nach links abzweigenden Weg. Bei einem offenen Steinbruch gehen wir an der Weggabelung halb rechts und weiter bergauf. Oberhalb des Steinbruchs zweigt links von der Piste ein

Heiliges Kloster von Panagia Skopiotissa.

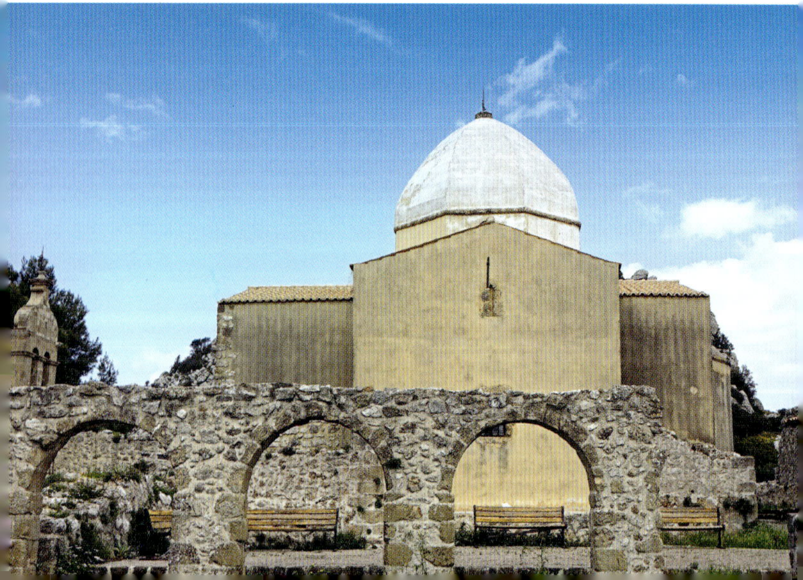

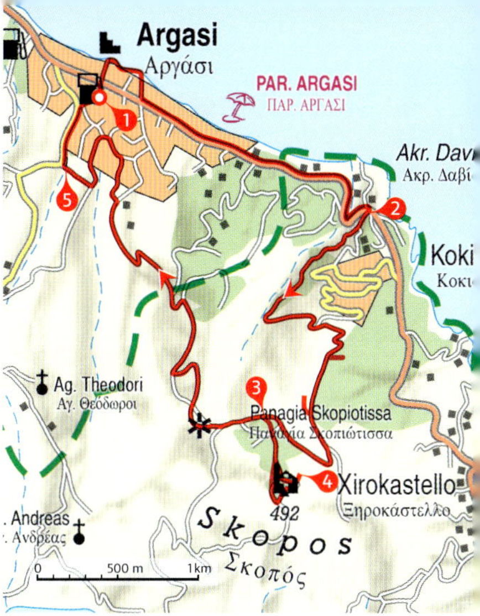

Pfad zu einem einzeln stehenden Strommast ab – ein wunderschöner Aussichtspunkt über die südöstliche Küste von Zakynthos. Am nachfolgenden Aufstieg bietet sich ein weiterer lohnenswerter Abstecher an: zu den Ruinen der byzantinischen **Kirche Agios Nikolaos**.

Unser nächster Orientierungspunkt sind die zahlreichen Sendemasten. Auf deren Höhe angekommen, gehen wir an der **Wegkreuzung** ❸ links, nun entlang einiger der Sendemasten und hinter einem Tor weiter bis zum **Kloster von Panagia Skopiotissa**.

Zur finalen Besteigung: Hinter dem Kloster führt ein mit Steinen gesäumter breiter Weg an den Fuß des felsigen Kolosses. Wir gehen noch einige Meter um den Koloss herum, um dann durch eine schmale Rinne – unter Zuhilfenahme der Hände – bis zum aussichtsreichen Gipfel des **Skopos** ❹ aufzusteigen.

Nach dem kurzen Abstieg halten wir uns hinter einem roten Container – noch vor dem Kloster – rechts, wandern wieder an den Antennen vorbei und biegen dann an der bekannten **Wegkreuzung** ❸ nach links ab. Zwei links abzweigende Wege ignorieren wir, aber an der nächsten Weggabelung gehen wir halb rechts auf einen stark erodierten Weg. Dieser endet an einer breiten Piste – die zwischenzeitlich betoniert ist und später in eine asphaltierte Straße übergeht –, auf der wir nun kontinuierlich bergab bis zu zwei betonierten Torpfosten bei Km 10,2 gehen. An dieser Stelle verlassen wir die Straße nach links – unmittelbar durch die zwei Torpfosten – und gelangen auf eine Fahrspur durch einen Olivenhain. Nach einer langen Rechtskurve führt die Spur direkt unterhalb eines Hauses vorbei. Hinter den Hotels Elea und Edelweiß biegen wir links ab, überqueren den Bachlauf und gehen sofort wieder links bis auf Höhe der links liegenden Gewächshäuser. Hier biegen wir rechts ab, gehen hinter dem nächsten Gebäude halb rechts und erreichen das **Vrysakia-Aquädukt** ❺ *(ydragogeío).* Geradeaus weiter gelangen wir auf eine Piste, die in eine asphaltierte Straße mündet, welche weiter Richtung Meer führt. Dort, wo sie endet, überqueren wir die Straße nach halb rechts und gehen über die freie Fläche auf die Häuserreihe zu, um hinter dieser links zurück zum **Ausgangspunkt** ❶ zu kommen.

↗ 300 m | ↘ 300 m | 8.5 km

32 Die Halbinsel Skopod

3.00 h

Durch eine sanfte Hügellandschaft mit zahlreichen Olivenhainen

Von dem sehr malerisch gelegenen Porto-Zorro-Strand wandern wir quer über die Skopod-Halbinsel zu einem der schönsten Strände auf Zakynthos. Der Dafni-Strand ist ca. 400 m lang, sandig und hat wegen des oft auflandig wehenden Windes das wärmste Wasser der Insel. Tamarisken und Kiefern bieten Halbschatten, Liegestühle und Sonnenschirme können auch gemietet werden. Für das leibliche Wohl ist gesorgt, es gibt mehrere Tavernen. Die Wanderung führt durch eine kultivierte, sanfte Hügellandschaft mit zahlreichen schönen Aussichtspunkten über die Bucht von Laganas (Richtung Westen) sowie über das Ionische Meer bis zur Peloponnes (Richtung Osten).

Der Porto-Zorro-Strand.

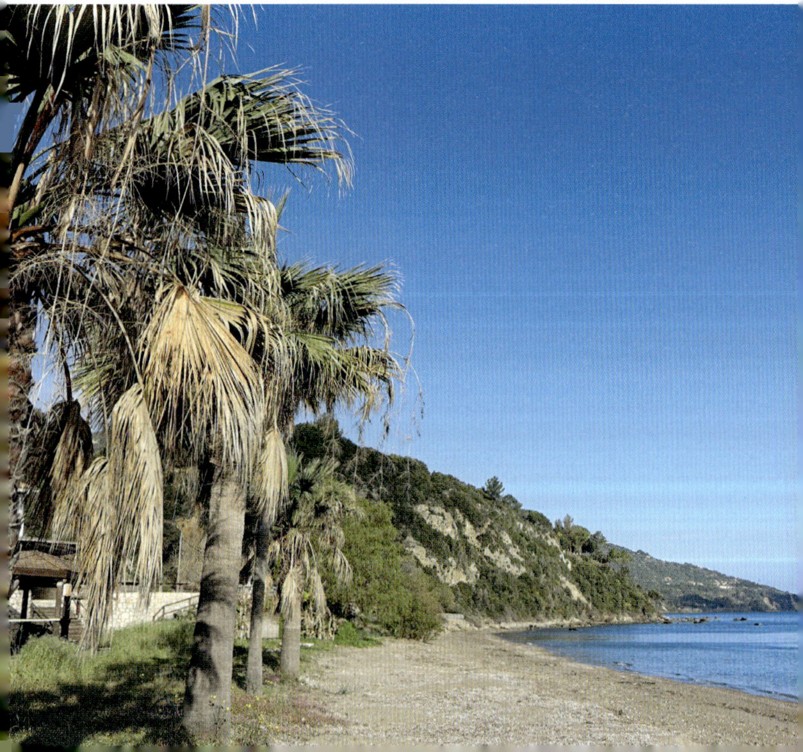

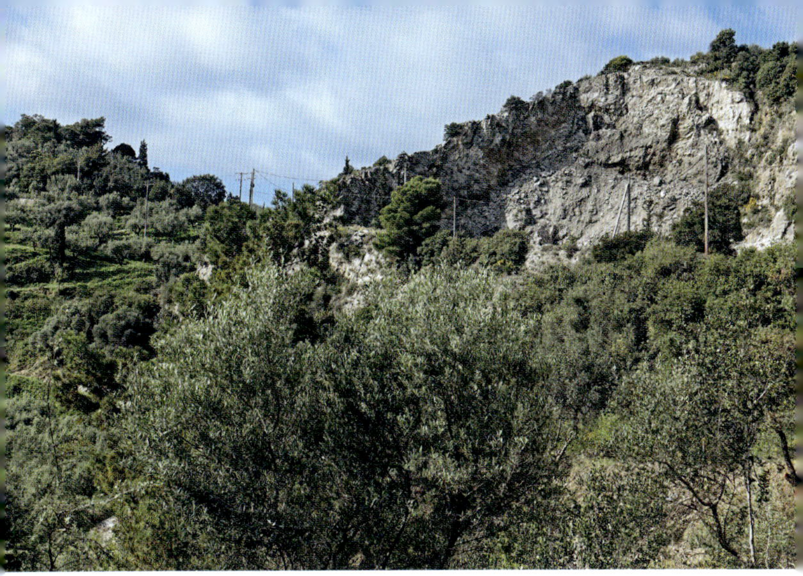

Nach einer Olivenhainquerung führt der Weg an einem Felssturz vorbei.

Ausgangspunkt: Porto-Zorro-Strand, 7 m (37.739867 20.959450), im Südosten von Zakynthos, 10 km entfernt von Zakynthos-Stadt. Von der Durchgangsstraße Richtung Vasilikou nach links zum ausgeschilderten Porto-Zorro-Strand (Verkehrsspiegel) abbiegen und möglichst nah am Strand parken. – Öffentliche Verkehrsmittel: Bus von Zakynthos-Stadt bis oberhalb von Porto Zorro. **Anforderungen:** Bis auf die weglose Querung durch einen Olivenhain ein einfacher Spaziergang. Art des Weges: 10 % Pfad, 30 % Piste und 60 % Straße. **Einkehr:** Am Ausgangspunkt und bei Km 4,9 Tavernen.

Den Parkplatz unmittelbar am **Hotel Porto Zorro Beach** ❶ überqueren wir in nordwestliche Richtung zu einem an den Fels gebauten Haus und steigen dort auf der betonierten Zufahrtsstraße steil bergauf. In einer Rechtskurve kommen wir unmittelbar an einer neu gebauten Villa vorbei. Hinter deren Einfahrtstor – an dem man rechts vorbeigehen kann, wenn es verschlossen ist – wandern wir links zwischen Parkplatz und Hotel Matilda bis zur Durchgangsstraße vor und dort halb rechts (Richtung Zakynthos-Stadt) am Straßenrand bis zur ersten Haarnadelkurve.
Dort beginnt halb links eine Piste; unser Weg setzt sich aber halb rechts hinter einem Ziegengatter aus Metall fort. An einer ersten Weggabelung halten wir uns halb links. Auf einem ebenen Wegstück gelangen wir an einen Abzweiger, gehen wenige Meter durch die 180°-Rechtskehre und verlassen diese unmittelbar hinter dem Strommast auf einem links abzwei-

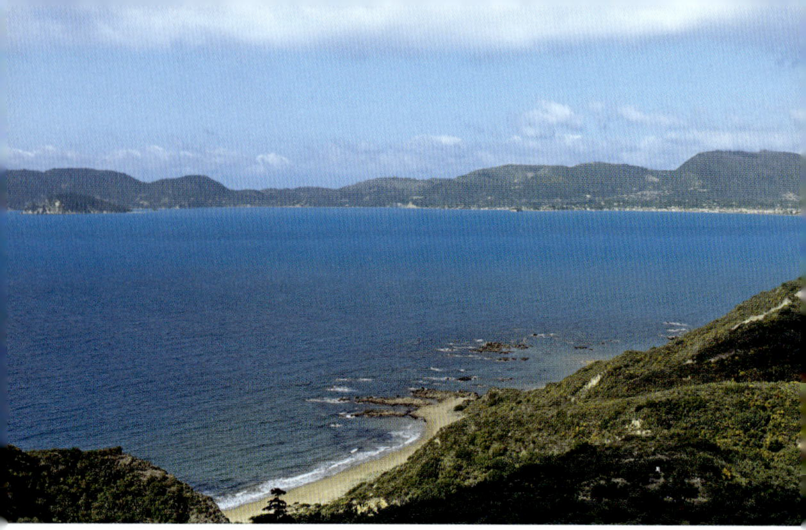

Der Sekania-Strand aus der Ferne.

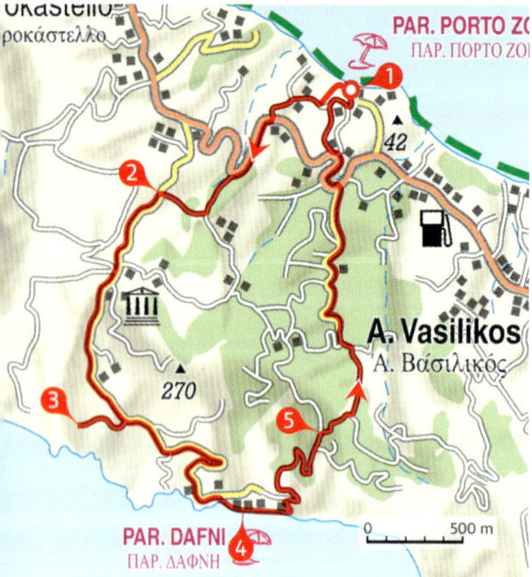

genden unscheinbaren Pfad. In der eingeschlagenen Richtung steigen wir nun weglos über die Terrassenfelder des Olivenhains auf. Nach ca. 200 m erreichen wir einen großen Stein unmittelbar an einem 50 cm hohen Grundstückszaun. An dieser Stelle steigen wir über den Zaun, um dann auf der **Straße** ❷ links bergauf zu marschieren.

Die Straße führt an einem markanten Felssturz vorbei und überschreitet die Einsattelung; von nun an geht es wieder bergab. An einer Gabelung folgen wir der halb rechten Straße. Nach einem kurzen Wegstück befindet sich auf der linken Seite eine mit Steinen eingefasste Quelle. Bei der nächsten Möglichkeit hinter einer einzeln stehenden Villa zweigt rechts eine Piste zu einem schönen **Aussichtspunkt** ❸ *(simío théas)* auf den unterhalb liegenden **Sekania-Strand** ab. Der Zugang zu diesem Strand ist ganzjährig gesperrt, denn er ist Teil des 1999 gegründeten Meeresnationalparks. 50 % aller Gele-

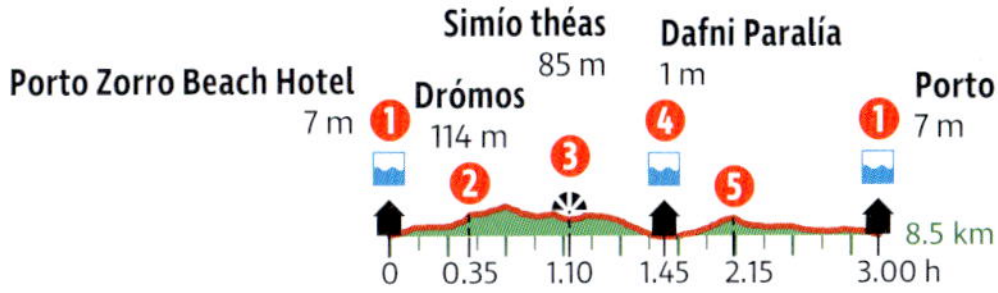

ge der Unechten Karettschildkröte auf Zakynthos, das entspricht 600–700 Nestern, befinden sich an diesem Strandabschnitt.
Weiter geht es entlang der Straße bergab. Zwischen der Linkskurve – in der sich ein Haus befindet – und dem nächsten Haus verlassen wir die Piste nach rechts und gelangen auf einem Pfad hinunter zum **Dafni-Strand** ❹. Am östlichen Ende des Strandes, hinter der letzten Reihe mit Sonnenschirmen – auf der Rechercherereise waren sie dunkelgrün – verlassen wir den Strand und beginnen durch die zahlreichen Kehren der Piste aufzusteigen. Bei einem Aussichtspunkt gabelt sich die Piste, wir gehen ca. 100 m geradeaus weiter bis zu einer **Schlüsselstelle** ❺ – eine Abzweigung, die sehr leicht zu übersehen ist.
Dort verlassen wir die Piste nach halb rechts durch einen Felsdurchbruch (rote Markierung auf einem Stein) und wandern nachfolgend auf einem Pfad zu einer dort beginnenden Piste hinunter. An der ersten Gabelung gehen wir halb rechts und wo die Piste endet, links und talwärts bis zur Durchgangsstraße. Entlang dieser marschieren wir bis zur nächsten Linkskurve, überqueren sie in die Zufahrtsstraße (Verkehrsspiegel) zum Porto-Zorro-Strand und orientieren uns bei der nächsten Möglichkeit sofort links. Die linke Stichstraße zu einer Villa ignorieren wir und das nachfolgende Haus umlaufen wir an seiner linken Seite, dann kommen wir bald beim **Ausgangspunkt** ❶ an.

Der Strand von Dafni mit Blick über die Bucht von Laganas.

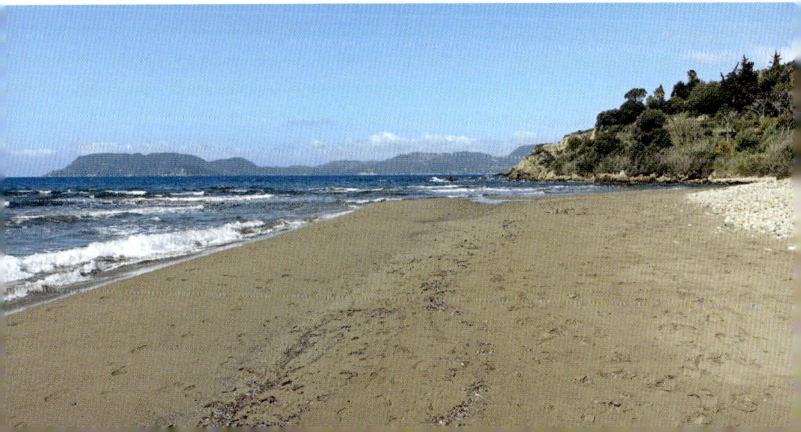

TOP

33 Clay-Schlucht

↗ 80 m | ↘ 80 m | 5.2 km

1.30 h

Eine der spektakulärsten Erkundungen auf der Insel Zakynthos

Der Ausgangspunkt der Rundwanderung, das Dorf Gerakas, liegt fernab vom Massentourismus in einer malerischen Region mit klassischen Steinhäusern, kleinen Hotelanlagen, zahlreichen Tavernen und den landschaftsprägenden Mittelmeerpinien. Von dort geht es zu einem schönen Aussichtspunkt: Richtung Westen schweift der Blick über die Bucht von Laganas bis zum Kap Marathia. Richtung Osten sind der wunderschöne Gerakas-Strand und die felsige Landzunge auszumachen. Ein absoluter Höhepunkt der Erkundungsrunde ist dann die Clay-Schlucht. Die hellbraunen Lehm-, Ton- und Sandsteinformationen entstehen durch Wassererosion und bilden einen beeindruckenden Kontrast zum türkisblauen Meer. Zuletzt schlendern wir am ca. 600 m langen Gerakas-Strand entlang, einem der schönsten Sandstrände der Insel. Das Ziel sind die faszinierenden Klippen; besonders beeindruckend ist die Stelle, wo nur ein ca. 30 m langer und 10 m hoher schmaler Grat der Halbinsel verblieben ist. Es ist nur eine Frage der Zeit, bis Wind- und Regenerosion das Naturkunstwerk zum Einstürzen bringen.

Ausgangspunkt: Parkplatz oberhalb des Gerakas-Strands, 17 m (37.709033 20.986133), im Südosten von Zakynthos, 14 km von Zakynthos-Stadt. Riesiger Parkplatz am Ende der Straße Richtung Gerakas-Strand. – Öffentliche Verkehrsmittel: Bus von Zakynthos-Stadt.

Anforderungen: Bis auf das Stück unterhalb der Klippen – hier besteht erhebliche Steinschlaggefahr –, wo man streckenweise die Hände zu Hilfe nehmen muss (»rot«), ein leichter Spaziergang. Art des Weges: 20 % Straße, 20 % Piste und 60 % sandiger und felsiger Strand.

Einkehr: Am Ausgangspunkt Tavernen.

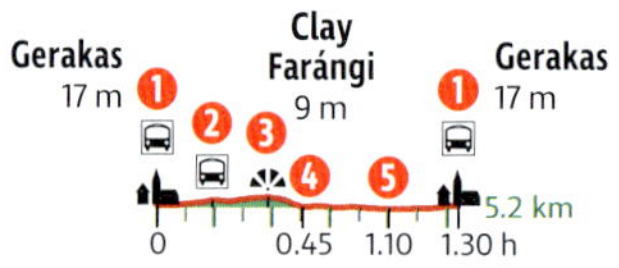

Vom Aussichtspunkt ist die Gerakas-Halbinsel zu sehen.

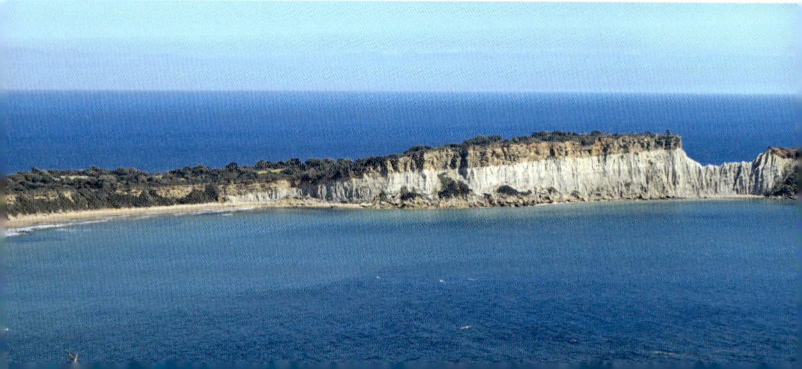

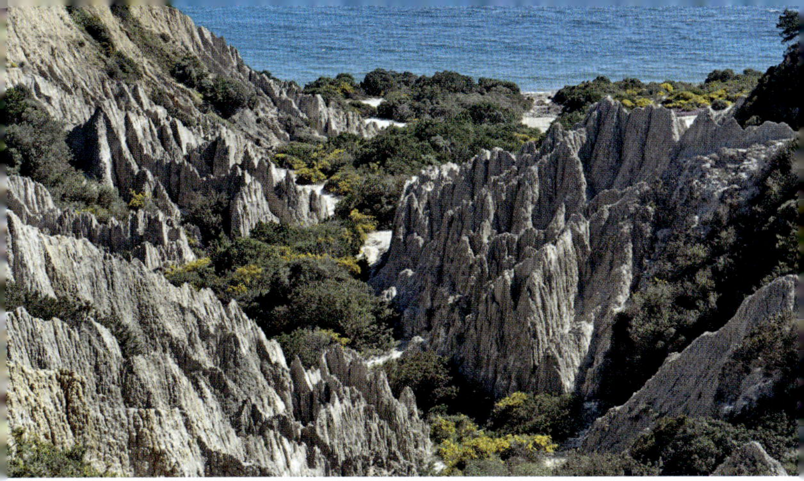

Die Clay-Schlucht vom Wanderweg aus gesehen.

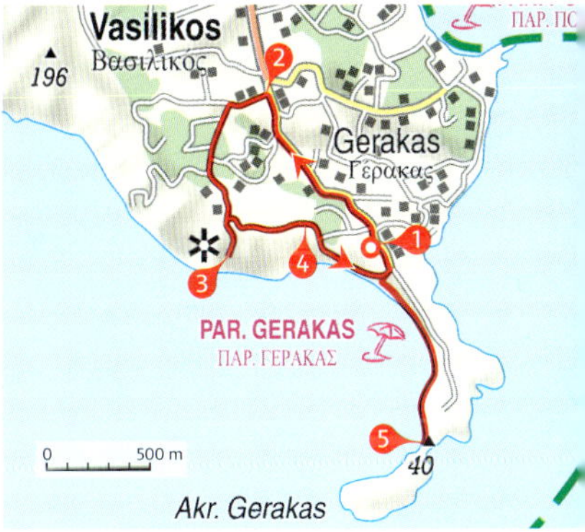

Vom großen **Parkplatz** ❶ spazieren wir entlang der Zufahrtsstraße landeinwärts leicht bergauf. Nachdem wir die rechts erhöht liegende Unterkunft Belvedere Luxury Suites passiert haben, biegen wir bei der **Kreuzung** ❷ (mit Bushaltestelle) links in die Stichstraße ein und bei der nächsten Möglichkeit dann links in den Weg, der im Weiteren durch einen schattigen Wald verläuft.
Hinter dem Waldstück ignorieren wir rechts und links abzweigende Pisten und wandern noch weiter bergauf bis zu einem wunderschönen **Aussichtspunkt** ❸. Wir gehen einige Meter auf dem Hinweg zurück und zweigen bei der ersten Gelegenheit rechts ab; diese Piste wurde durch Wassererosion stark beschädigt. Es folgt ein wunderschöner Aussichtspunkt auf die **Clay-Schlucht** ❹ *(farángi)*.
Dort, wo die Piste endet, wandern wir rechts über die Holzbohlen hinunter zum wunderschönen **Gerakas-Strand** und weiter bis zu den Klippen. Das Ziel ist die schmalste Stelle der Halbinsel unterhalb der **Klippe** ❺.
Wir gehen auf dem bekannten Hinweg über den Strand zurück, über die Holzbohlen bis zur Straße und weiter zum dahinterliegenden Parkplatz und **Ausgangspunkt** ❶.

↗ 510 m | ↘ 510 m | 11.0 km

34 Skopos, 492 m – Westaufstieg

4.00 h

Durch unberührte Natur zu einem heiligen Kloster

Eine Lebensweisheit empfiehlt, den Blickwinkel zu verändern, um ein Problem zu lösen. Nun denn, von welcher Seite wir den Berg Skopos auch betrachten, es ändert sich nichts an einer Tatsache: 490 m Aufstieg bleiben 490 m Aufstieg – egal ob er von Osten oder von Westen her erfolgt. Die Route von Osten ist etwas urbaner, die von Westen führt durch unberührte Natur. Mit Sicherheit erscheint das Heilige Kloster von Panagia Skopiotissa bei einer zweiten Besteigung in einem anderen Licht, bei mir war es das weiche Licht der Abendsonne. Auch ergibt sich bei dieser Aufstiegsvariante von Westen die Gelegenheit für ein erfrischendes Bad im Meer in der Bucht von Lagana, an einem der schönsten Strände der Insel, dem Kalamaki-Strand.

Das Kloster von Panagia Skopiotissa.

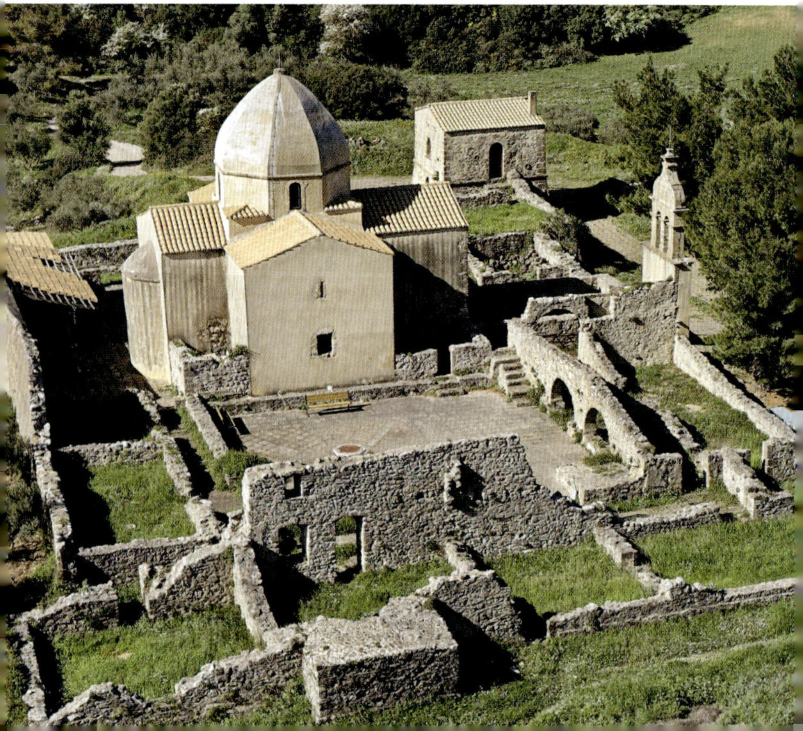

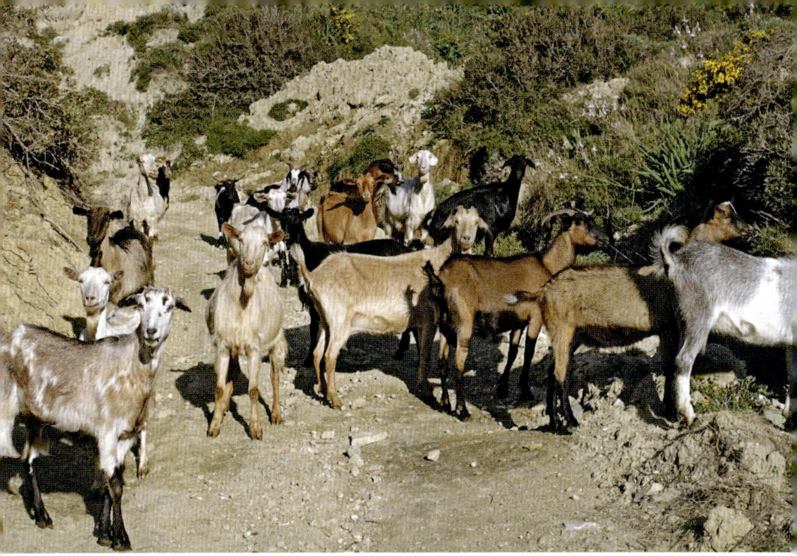

Als Wanderer wird man manchmal eigenartig beäugt.

Ausgangspunkt: Hotel Crystal Beach, 17 m (37.737383 20.905900), im Süden von Zakynthos, 5 km entfernt von Zakynthos-Stadt. – Öffentliche Verkehrsmittel: Bus von Zakynthos-Stadt, Haltestelle Kalamaki.
Anforderungen: Nur für den kurzen Aufstieg auf den felsigen Gipfel muss man trittsicher und schwindelfrei sein, daher der Schwierigkeitsgrad »rot«. Sonst keine besonderen Anforderungen. Art des Weges: 10 % weglos, 20 % Pfad und 70 % Piste.
Einkehr: Unterwegs keine.
Variante: Ab Wegpunkt 3 die Tour in umgekehrter Richtung bis zum Gipfel des Skopos 4, wandern und auf dem gleichen Weg wieder zurück; so umläuft man den weglosen und und steilen Aufstieg.

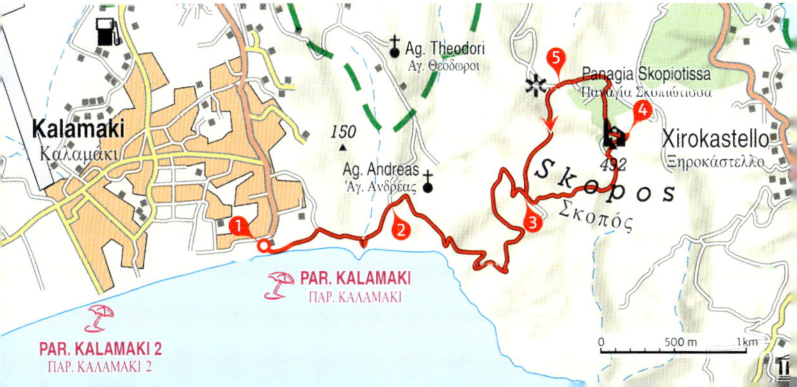

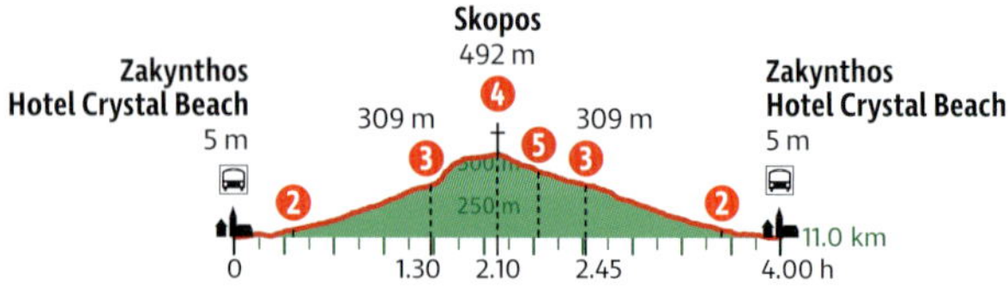

Von der Bushaltestelle oder dem Parkplatz am **Hotel Crystal Beach** ❶ gehen wir die wenigen Meter zum **Kalamaki-Strand** hinunter und dort links, unterhalb der Hotelanlage vorbei, ein kurzes Stück am Strand entlang. Bei der nächsten Düne steigen über einen Pfad auf und wandern auf der beginnenden Fahrspur bis zu einer Verzweigung, auf der wir rechts weitergehen. Einen Weg nach rechts zu einer Bucht ignorieren wir und gehen durch eine Senke bis zu einer weiteren **Wegverzweigung** ❷. Halb links würde man zu der wunderschön liegenden Taverne Kanalos gelangen, wir wandern aber halb rechts auf der Piste weiter. Eine der zahlreichen und teilweise lang gezogenen Kehren kann man über eine mit Steinen gesäumte Fahrspur – nackte Felsen – abkürzen. Der Schotterweg führt durch einen lichten Kiefernwald; oberhalb von uns ist ein Steinbruch zu sehen.

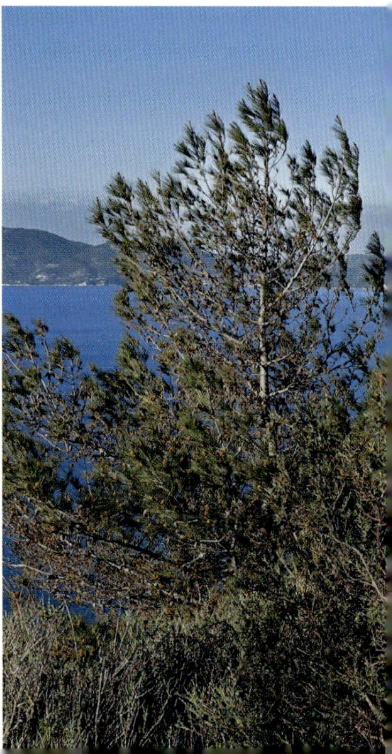

Der Schotterweg geht in einen Pfad über, der im Weiteren durch Regenerosion stark in Mitleidenschaft gezogen wurde. Vor einer Ruine erreichen wir neuerlich eine **Wegverzweigung** ❸. Für alle, die nicht steil und fast weglos aufsteigen wollen, geht es links weiter – die Variante in umgekehrter Richtung bis zum Gipfel. Alle anderen wandern nur wenige Meter nach rechts, um auf Höhe der Stirnfläche der Ruine die Piste gleich wieder nach links zu verlassen und dem Verlauf eines Trockenbachbetts steil bergauf zu folgen. Während des Aufstiegs sind abschnittsweise Fahrspuren zu erkennen.

Schließlich erreichen wir eine freie Fläche oberhalb des Steinbruchs. In ca. 100 m Entfernung wurden zwei Steinmännchen aufgestellt. An diesen orientieren wir uns aber nicht, sondern steigen stattdessen nach links, nun definitiv weglos, ca. 200 m steil bergauf. Danach erreichen wir eine Senke – unsere gedachte Wegtrasse –, durch die wir in Richtung eines felsigen Gipfels aufsteigen. Dort angekommen sehen wir halb rechts unterhalb eine beginnende Piste, zu der wir durch das höher werdende Gestrüpp absteigen. Auf der Piste wandern wir nun rechts bis zum heiligen **Kloster Panagia Skopiotissa**. Dahinter führt ein mit Steinen gesäumter breiter Weg an den Fuß des Gipfelaufbaus. Um diesen gehen wir noch einige Meter herum und steigen dann durch eine schmale Rinne – unter Zuhilfenahme der Hände – bis zum aussichtsreichen höchsten Punkt des **Skopos** 4 auf.

Nach dem Abstieg auf dem gleichen Weg gehen wir noch vor dem Kloster hinter einem roten Container nach rechts, wandern an zahlreichen Antennen vorbei und halten uns an einer Wegkreuzung links. Zwei links abzweigende Wege ignorieren wir, bevor wir an einer weiteren **Weggabelung** 5 halb links gehen und den Berghang ein längeres Stück queren, bis wir die bekannte **Wegverzweigung** 3 erreichen.

Ab hier wandern wir auf dem Hinweg zurück zum **Ausgangspunkt** 1.

Die Bucht von Laganas.

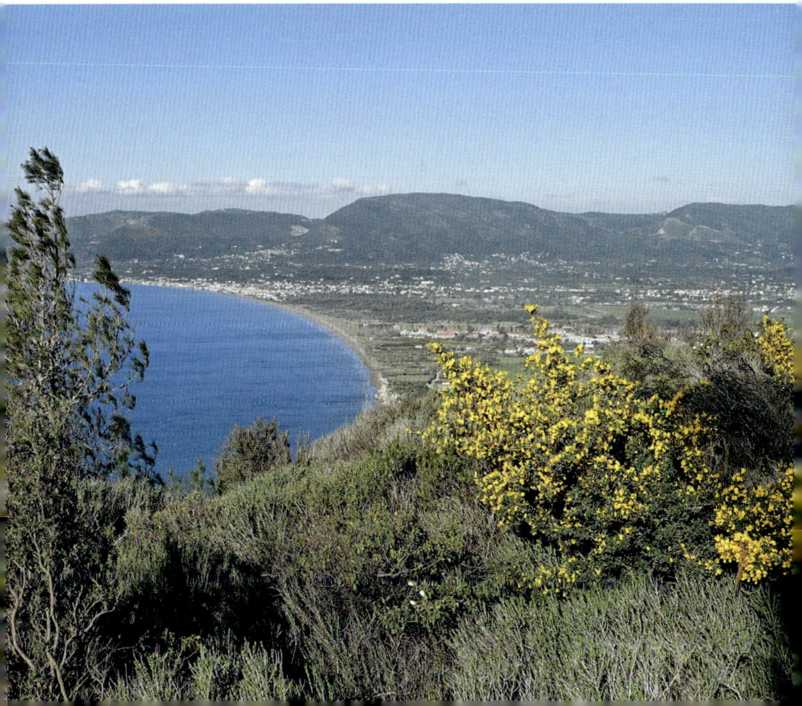

↗ 30 m | ↘ 30 m | 6.7 km

35 Die Bucht von Laganas

1.30 h

Naturbelassene Dünenlandschaften und urbanes Stranderlebnis

Die wunderschön gelegene Bucht Laganas ist ca. 10 km breit und wird im Westen vom Kap Marathia und im Osten von der Halbinsel Skopod eingefasst. Legt man die Strände Kalamaki und Laganas zusammen, so ergibt sich definitiv der längste Strand auf Zakynthos und einer der längsten in Griechenland. Auch befindet sich in der östlichen Bucht ein Meeresnationalpark, gegründet zum Schutz der Unechten Karettschildkröte. Die erste Hälfte der Wanderung durch größtenteils naturbelassene Dünenlandschaften ist sehr schön. Dann folgt über eine Länge von ca. 500 m ein urbanes Stranderlebnis zum kosmopolitischen Inselmittelpunkt: Unmittelbar am Strand befinden sich zahlreiche Bars, Restaurants und Cafés – bis es dann zum malerischen Hafen von Agios Sostis mit der vorgelagerten Insel Cameo weitergeht.

Im Frühjahr fließt ein Bach über den Laganas-Strand.

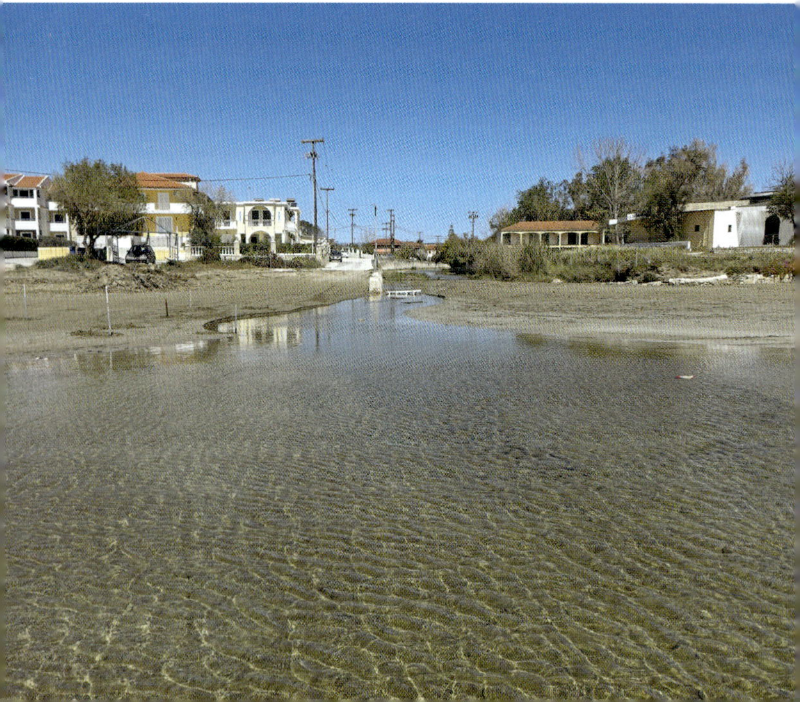

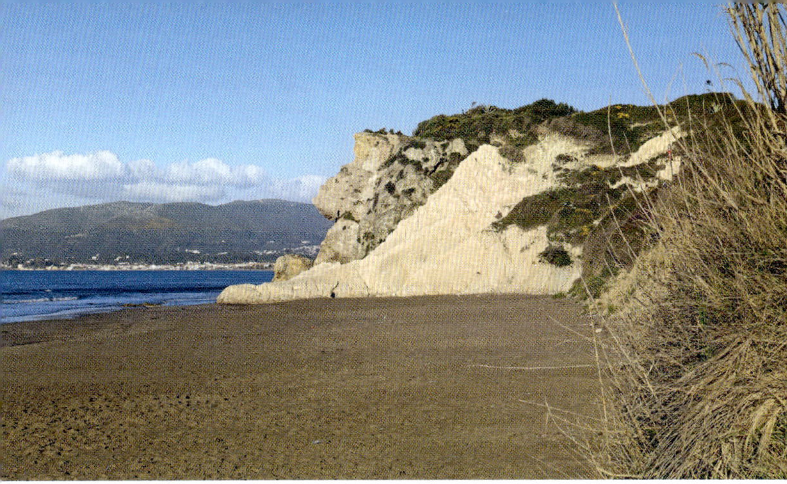

Der Kalamaki-Strand beim Hotel Crystal Beach.

Ausgangspunkt: Hotel Crystal Beach, 17 m (37.737383 20.905900), im Süden von Zakynthos, 5 km entfernt von Zakynthos-Stadt. – Öffentliche Verkehrsmittel: Bus von Zakynthos-Stadt, Haltestelle Kalamaki.
Endpunkt: Bushaltestelle Laganas und Rückfahrt bis zur Bushaltestelle Kalamaki am Hotel Crystal Beach. Fahrzeit in den Sommermonaten wochentags und samstags: 9.15, 10.50, 14.30, 18.30, 20.45, 22.35 Uhr. Sonntags kein Betrieb.

Anforderungen: Strandspaziergang ohne besondere Anforderungen. Art des Weges: 10 % Straße und 90 % Strand.
Einkehr: Zahlreiche Tavernen am Weg.

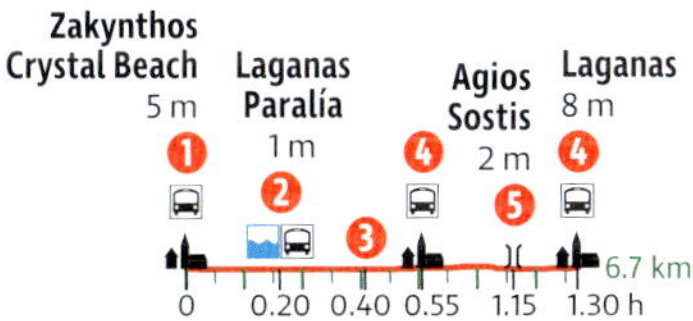

Von der Bushaltestelle Kalamaki oder dem Parkplatz geht es am **Hotel Crystal Beach** ❶ vorbei zum **Kalamaki-Strand** hinunter, einem ca. 2 km langen Sandstrand mit einigen wenigen Liegestühlen und Sonnenschirmen, malerisch gelegen zwischen zwei Felsvorsprüngen. Man kann hier meterweit ins Wasser gehen, ohne dass es sonderlich tief wird. Links vom Hotel befindet sich ein naturbelassener Strand, hier tummeln sich Freunde der Freikörperkultur. Wir gehen rechts (Richtung Westen) am Strand entlang und umlaufen einen Felsvorsprung – bei Ebbe meist trockenen Fußes, bei Flut oder hohen Wellen durch knietiefes Wasser.
Auf dem nachfolgenden Wegstück stehen ein paar Gebäude unmittelbar am Meer. Dann geht es an einem komplett unverbauten Strandabschnitt entlang, sogar eine kleine Dünenlandschaft konnte sich hier bilden. Der Kalamaki-Strand geht in den **Laganas-Strand** ❷ über. Interessant ist, dass

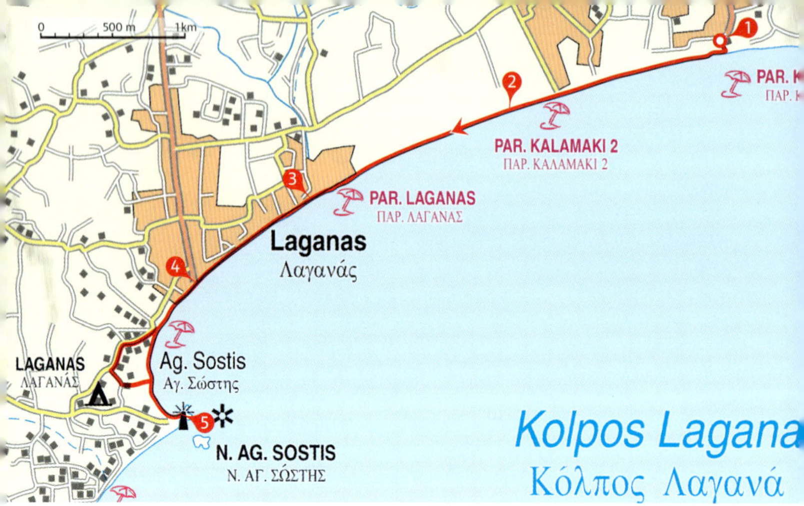

dieser Strand von der Inselregierung als besonders schützenswert klassifiziert wurde, da hier die Unechte Karettschildkröte ihre Eier ablegt. Hört sich zunächst einmal sehr gut an. Aber die Nistzeit der Schildkröte fällt in die Zeit von Juni bis August, also unmittelbar in die Hauptsaison auf Zakynthos! Es wurde zwar eine Schutzzone am Sekania-Strand (siehe Tour 32) eingerichtet, aber nicht hier am Laganas-Strand.

Sobald der **Bachlauf** ❸ des **Laganas** überquert ist – der in den Sommermonaten natürlich ausgetrocknet ist –, vollzieht sich ein krasser Wandel. Aus naturbelassenen Dünenlandschaften treten wir ein in das Zentrum der Unterhaltung und des Nachtlebens der Insel, in Spitzenzeiten beinahe vergleichbar mit dem »Ballermann« auf Mallorca. Vor Jahren spielte sich das Hauptgeschehen noch entlang der Durchgangsstraße ab, heutzutage dehnt es sich immer mehr entlang des Strandes aus. In der Winterzeit hingegen ist Laganas fast unbewohnt.

Am Strand erreichen wir das Ende der Hauptstraße, am Kreisverkehr beim Café Merchant befindet sich

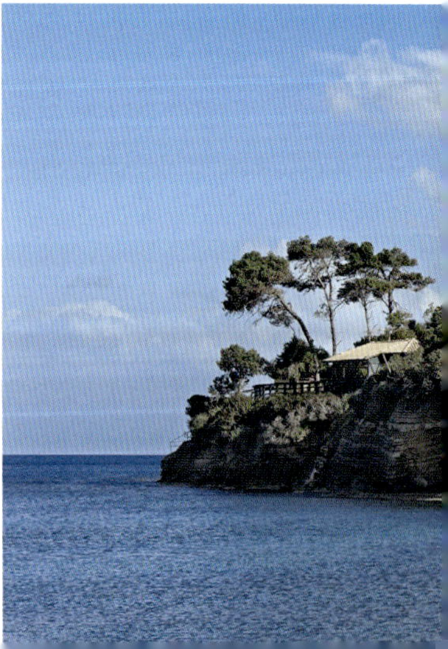

ganz unscheinbar die **Bushaltestelle Laganas-Strand** ❹. Wir setzen unseren Weg auf dem inzwischen schmalen Uferstreifen fort. Dort, wo eine weitere Straße parallel zum Strand verläuft, gibt es zwei Varianten, den weiteren Weg zu gestalten: Bei Ebbe können wir weiter am Strand bleiben, bei Flut ist dieser aufgrund eines Felsvorsprungs (den man schon aus der Ferne sieht) unpassierbar.

Ist das der Fall, folgen wir dem Verlauf der Straße in südwestliche Richtung vorbei am Denise-Beach-Hotel. Hinter dem Castelli-Hotel und der Pizzeria biegen wir dann links in die Einbahnstraße und folgen der Ausschilderung Richtung »Dive Center«, auch noch durch den Gebäudekomplex, am Swimmingpool vorbei bis an den Strand hinunter, wo wir rechts zum kleinen Hafen **Agios Sostis** gelangen.

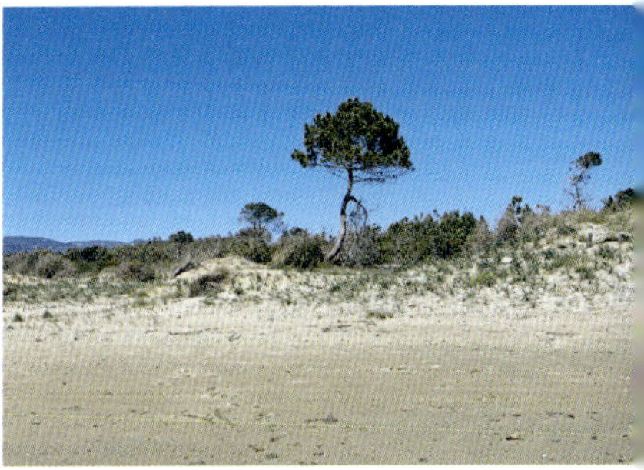

Südöstlich von diesem liegt die über eine **Brücke** ❺ erreichbare Insel Cameo. Geschützt unter Pinienbäumen befinden sich dort ein Ministrand und ein Café.

Entweder am Ufer oder über die Straße – je nach Stand der Tide – geht es bis zur **Bushaltestelle Laganas-Strand** ❹ zurück und mit dem Bus zum **Ausgangspunkt** ❶.

Foto unten: Die Insel Cameo ohne den Steg, der nur im Sommer aufgestellt ist.
Oben: Der unberührteste Abschnitt am Laganas-Strand.

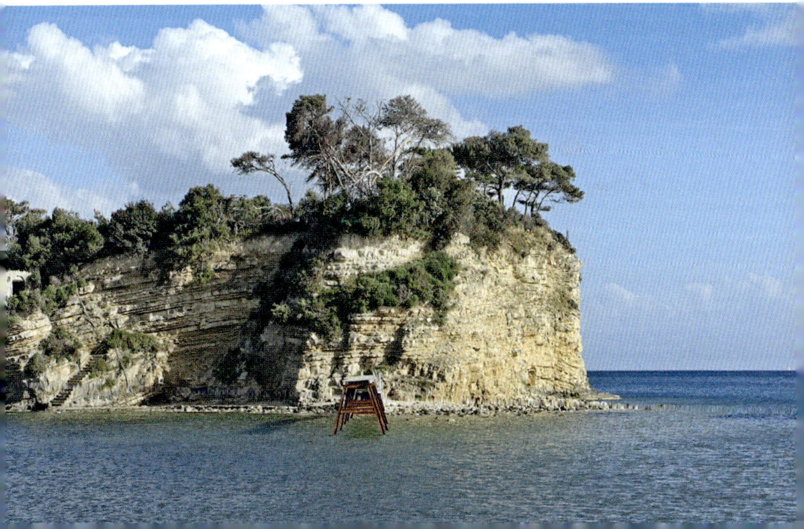

↗ 500 m | ↘ 500 m | 11.6 km

36 Kap Marathia

4.00 h

Zerklüftete Felsküste im tiefblauen Mittelmeer

Die sogenannte Marathia-Siedlung am gleichnamigen Kap besteht aus zahlreichen exklusiven Villen. Die dahinter liegende hügelige Landschaft bietet unberührte Natur und in den Höhenlagen sogar landwirtschaftlich genutzte Flächen. Abseits vom Massentourismus führt diese Rundwanderung durch wohlriechende Kiefernwälder zu einem spektakulären Aussichtspunkt, einer 150 m hohen Klippe mit fast senkrechten Felswänden und kleinen Stränden mit kristallklarem, türkisblauem Wasser – ein faszinierendes Naturschauspiel. Vom Rückweg ergibt sich ein Panoramablick über den Golf von Laganas und das Eiland Marathonisi. Diese Szenerie bietet sich dann auch von der Taverne bei einem köstlichen Mahl oder bei einem erfrischenden Bad am Marathia-Strand.

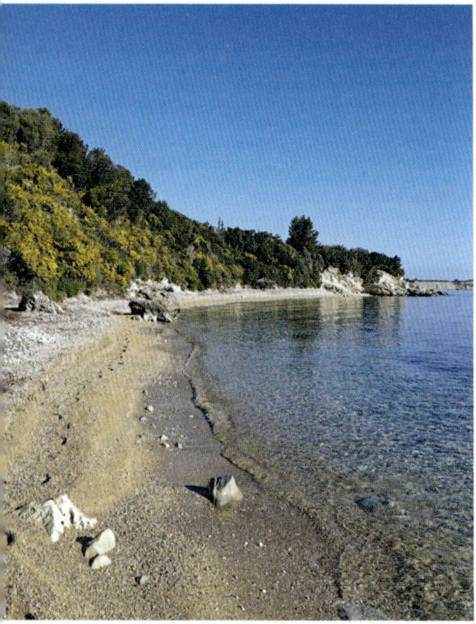

Der Marathia-Strand.

Ausgangspunkt: Taverne Vótsalo mit einem kleinen Parkplatz, 24 m (37.671767 20.847800), im Südwesten von Zakynthos, 19 km entfernt von Zakynthos-Stadt. Verlässt man die Landesstraße 35 Richtung Marathia, so erreicht man nach 2,7 km die Taverne Vótsalo.
Anforderungen: Keine besonderen Anforderungen. Art des Weges: 20 % Asphaltstraße und 80 % Schotterpiste.
Einkehr: Taverne Vótsalo am Ausgangspunkt.
Tipp: Badesachen nicht vergessen.

Vom Parkplatz an der **Taverne Vótsalo** ❶ marschieren wir zunächst entlang der Zufahrtsstraße, um bei einem grauen Gartentor halb rechts abzubiegen. Auf der betonierten Straße geht es sehr steil bergauf. Den nachfolgenden scharfen Rechtsabbieger (hier mündet unser Rückweg ein) ignorieren wir und gehen geradeaus weiter.

Aussichtspunkt auf die Steilküste am Kap Marathia.

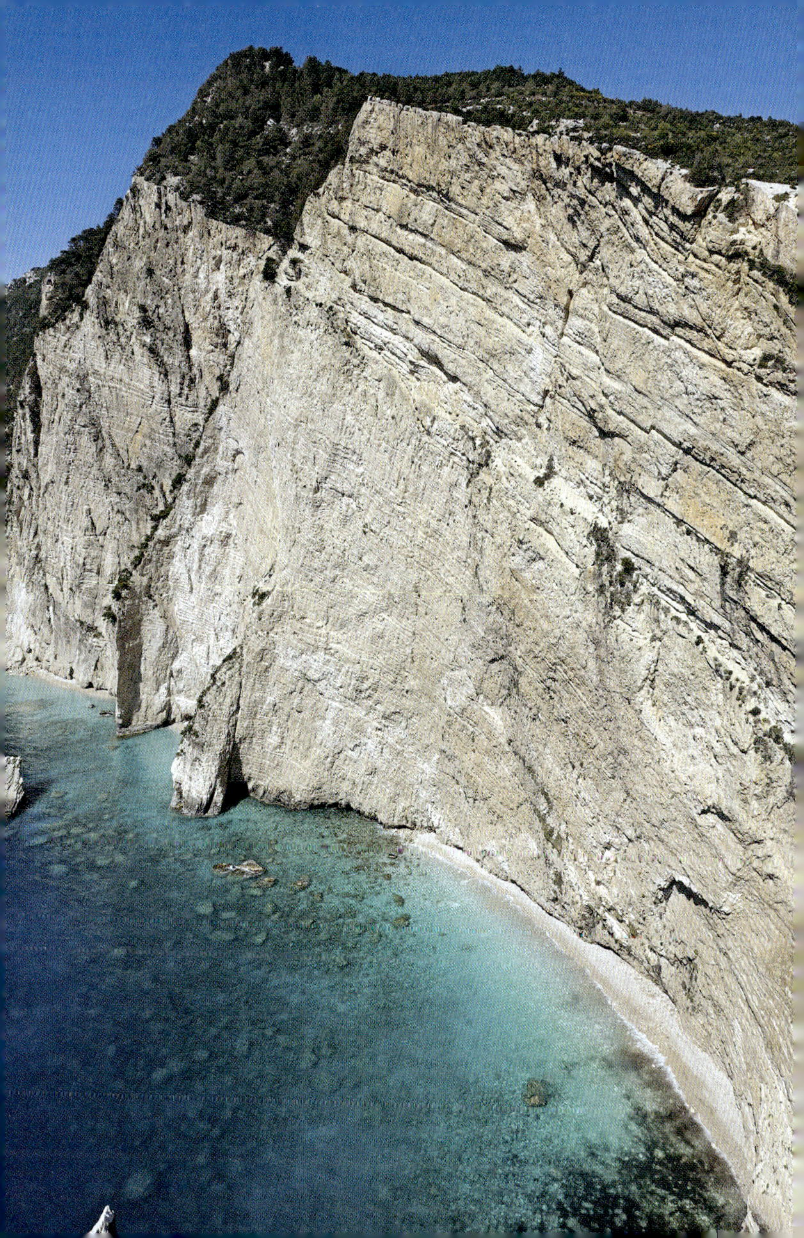

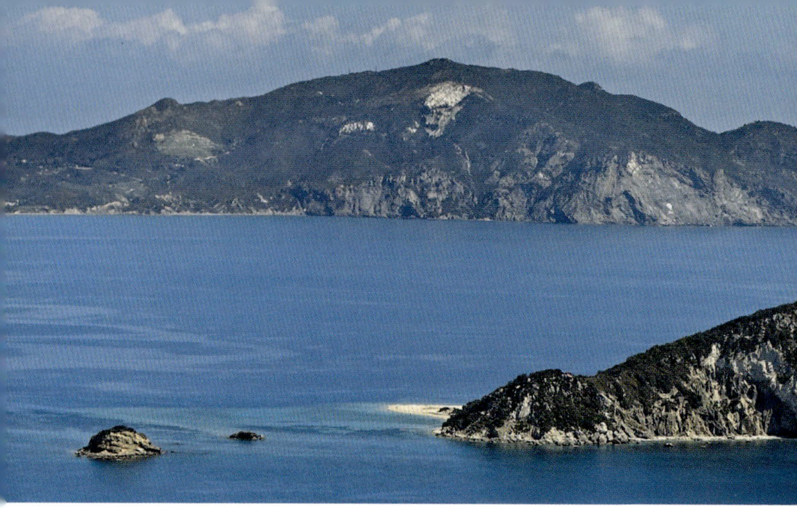

Das Eiland Marathonisi in der Laganas-Bucht.

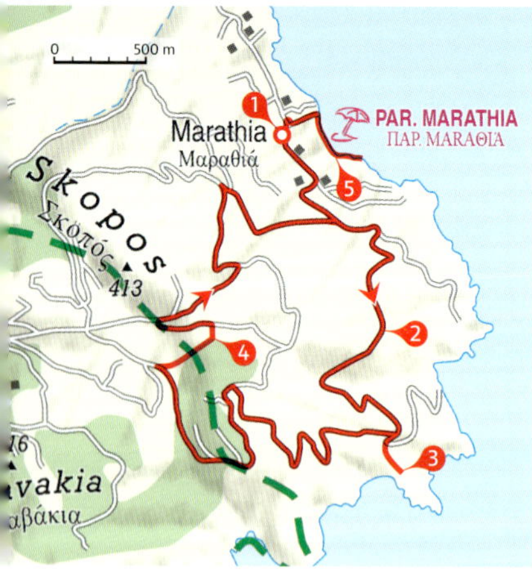

Im Wechsel zwischen Schotterpiste und betonierter Piste erreichen wir fantastisch gelegene **Villen** ❷. Danach überschreiten wir den Scheitelpunkt dieses Wegstücks, die Piste geht in einen Pfad über, wir marschieren durch einen lichten und wohlriechenden Kiefernwald kontinuierlich bergab. Sobald wir freien Blick auf das Meer haben, ist links an der Steilküste ein wunderschönes Brandungstor zu sehen.

Der Pfad mündet in eine breite Piste, auf dieser verläuft später rechts bergauf unsere weitere Route. Zunächst wandern wir aber weiter bergab, ignorieren den linken Abzweiger und gehen geradeaus über die Ebene, bis die Fahrspur endet. Rechts gelangen wir an die steil abfallende **Felsküste** ❸ *(gremós)*.

Wir drehen um, gehen wieder bergauf und folgen dem ersten links abzweigenden Arm durch zahlreiche Serpentinen bergauf bis zu einer 3-Wege-Gabelung. Hier gehen wir bei einem roten Punkt auf einem Stein scharf links. Im Weiteren lassen wir drei nach rechts abzweigende Pisten aus. So-

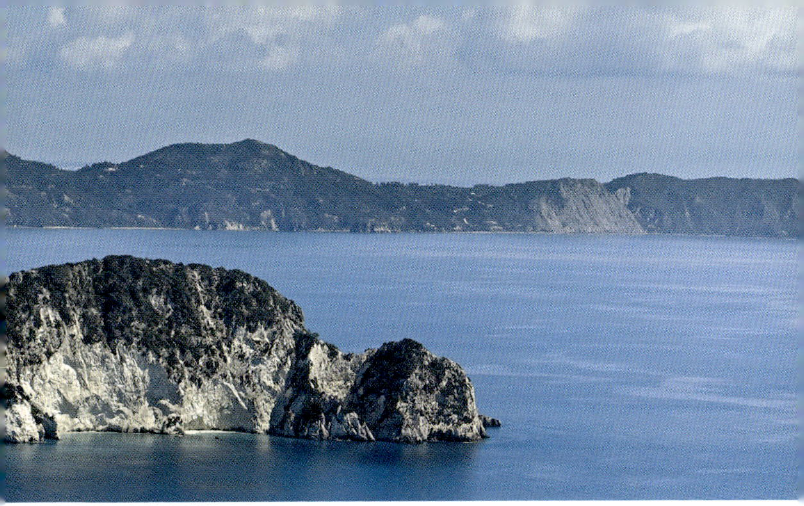

bald wir auf der linken Seite Felder sehen, zweigen wir bei der nächsten Möglichkeit scharf rechts ab, gehen bei der sofort darauf folgenden Weggabelung halb rechts, an Olivenbäumen vorbei und entlang eines Zauns um ein Grundstück.

Dort, wo die Wegfindung an einer **Schlüsselstelle** ❹ nicht eindeutig ist – unsere Fahrspur endet hier –, wandern wir auf einer schwach ausgeprägten Fahrspur links durch den Olivenhain und an der querenden Asphaltstraße wieder links. Schon nach einem kurzen Stück endet auch diese Straße, und es geht rechts weiter. Sobald wir im Golf von Laganas die Insel Marathonisi sehen können, zweigen wir scharf links ab und ignorieren in einer betonierten Rechtskurve die geradeaus weiterführende Piste. Wir erreichen den Hinweg und gehen auf diesem bis zum Parkplatz zurück.

Die Tour ist aber noch nicht zu Ende! Unmittelbar rechts an der **Taverne Vótsalo** ❶ führt ein Pfad entlang eines Zauns bergab, quert nach rechts einen Olivenhain und endet an einem stark erodierten Weg. Dieser bringt uns hinunter zum versteckt liegenden **Marathia-Strand** ❺. Der schmale Kieselsteinstrand ist ca. 200 m lang und bestens geeignet zum Baden. Auf dem bekannten Hinweg geht es zurück zum **Ausgangspunkt** ❶.

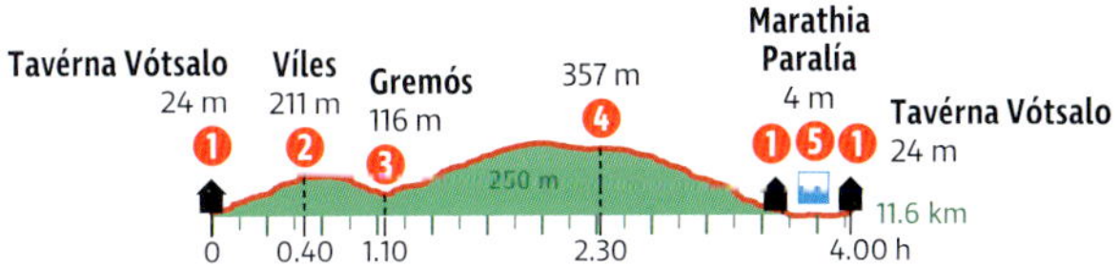

↗ 130 m | ↘ 130 m | 5.5 km

37 Kap Keri

1.30 h

Blick in den Abgrund: Mizithresfelsen

Die Rundwanderung beginnt bei der im Renaissancestil erbauten Panagia Keriotissa (»Muttergottes von Keri«). Ihr Glockengeläut ist kilometerweit zu hören und bestimmt seit 1745 den Rhythmus des Dorflebens. Das verschlafene Bergdorf Keri vermittelt den Eindruck, dass die Zeit hier irgendwann stehen geblieben ist. Hinter dem überschaubaren Dorfplatz führt ein Wanderweg zu einem faszinierenden Aussichtspunkt: Aus 208 m Höhe blicken wir in den Abgrund. Zu sehen sind die große und die kleine Mizithres-Felsformation, umspült von weißen Schaumkronen im türkisfarbenen Wasser. Und noch einen Superlativ gibt es zu bestaunen: die weltweit größte Flagge. Sie ist 36,9 x 18,1 m groß, wiegt 80 Kilo und und steht bei der Lighthouse-Taverne. Der 1925 erbaute Leuchtturm von Keri hat sein Leuchtfeuer auf ca. 187 m Höhe über dem Meeresspiegel. Rein theoretisch könnte ein 53 km entferntes Schiff das ausgesendete Licht gerade noch erkennen, bevor es hinter dem Horizont verschwindet. Beim Leuchtturm soll es angeblich die schönsten Sonnenuntergänge auf Zakynthos geben. Nun denn, sicher ist: Gutes klassisches griechisches Essen gibt es in der »Lighthouse«-Taverne und eine andere Perspektive auf die Mizithresfelsen gratis dazu.

Der Leuchtturm Keri.

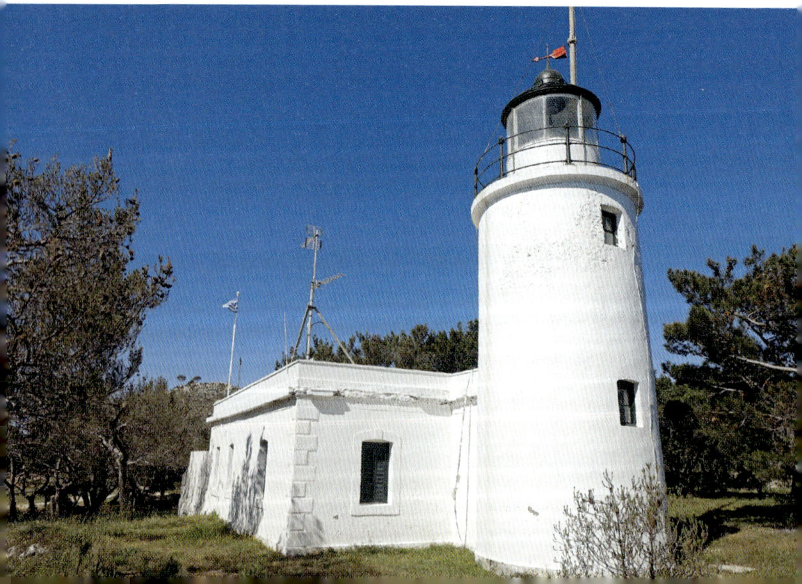

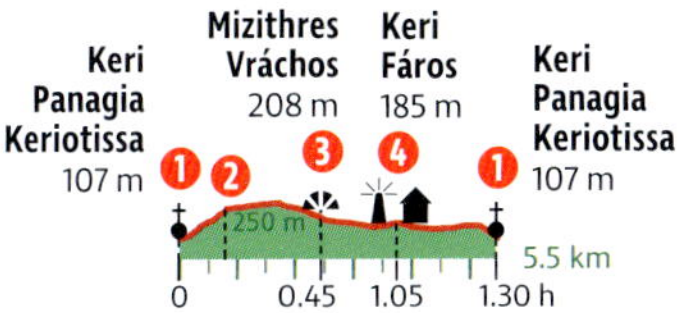

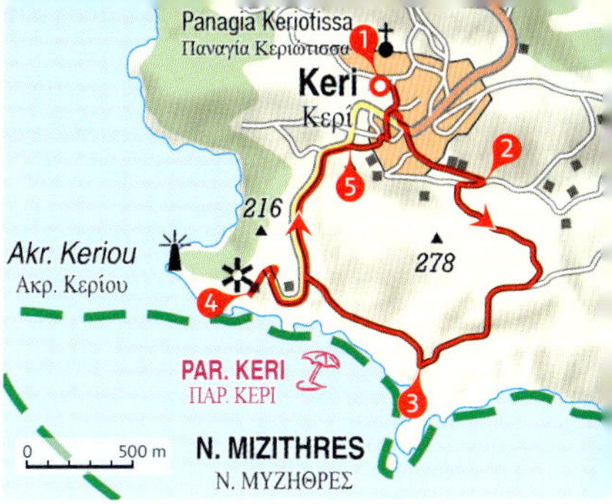

Ausgangspunkt: Keri, 107 m (37.663283 20.815063), im Südwesten von Zakynthos, 19 km entfernt von Zakynthos-Stadt. Die Landesstraße 35 endet in Keri. 300 m nördlich in einer Senke befindet sich die große Kirche Panagia Keriotissa mit separatem Glockenturm. Parkplätze gibt es auf dem Kirchplatz.
Anforderungen: Leichter Spaziergang ohne größere Höhenunterschiede. Art des Weges: 40 % Piste und 60 % Straße.
Einkehr: Bei Km 3,6 Keri »Lighthouse« Taverne.
Hinweis: Das Gelände um den Leuchtturm Keri ist in den Wintermonaten verschlossen und verriegelt.

Wir verlassen den Platz an der **Panagia Keriotissa** 1, gehen rechts und bei der ersten Gabelung der Straße halb rechts. Bei der zweiten Gabelung spazieren wir dann halb links durch eine Gasse mit Graffiti an den Wänden, die nach wenigen Metern in die Ortsdurchgangsstraße mündet, auf Höhe mehrerer Ruinen.
Hinter dem Dorfplatz und einer Kapelle lassen wir den Ort hinter uns, ignorieren Stichwege und folgen dem Verlauf der Straße durch eine **180°-Kurve** 2. An der nächsten Gabelung halten wir uns halb links und marschieren durch die Linkskurve, rechts befindet sich ein Anwesen. Weiter geht es auf einer Schotterpiste. Auf der nachfolgenden fruchtbaren Hochebene stehen zahlreiche Olivenbäume und Weinreben, auch Kartoffeln werden hier angebaut. Noch vor einem Waldstück verläuft die Piste durch eine Rechtskurve, und bereits im Wald mündet sie dann in eine breitere Piste, der wir bis zum **Aussichtspunkt** 3 auf die **Mizithresfelsen** folgen. Aus dieser Perspektive ist der hintere Felsen verdeckt!
Auf der weiterführenden Piste erreichen wir eine Weggabelung auf Höhe einer freien Fläche. Hier gehen wir links, passieren die Taverne »Lighthouse« mit der weltweit größten Flagge. Folgen wir dem Verlauf der Straße weiter, so gelangen wir zum ultraweißen **Leuchtturm Keri** 4.
Wir gehen wieder zurück und noch am Restaurant vorbei, lassen dann aber den rechten Abzweiger vom Hinweg links liegen. Gut 50 m hinter einer Steinwand am Straßenrand zweigen wir halb rechts und bergauf bei einer **Gabelung** 5 ab. Im Ortskern von **Keri** angekommen gehen wir halb links auf dem mit Steinplatten verlegten Weg, biegen bei der zweiten Straße rechts ab, überqueren die Ortsdurchgangsstraße und erreichen den bekannten Hinweg, auf dem wir bis zum **Ausgangspunkt** 1 zurückgehen.

TOP

↗ 210 m | ↘ 210 m | 7.1 km

38 Damianoshöhle – Andronios-Brunnen

2.15 h

Zwölf Brunnen und eine doppelstöckige Höhle

Ein rätselhafter Mythos berichtet, dass der riesige Drache Andronios dem Machthaber der Region Agala namens Damianos im Kampf unterlag. Zur Strafe musste er einen Brunnen pro Monat bauen, während sein Bezwinger den Baufortschritt aus der doppelstöckigen Damianoshöhle beobachtete. Der aufmerksame Beobachter wird feststellen: Es sind nur elf Brunnen zu sehen. Der zwölfte verbirgt sich im Untergrund – so heißt es. Auch wurden die Brunnen von den Venezianern erbaut. Noch heute werden sie für die Wasserversorgung der Felder und des Dorfes genutzt. Neben einer lieblichen Hochebene und einem schönen Aussichtspunkt auf die Nordwestküste von Zakynthos liegen diese beiden legendenbehafteten Sehenswürdigkeiten am Wanderweg.

Ausgangspunkt: Agalas, 284 m (37.709150 20.775233), im Südwesten von Zakynthos, 17 km von Zakynthos-Stadt. Nach Norden durch den Dorfkern und bei der Kirche an der Straße parken.

Anforderungen: Leichter Spaziergang. Art des Weges: 5 % Pfad, 40 % Piste und 55 % Straße.

Einkehr: Taverne bei der Damianos-Höhle (Km 6,1).

Von der **Kirche** in **Agalas** ❶ marschieren wir entlang der Straße durch die Linkskurve in Richtung Dorfkern. Es folgt ein luxuriöser Fußgängerweg mit Straßenlaternen. Auf Höhe eines nicht sehr einladend wirkenden Cafés verlassen wir die Durchgangsstraße in der Linkskurve auf der geradeaus – an den Sitzbänken vorbei – weiterführenden asphaltierten Straße. Unmittelbar darauf folgt eine scharfe Rechtskurve, und hinter einem Kiefernwald ist in der Ferne das Mittelmeer zu sehen. Auch ist rechts im gegenüberliegenden Berghang die doppelstöckige Damianoshöhle auszumachen.
Wir passieren eine Sitzbank mit schöner Aussicht bei einem Heiligenschrein. Gemächlich bergab erreichen wir eine fruchtbare Hochebene mit zahlreichen Weinreben und den allgegenwärtigen Olivenbäumen. Dort, wo die Straße durch eine **Rechtskurve** ❷ verläuft, marschieren wir geradeaus weiter. Ein rechts abzweigender Wirtschaftsweg verläuft entlang der Weinstöcke zu den **zwölf Andronios-Brunnen** ❸ *(sintriváni)*.

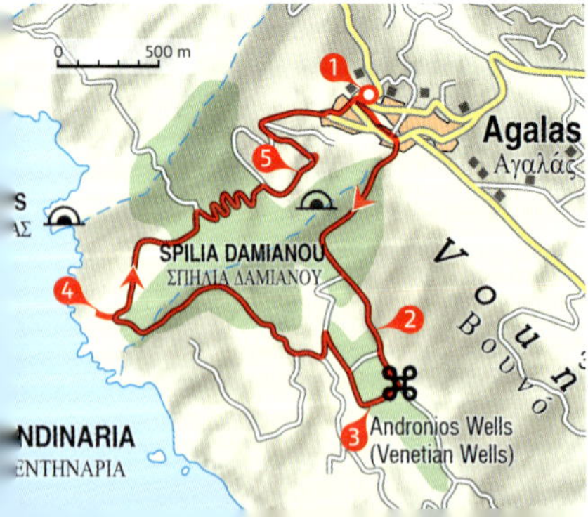

Weiter in der eingeschlagenen Richtung überqueren wir noch ein kurzes Stück die Hochebene, um dann auf der querenden Piste nach rechts

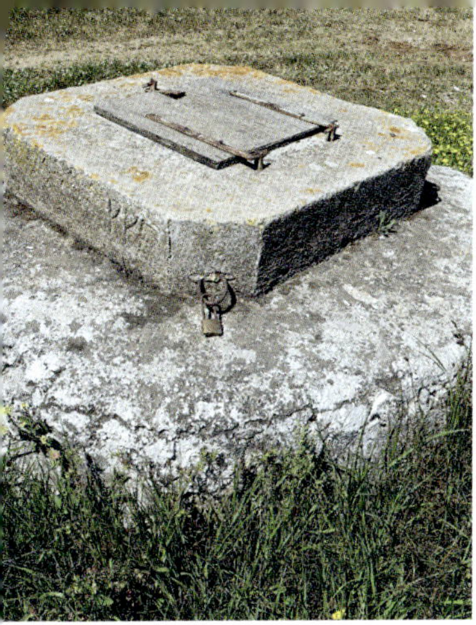

Einer der zwölf Andronios-Brunnen.

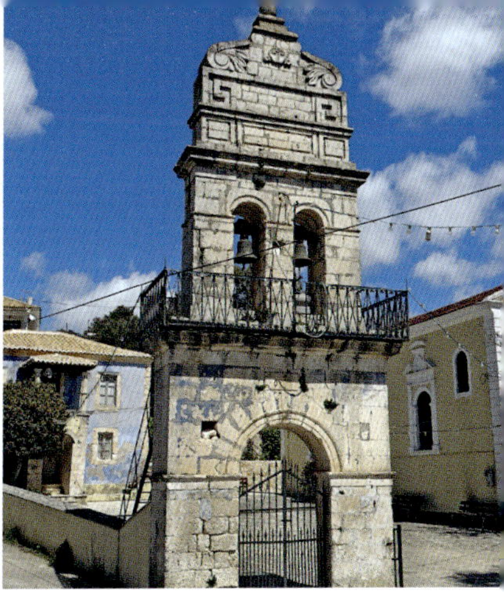

Der Kirchturm von Agalas.

zu gehen und auf der nachfolgenden querenden Asphaltstraße links. Bei der Gabelung der Schotterpisten wandern wir auf dem halb rechten Arm und im Weiteren unmittelbar an einem einzeln stehenden Haus vorbei. Durch einen renaturierten Kiefernwald führt die Schotterpiste bis zu einer querenden Piste, rechts bergauf beginnt unser weiterer Rückweg, wir gehen vorerst aber noch ein kurzes Stück links und weglos durch den Olivenhain bis an die **Steilklippen** ❹. Hier bietet sich ein wunderschöner Ausblick entlang der nordwestlichen Küstenlinie von Zakynthos.

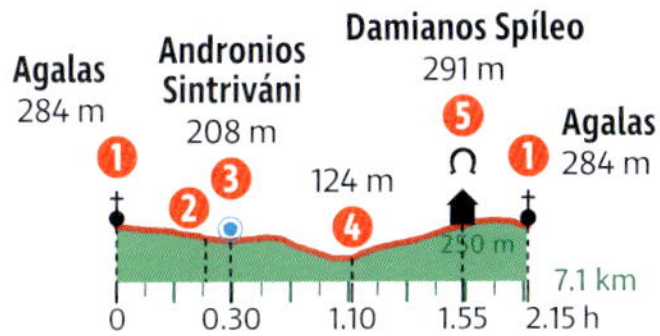

Wir verlassen den Olivenhain so, wie wir gekommen sind, und gehen nun geradeaus auf der beginnenden Schotterpiste (rechts ist der Abzweiger vom Hinweg) kontinuierlich bergauf. Abzweigende Wirtschaftswege lassen wir aus und steigen durch Serpentinen bis zu hoch gewachsenen Kiefern auf. Hier verlassen wir in einer Linkskurve die Piste und gehen halb rechts auf einen beginnenden Weg. Dieser schlängelt sich unterhalb der links von uns aufragenden Felswand entlang – die Wegführung ist nicht immer ganz eindeutig – und führt an einer ersten kleinen Höhle vorbei. Dann kommen wir bei der doppelstöckigen **Damianoshöhle** ❺ an.

Fortan geht es auf einem komfortabel angelegten Pfad bis zu einer **Taverne** und weiter auf der Straße zum Ortseingang von **Agalas**. Den Wegweiser nach rechts – Zakynthos-Stadt – ignorieren wir und gehen geradeaus weiter. Dann ist auch schon der Kirchturm am **Ausgangspunkt** ❶ zu sehen.

↗ 160 m | ↘ 160 m | 4.6 km

39 Korakonisi

2.00 h

Ein faszinierender Felsbogen im Meer

Auf dieser Kurzwanderung mit einer kleinen, aber knackigen Klettereinlage erkunden wir die grandiose Felsenlandschaft an der Westküste von Zakynthos. Nach der Hälfte der Wanderung gibt es bereits einen schönen Aussichtspunkt: Richtung Norden schaut man auf einen ersten großen Felsbogen und die dahinter liegende zerklüftete, felsige Nordwestküste von Zakynthos. Auch kann man von dort in eine fjordähnliche Bucht hineinschauen, deren Felswände im Abendlicht in verschiedensten Brauntönen strahlen. Nach der Kletterstelle kommen wir dann zum ca. 20 m großen Felsbogen Korakonisi, bei Flut eine Insel, bei Ebbe eine Halbinsel. In den Morgenstunden ist diese besondere geologische Formation am fotogensten, im Tagesverlauf liegt sie im Gegenlicht und bei Abendlicht im Schatten.

Ausgangspunkt: Parkbucht an der linken Seite der Zufahrtsstraße zum Korakonisi-Felsen, 116 m (37.765267 20.920791), an der Südwestküste von Zakynthos, 24 km entfernt von Zakynthos-Stadt. Ca. 1,6 km vor dem offiziellen Parkplatz am Felsbogen Korakonisi zweigt in südwestlicher Richtung eine Schotterpiste ab, an deren Rand wir an einem Olivenhain parken können.

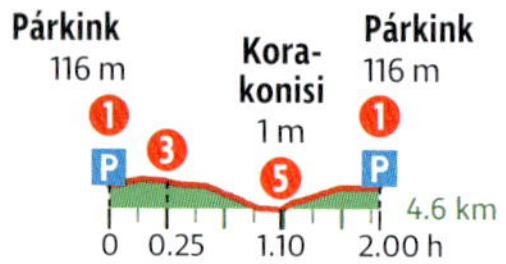

Anforderungen: Prinzipiell eine sehr einfache Rundwanderung, wäre da nicht die absturzgefährdete Kletterstelle durch die kleine felsige Bucht (deshalb »schwarz«). Art des Weges: 5 % weglos, 40 % Piste und 55 % Straße.
Einkehr: Keine.

Sonnenuntergang an der Felsformation Korakonisi.

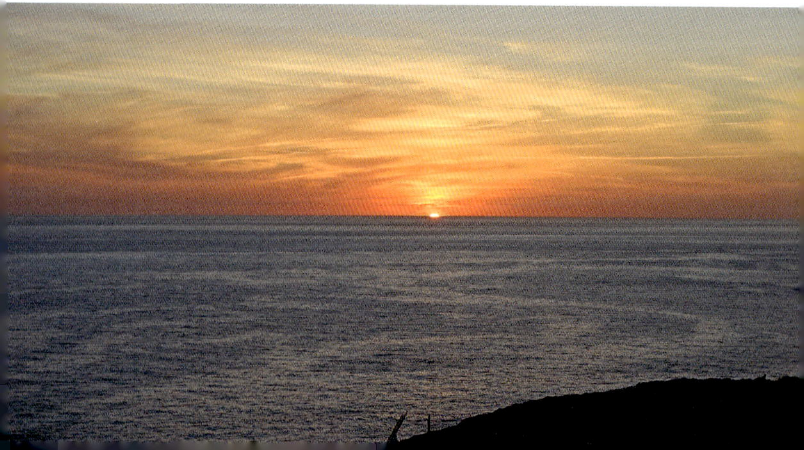

Von der **Parkgelegenheit** ❶ unter den Olivenbäumen gehen wir zunächst auf der Zufahrtsstraße wieder leicht bergauf. Hinter einer lang gezogenen Rechtskurve zweigen wir links in die hier beginnende **Schotterpiste** ab ❷. Auch befindet sich an dieser Stelle auf einem Stein eine weißblaue Markierung. Einen nach links führenden Weg zu einer Ruine lassen wir unbeachtet.

Aber in der nachfolgenden Linkskehre und **Weggabelung** ❸ gehen wir links, nun bergab auf einem abschnittsweise betonierten Weg. Danach wandern wir auf einer Piste durch die sanfte Hügellandschaft mit ihren grünen Olivenbäumen, im Hintergrund das blaue Meer.

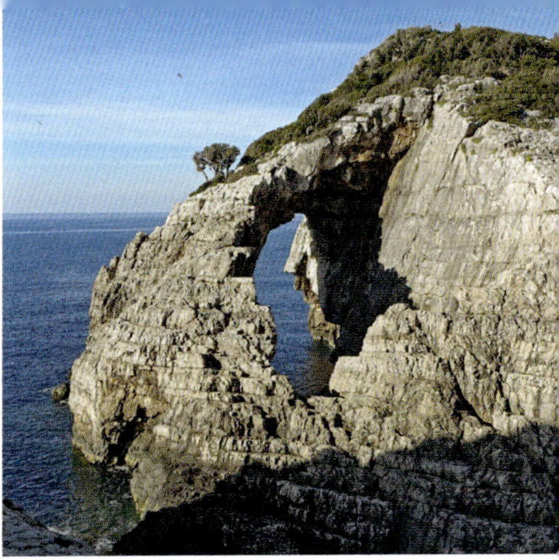

Die Felsformation Korakonisi.

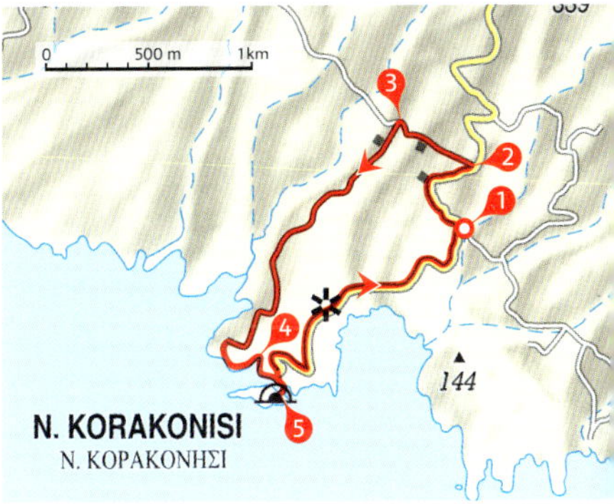

Kurz vor dem Meer verläuft die Piste in einer Rechtskurve bis zu den Steilklippen. Übrigens ein schöner Abstecher! Wir verlassen aber die Rechtskurve in Richtung Meer (südlich) und beginnen knapp unterhalb der Vegetationszone, in einem lang gezogenen Linksbogen am felsigen Küstenstreifen weglos entlangzuwandern. Wir erreichen eine nur 1 m breite Minibucht und die schwierige **Kletterpassage** ❹. Um sie zu bewältigen, steigen wir unter Zuhilfenahme der Hände noch ca. 2 m vor dem Ende der Bucht zum Wasser hinunter und gelangen mit einem großen Schritt zum gegenüberliegenden Ufer. Wiederum unter Zuhilfenahme der Hände klettern wir dann wieder bis zur Vegetationszone hinauf.

In südliche Richtung erreichen wir einen beginnenden Weg. Der mündet in einen breiten Weg, auf dem wir einige Meter bergauf gehen, um dann halb rechts auf einem mit Metallgeländer gesicherten Pfad bis an den Fuß der gigantischen Felsformation **Korakonisi** ❺ zu gelangen.

Danach wandern wir auf dem gesicherten Pfad zurück und folgen dort dem Verlauf der hier beginnenden betonierten und dann auch asphaltierten Straße bis zum **Ausgangspunkt** ❶ zurück.

↗ 220 m | ↘ 220 m | 9.7 km

40 Loucha – Kloster Iperagathou

3.45 h

Über die Hochebenen des Atheras-Bergmassivs

Loucha ist ein wahrhaft abgelegenes und ursprünglich gebliebenes Bergdorf ohne jegliche Spuren, die der Tourismus hinterlässt. Hier gibt es noch traditionelle Steinhäuser, eine 1842 erbaute Kirche, deren Glockenturm wie ein eigenständiges Gebäude wirkt, enge Gassen, Steinmauern und Straßen mit Kopfsteinpflaster – summa summarum eine Reise in die Vergangenheit. Aber nicht nur die Architektur des Dorfes ist bezaubernd, sondern auch das fruchtbare Hochtal, an das es grenzt: mit Kiefern, einem Mischwald, Kermeseichen, Obstbäumen, zahlreichen Weinstöcken am Wegesrand und in der Regenzeit großzügigen sattgrünen Weideflächen. Der Rundwanderweg führt auf dem ersten Teilstück über einen aussichtsreichen Bergrücken bis zu dem im 17. Jahrhundert erbauten Kloster Iperagathou. Zurück geht es unmittelbar durch die von Landwirtschaft geprägte Region.

Ausgangspunkt: Ca. 750 m hinter der Kirche des Bergdorfes Loucha bei der Taverne Paliómylos, 514 m (37.788583 20.726117), in der Inselmitte von Zakynthos. Entweder man parkt bei der Taverne oder rechts und links entlang der nachfolgenden Straßenkreuzung.
Anforderungen: Einfacher Spaziergang. Art des Weges: 10 % Straße und 90 % Piste.
Einkehr: Taverne am Ausgangspunkt.
Hinweis: Kloster Iperagathou geöffnet täglich außer So 9.00–12.00 Uhr.
Tipp: Die Kirche von Agios Nikolaos in Kiliomeno (37.747389 20.774234) etwas südöstlich der Tour.

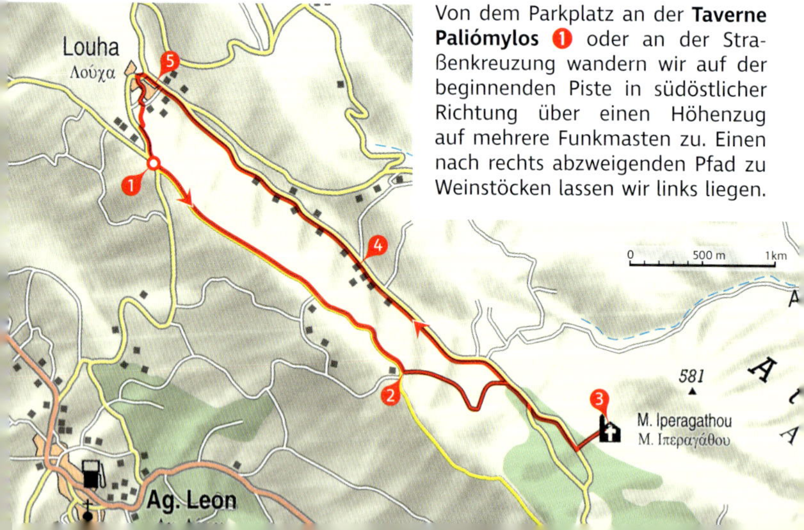

Von dem Parkplatz an der **Taverne Paliómylos** ❶ oder an der Straßenkreuzung wandern wir auf der beginnenden Piste in südöstlicher Richtung über einen Höhenzug auf mehrere Funkmasten zu. Einen nach rechts abzweigenden Pfad zu Weinstöcken lassen wir links liegen.

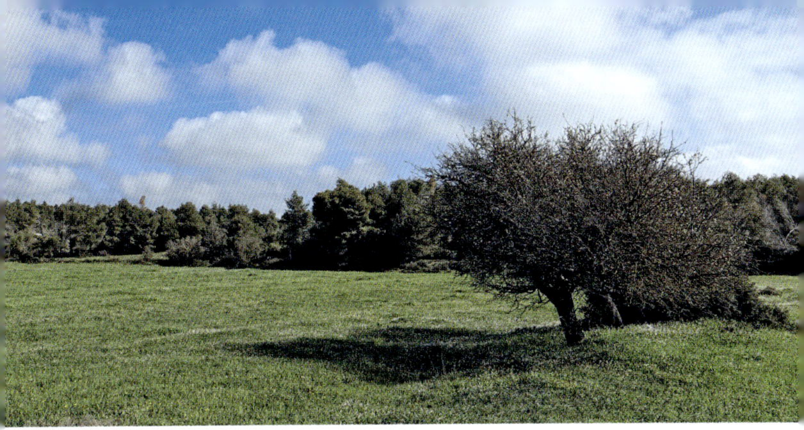

Natur so weit das Auge reicht.

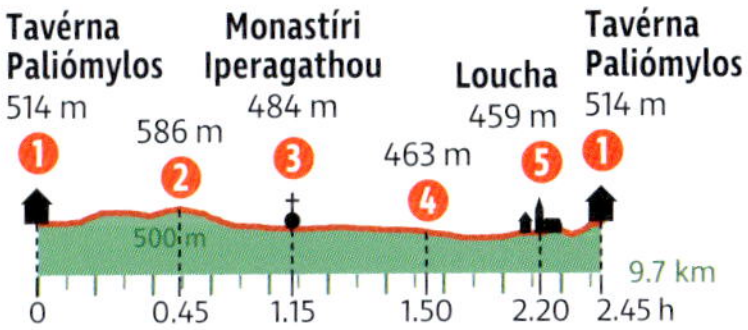

Hinter Serpentinen gehen wir an der **Wegverzweigung** ❷ die erste Piste links und im Weiteren durch einen lichten Waldabschnitt talwärts, bis die Piste endet. Hier wenden wir uns auf dem querenden Forstweg nach rechts, passieren ein Haus und ignorieren den darauffolgenden rechts abzweigenden Weg. Der Forstweg endet an einer Straßensperre. Sieht man bereits von hier, dass das ca. 250 m entfernte Tor des **Klosters Iperagathou** ❸ verschlossen ist, dann braucht man nicht bis dorthin zu gehen.

Wir gehen auf dem Forstweg zurück, vorbei an dem Haus und dem links abzweigenden Hinweg. Zwei rechte Abzweiger ignorierend, wandern wir unmittelbar an Weinstöcken vorbei. Im schattigen Wald ignorieren wir einen dritten und vierten **rechten Abzweiger** ❹. Nach einem kurzen Stück über eine Lichtung gehen wir an der Weggabelung halb links. Es folgen ein kleines Steingebäude und weitere Weinstöcke. In der Entfernung sehen wir bereits die Spitze eines Kirchturms.

Dann mündet die Piste in eine asphaltierte Straße, auf der wir bis zur **Kirche** von **Loucha** ❺ weitergehen. An der Ortsdurchgangsstraße halten wir uns links und bereits nach ca. 60 m halb links auf dem mit Platten verlegten Weg. Wir folgen dem Verlauf durch eine Senke und an Feldern vorbei und wieder bergauf. Dann gehen wir nicht geradeaus über die Treppen, sondern halb links weiter. Bei der nächsten Gabelung wählen wir jetzt die Treppen halb rechts bergauf. An den nachfolgenden zwei Weggabelungen gehen wir jeweils rechts und dann auf der asphaltierten Straße links, vorbei an der Taverne zurück bis zum **Ausgangspunkt** ❶ der Tour.

↗ 240 m | ↘ 240 m | 9.0 km

41 Vouni, 756 m

2.45 h

Auf die höchste Erhebung der Insel

Die Gipfelbesteigung des höchsten Berges von Zakynthos lässt sich in eine einfache Rundwanderung für die ganze Familie einbinden. Von diesem Dach der Insel sind bei klarem Wetter in nördliche Richtung die Nachbarinsel Kefalonia mit dem 1628 m hohen Berg Aenos (siehe Tour 14 und 16) und Richtung Osten die Peloponnes auszumachen. Während die sonnenverbrannten Küstenregionen nur bedingt Landwirtschaft zulassen, staunen wir bei dieser Tour im Landesinneren über zwei fruchtbare Hochtäler mit zahlreichen Feldern. In den Höhen des Vrachiona-Bergmassivs herrschen ganzjährig kühlere Temperaturen, und es fällt mehr Niederschlag im Winter.

Ausgangspunkt: Abzweigung der Stichstraße Richtung Vouni in der Rechtskurve der Straße von Loucha nach Zakynthos-Stadt, 528 m (37.798300 20.725283), im Zentrum der Insel, 18 km entfernt von Zakynthos-Stadt. Ca. 550 m nördlich von Loucha zweigt die Stichstraße ab; Parkmöglichkeiten vorhanden.
Anforderungen: Leichte Bergwanderung. Art des Weges: 10 % Straße und 90 % Piste.
Einkehr: Keine.

Der Blick vom Gipfel reicht bis zur Nachbarinsel Kefalonia.

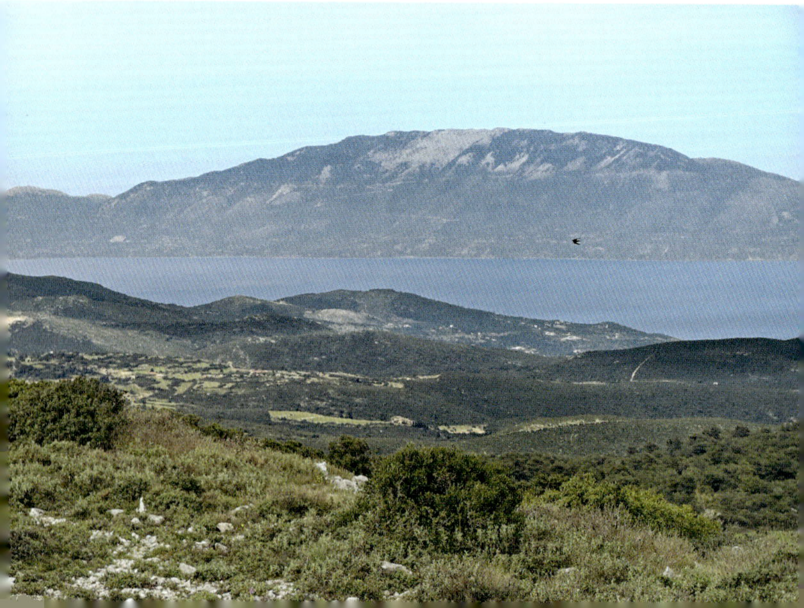

Von der **Parkmöglichkeit** ❶ gehen wir auf der erwähnten Stichstraße mit ihrem fast weißen Untergrund. Es folgt ein kurzes betoniertes Wegstück, und unterhalb von zwei Strommasten folgen wir an der Gabelung den halb rechten Arm (der halb linke Arm ist unser späterer Rückweg).

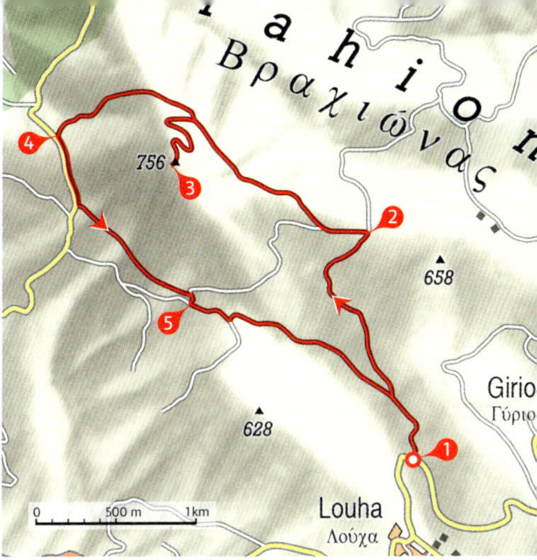

Wir kommen an einem Solarpark vorbei, vor uns erhebt sich der höchste Berg der Insel. Im schattenlosen Gelände schlängelt sich der Weg gemächlich in die Höhe. Sobald die Spitzen der Windräder zu sehen sind, gehen wir an der nächsten **Abzweigung links** ❷.

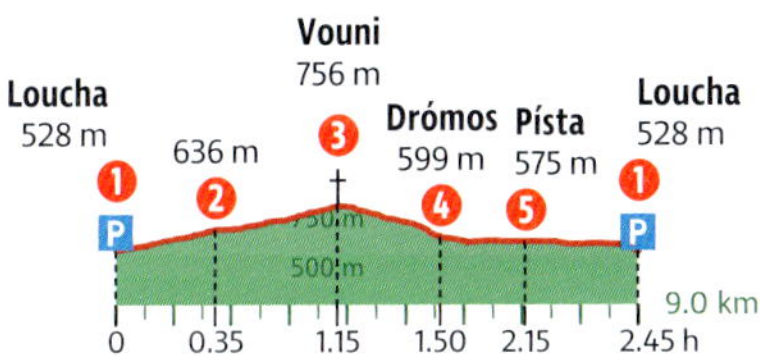

An der sofort darauf folgenden Gabelung orientieren wir uns an dem halb rechten Arm. Hinter einem lichten Waldabschnitt – bzw. dort, wo die Windräder in voller Größe zu sehen sind – biegen wir links auf die Piste ab und gelangen so zum Gipfelplateau des **Vouni** ❸ mit einer faszinierenden 360°-Rundumsicht.

Wir gehen zum letzten Abzweiger zurück und hier nun links bergab. Auf Höhe eines Zauns lassen wir den rechten Abzweiger links liegen. Die Piste geht in eine asphaltierte Straße über und endet an einer querenden **Straße** ❹, auf der wir nun links weitermarschieren. Sobald wir Weinstöcke sehen, zweigen wir bei der nächsten Möglichkeit links ab. Wir wandern nun ein längeres Stück am Rand einer fruchtbaren Hochebene, an deren Rand nachfolgend Ruinen und ein Neubau stehen.

An einer Gabelung folgen wir dem Verlauf der Piste halb rechts und durchwandern daraufhin eine lang gezogene Rechtskurve. Am Ende dieser Piste marschieren wir auf der **querenden Piste** scharf links ❺. Es folgt eine Kreuzung, an der wir links abbiegen. Weitere abzweigende Wirtschaftswege zu den Feldern einer zweiten Hochfläche ignorieren wir und gehen immer geradeaus, bis wir auf dem bekannten Hinweg zum **Ausgangspunkt** ❶ zurückkehren.

↗ 340 m | ↘ 340 m | 11.2 km

42 Exo Chora – Kampi

3.15 h

Das richtungsweisende Kreuz

Sehr romantisch liegt das Dorf Exo Chora in der sanften Hügellandschaft – mit einer ehrwürdigen Kirche unter einer riesigen Platane. Der ca. 1400 Jahre alte, verknöcherte Olivenbaum gegenüber der Kirche ist der älteste auf Zakynthos; generell gehören Olivenbäume zu den ältesten Kulturpflanzen der Welt. Die Wanderung verläuft anfangs entlang von kleinen Kiefern und zahlreichen Feldern und bringt uns zu dem omnipräsenten Kreuz von Kampi, einer der bekanntesten Sehenswürdigkeiten auf Zakynthos. Als Folge der Besetzung durch Nazi-Deutschland erschütterten blutige Machtkämpfe zwischen rechtsgerichteten und republikanischen Gruppen Griechenland. Das Kreuz wurde zu Ehren der Gefallenen dieses Bürgerkrieges errichtet. Im Restaurant hinter dem Kreuz wird vorzügliches Essen bei einmaliger Aussicht serviert, bevor es auf naturnahen Wegen zurückgeht.

Ausgangspunkt: Exo Chora, 327 m (37.801567 20.684350), im Nordwesten von Zakynthos, 24 km entfernt von Zakynthos-Stadt. Parkplätze gibt es im Umfeld des Platzes vor der Kirche.

Anforderungen: Leichte Wanderung ohne besondere Anforderungen. Art des Weges: 20 % Asphaltstraße, 80 % Piste.
Einkehr: Tavernen bei Km 0,1, Km 4,8 und Km 11.

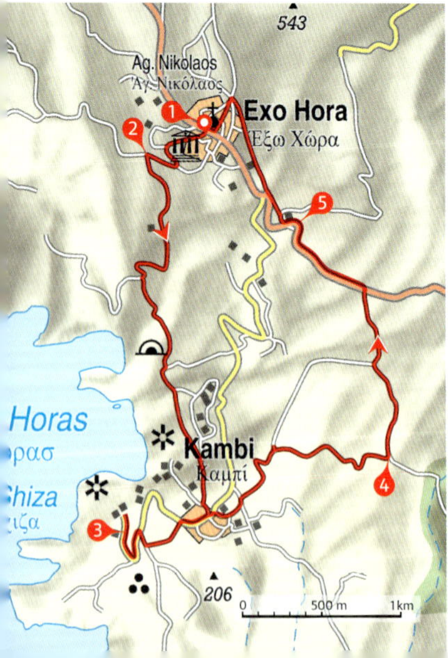

Gegenüber vom Kirchplatz im Bergdorf **Exo Chora** ❶ wandern wir zwischen dem uralten Olivenbaum und der Taverne in die Seitenstraße. An der sofort darauf folgenden Gabelung halten wir uns am Verkehrsspiegel halb rechts, es geht an einem Haus mit grünen Fensterläden vorbei. An der Kapelle mit dem dahinter liegenden Friedhof wandern wir an der linken Seite vorbei. Hinter der nachfolgenden 180°-Kehre biegen wir links in die asphaltierte Straße ab. Dort, wo die asphaltierte Straße in eine Piste übergeht, gehen wir aber geradeaus weiter.
Auf einem ebenen Stück – nach einer **Rechtskurve** – zweigen wir links ab ❷. Wir ignorieren die abzweigenden Wirtschaftswege und gehen in Richtung eines großen Ge-

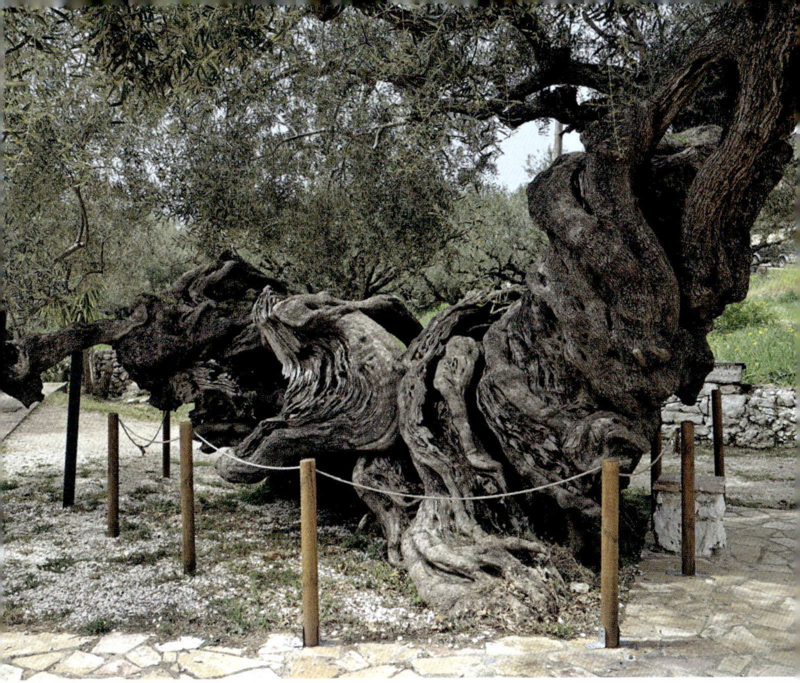

Der ca. 1400 Jahre alte Olivenbaum im Bergdorf Exo Chora.

bäudes. Am Ende der Piste wandern wir auf der querenden Piste rechts weiter. Beim Näherkommen erkennen wir, dass das große Gebäude einst eine Hotelanlage beherbergte. Hinter einer fruchtbaren Ebene mündet die Piste in eine asphaltierte Straße, auf der wir geradeaus bis zu einer großen Kreuzung vorgehen. An dieser biegen wir rechts ab und folgen dem Verlauf der Straße in **Kampi** noch durch die Rechtskurve.

Aber bereits auf Höhe einer Ruine und zweier Gartentore zweigen wir links auf einen Wirtschaftsweg ab. Nach einem kurzen betonierten Wegstück gehen wir auf der querenden Piste rechts bis zur Straße vor und dort links bergauf. Ein braun-weißes Schild weist auf die Sehenswürdigkeit einer My-

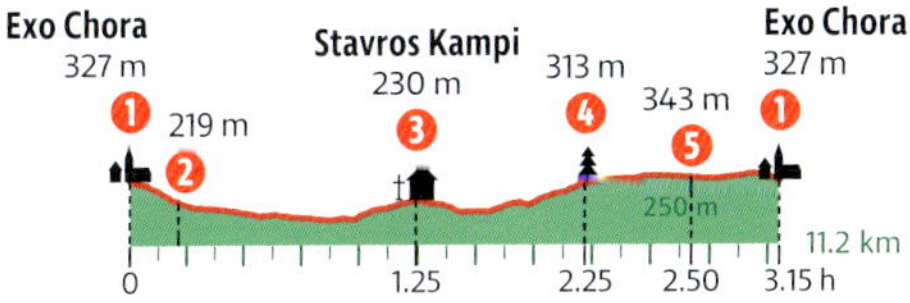

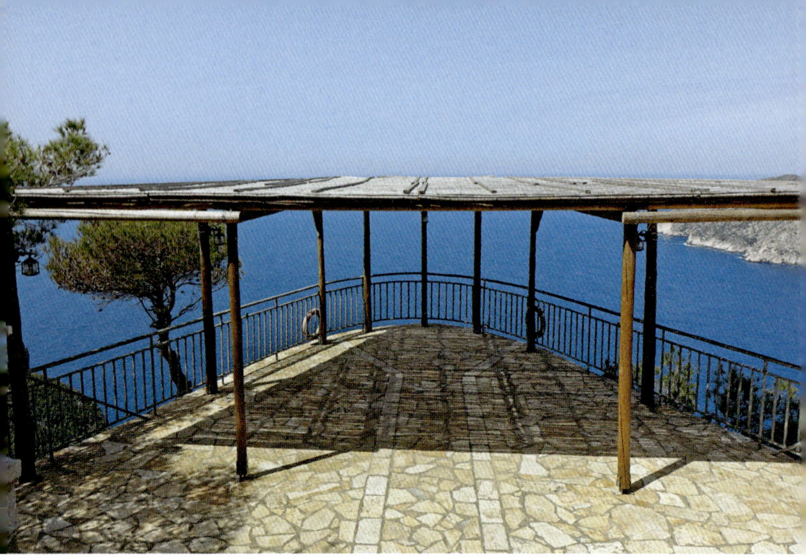

Die »Cross«-Taverne am Kreuz von Kampi.

kenischen Grabanlage aus der Zeit um 1200–1140 v. Chr. hin. Danach ist das betonierte **Kreuz von Kampi** ❸ erreicht.
Wir gehen zunächst auf dem gleichen Weg zur großen Kreuzung im Dorf Kampi hinunter und an dieser nun geradeaus. Unmittelbar hinter dem Friedhof, in der Linkskehre der Straße, marschieren wir aber geradeaus auf dem bergauf führenden Pfad weiter. Eine rechts abzweigende Piste beachten wir nicht; die nachfolgende asphaltierte Straße kreuzen wir nach halb links und wandern auf der betonierten Piste weiter. Es folgen zahlreiche Kurven, bis wir auf Höhe einer großen **Kiefer** ❹ die rechts abzweigende Piste ignorieren.
Während des weiteren Aufstieges passieren wir einen Heiligenschrein und von links mündet eine Piste in die unsrige. Entlang der nachfolgenden Straße marschieren ca. 600 m links Richtung Exo Chora. Dort verlassen wir in der **Linkskurve** ❺ die Straße auf eine beginnende Piste. An der sofort folgenden Gabelung wählen wir den halb linken Arm. In der anschließenden Senke steigen wir nicht links hinunter zur Straße, sondern gehen geradeaus weiter. Links unterhalb ist bereits die Kirche mit dem Dorfplatz und der riesigen Platane zu sehen. Wir wandern aber noch an den Häusern des Oberdorfes vorbei, um dann vor der Straße links das Feld zu queren und dabei nach ca. 50 m einen Ziegenzaun zu öffnen und zu verschließen. Auf der Straße legen wir dann die letzten Meter zum **Ausgangspunkt** ❶ zurück.

↗ 270 m | ↘ 270 m | 6.9 km

2.00 h

Beim Dorf Volimes

Zu den Ruinen des Klosters Agios Andreas

Volimes ist ein malerisches Dorf, das für seine Webereien, die besondere Architektur der Glockentürme und die zwischen 1836 und 1839 erbaute Windmühle bekannt ist. Die Tour führt durch unberührte Natur und über einen etwas abenteuerlichen Weg durch einen Kiefernwald zu den Ruinen des Klosters Agios Andreas, das eine lange, bewegte Geschichte hinter sich hat. Die erste Klosteranlage wurde 1595 von dem Priester Ioannis Theodosis erbaut und befand sich auf einer vorgelagerten kleinen Insel. Schnell wurde das Kloster bekannt und durch bedeutende Widmungen und Schenkungen bereichert. Aber ständige Piratenangriffe zwangen die Mönche umzuziehen, und so wurde die Anlage 1621 auf dem Festland neu errichtet. Durch das heftige Erdbeben von 1953 wurde es komplett zerstört, geblieben sind die Ruinen, wie wir sie heutzutage vorfinden.

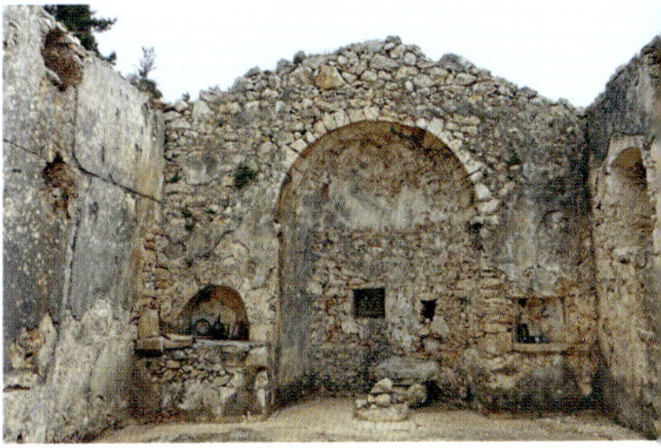

Foto rechts oben: Die Ruinen des Klosters des heiligen Andreas.
Unten: Schmaler Pfad durch einen Kiefernwald.

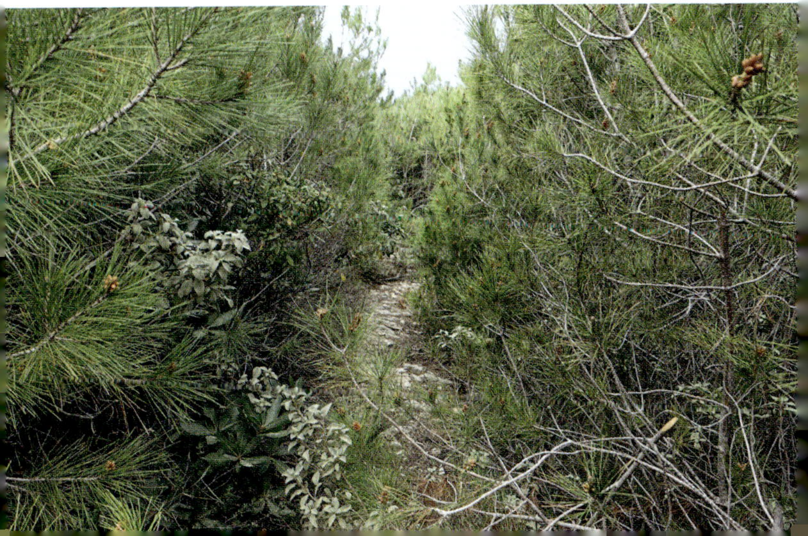

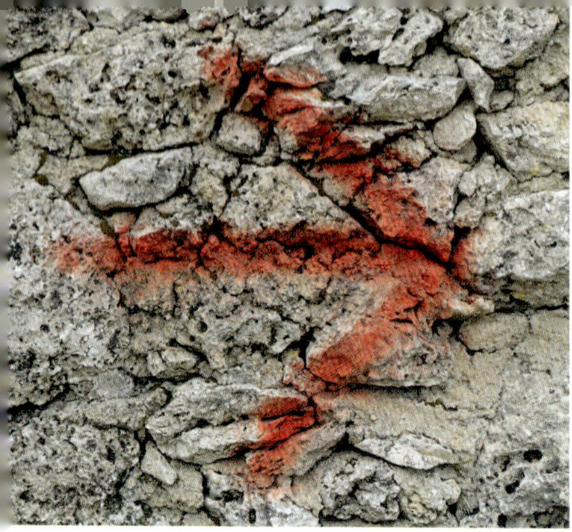

Ausgangspunkt: Volimes, 418 m (37.875800 20.653333), 32 km nordwestlich von Zakynthos-Stadt. Am westlichen Rand des Dorfes Volimes, hinter der Kirche Ag. Spyridon, verlässt man die Straße in einer Linkskurve auf eine geradeaus weiterführende Piste. Neben mehreren Schrottautos gibt es Parkmöglichkeiten.
Anforderungen: Leichter Spaziergang durch die Natur. Art des Weges: 5 % Pfad, 10 % Straße und 85 % Piste.
Einkehr: Unterwegs keine.
Tipp: Kloster Agios Georgios (37.859904 20.635821) ein Stück südwestlich des Ausgangspunktes.

Bevor die eigentliche Wanderrunde losgeht, führt ein lohnenswerter Abstecher vom Ausgangspunkt in **Volimes** ❶ in östliche Richtung zur ausgeschilderten **Kirche Agios Spyridon**. Ihr heutiges Erscheinungsbild entstand nach dem Wiederaufbau. Wie die meisten Gebäude in dieser Region wurde auch sie während des schweren Erdbebens 1953 zerstört. Wir spazieren zur Linkskurve der Straße zurück und gehen nun auf der hier beginnenden Piste bereits an der ersten Weggabelung halb links.

Die Kirche Agios Spyridon in Volimes.

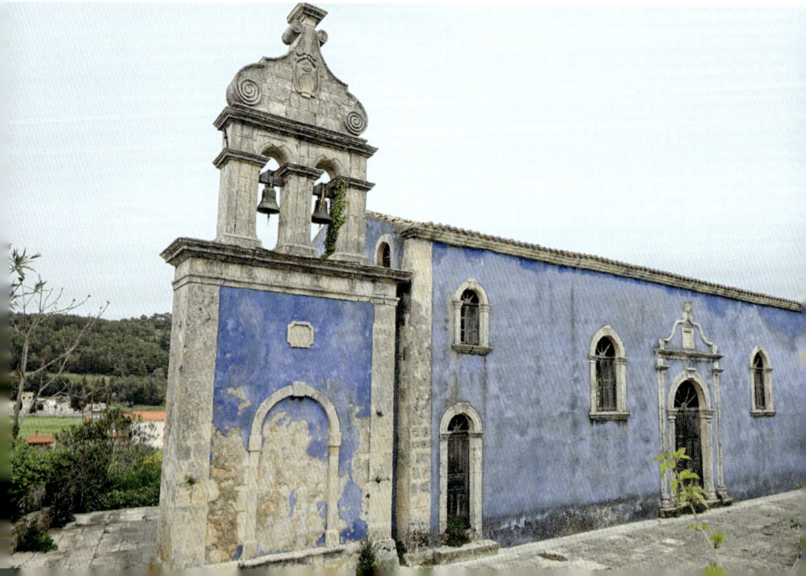

Die Piste führt durch einen lichten Kiefernwald in eine Senke hinunter und gabelt sich dort. Beide Wege sind zielführend; halb links verläuft der Weg leicht bergauf, für den halb rechten Arm gilt die nachfolgende Beschreibung:
Die Piste endet an einem Olivenhain, durch den wir rechts weglos bergauf gehen, um dann vor dem Gestrüpp und einer Steinmauer einen querenden Pfad zu erreichen. Dieser mündet kurz später in die Piste, die wiederum bei einer **Ruine** endet. Ein **roter Pfeil** ❷ weist den Weg nach rechts.

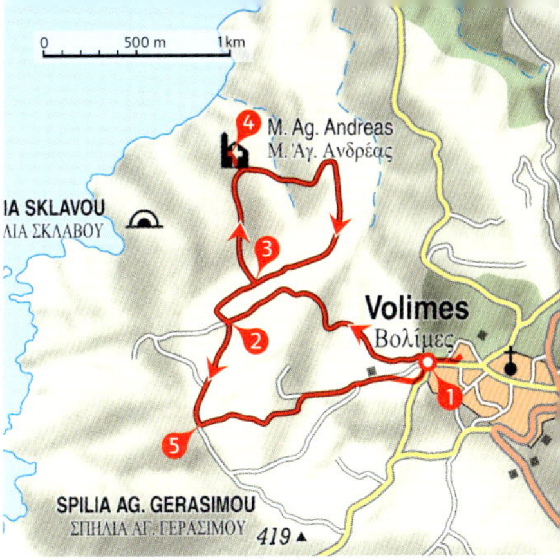

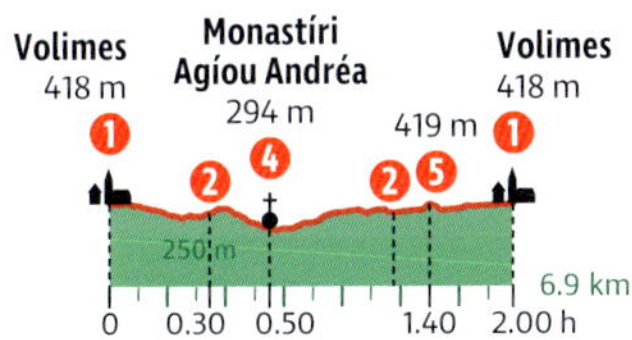

Der zunächst bergauf führende Pfad durchläuft eine Rechtskurve, und hinter der Anhöhe geht es dann bergab. Achtung! Nach einem kurzen betonierten Wegstück – hier befindet sich auch eine Art Parkbucht – biegt **scharf links** ❸ ein schmaler Pfad durch dicht beieinanderstehende Kiefern ab. Streckenweise ist der nachfolgende Weg zwar im Begriff zuzuwachsen, aber es sieht dennoch so aus, als ob er noch genutzt würde, denn es ist ein eindeutiger Trampelpfad vorhanden. Sollte dieser Pfad mal unpassierbar sein, so gelangt man über unseren späteren Rückweg zum Kloster, geht also bei der Abzweigung nicht scharf links, sondern geraudeaus.
Wir erreichen die Ruinen des **Klosters Agios Andreas** ❹. Am besten erhalten ist die Klosterkirche. Richtung Meer beginnt ein Pfad über eine Wiese und endet bei einem Aussichtspunkt. Hinter der Klosteranlage wandern wir dann Richtung Landesinneres über die große Wiese und erreichen eine beginnende Piste, auf der wir – vorbei an der **Abzweigung** ❸ – bis zur **Ruine** und dem **roten Pfeil** ❷ marschieren. Dort angekommen gehen wir nun geradeaus (nicht links auf dem Hinweg). Das nachfolgende bewaldete Gebiet war während meiner Recherchereise aufgrund eines Waldbrands im Jahr 2021 schwarz verbrannt.
In der nächsten Linkskurve der Piste ignorieren wir den nach rechts abzweigenden Weg und gehen **halb links** ❺ weiter. Wir lassen das Waldbrandgebiet hinter uns, wandern durch einen lichten Kiefernwald und danach durch offenes Gelände bis zur Durchgangsstraße. Auf ihr erreichen wir links wieder den **Ausgangspunkt** ❶.

TOP

44 Das Schiffswrack

↗ 100 m | ↘ 100 m | 1.9 km

1.00 h

Thrill am Abgrund

Diese »Fotoshootingtour« führt entlang der 140 bis 230 m hohen Kante der Steilküste, die senkrecht zum Navagio-Strand abfällt. Der wesentliche Inhalt des meistfotografierten Motivs auf Zakynthos ist das 1982 gestrandete Schiff »Panayiotis«, das inzwischen dunkelbraun verrostet ist. Es liegt inszeniert wie bei einem Bühnenbild im Theater auf dem ca. 185 m breiten, feinen Kieselsteinstrand am tief türkisfarbenen Meer, eingerahmt von den hoch aufragenden hellen Kalksteinfelsen. Die Bucht ist nur über den Seeweg erreichbar, unzählige organisierte Tagesausflüge spucken in den Sommermonaten zwischen 10.00 und 17.00 Uhr scharenweise Touristen aus. Noch beeindruckender ist der atemberaubende Blick auf die Szenerie von oben. Von dem steilen, ausgesetzten Berggrat hat man in den Morgenstunden das Licht im Rücken. Am späten Nachmittag ergibt sich ein schönes Licht zum Fotografieren von der Aussichtsplattform und dem Aussichtspunkt, dann sind auch fast alle Tagestouristen schon wieder weg.

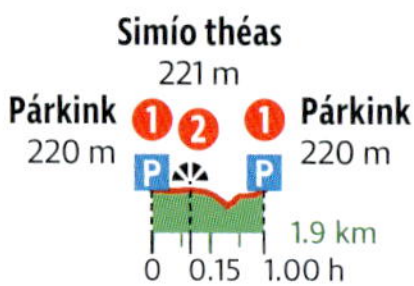

Ausgangspunkt: Oberhalb des Schiffswracks, 220 m (37.861733 20.626050), 34 km nordwestlich von Zakynthos-Stadt. Von den Bergdörfern Volimes und Anafonitria führt eine Stichstraße zu den Klippen oberhalb der Westküste, dort ist ein kleiner Parkplatz (nur wenige Stellplätze!).
Anforderungen: Trittsicherheit und Schwindelfreiheit werden benötigt. Art des Weges: 40 % Piste und 60 % Pfad.
Einkehr: Keine.
Variante: Der Abstieg über den steilen Berggrat 5 ist rutschig, steil und ausgesetzt. Lässt man diesen Wegabschnitt aus, ist die Tour »blau« und für die ganze Familie geeignet.

Fotoimpression vom Schiffswrack.

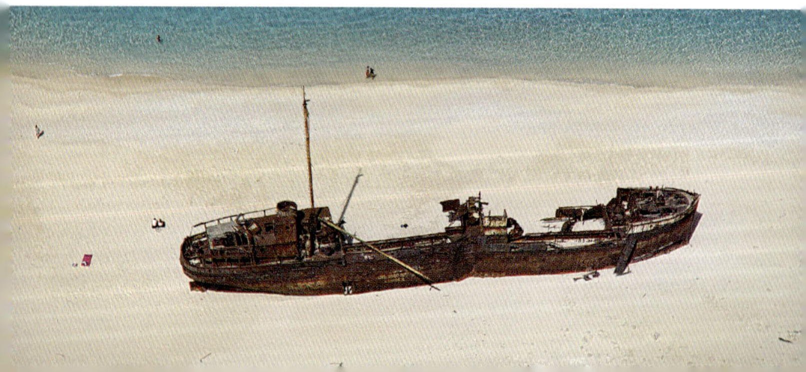

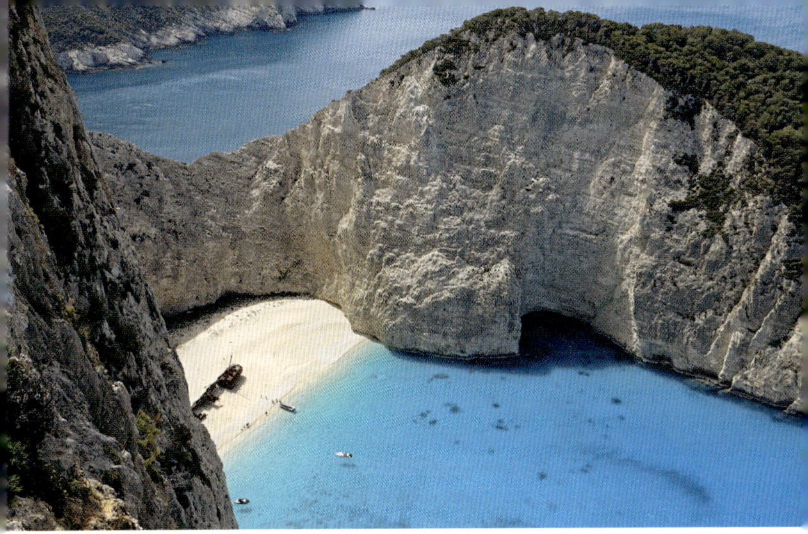

Der Blick von der Aussichtsplattform.

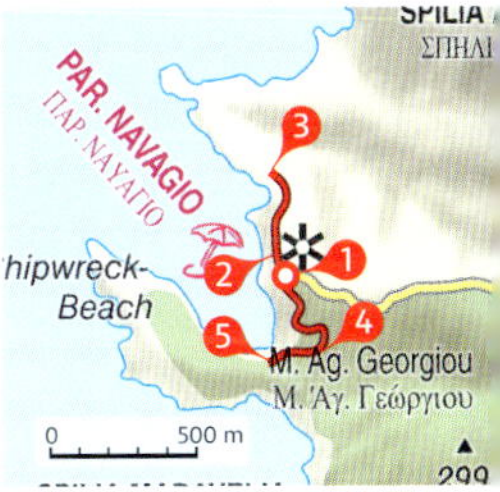

Von dem **Parkplatz ❶**, an dem oft ein Einheimischer selbst gemachte Köstlichkeiten anpreist, steigen wir über wenige Stufen zu einem **Aussichtspunkt ❷** *(simío théas)* mit einer kleinen Plattform– eine echte Herausforderung, wenn man nicht schwindelfrei ist. In Stoßzeiten gibt es dort schon mal eine Warteschlange, um ein begehrtes Foto zu machen. Man sieht bereits das Schiffswrack und zwar nicht die ganze Bucht, dafür aber auch das Kloster Agios Georgios im Hinterland.
Richtung Norden verlaufen dann zahlreiche Pfade durch das niedrige Gestrüpp. Dabei kann man wählen, ob man möglichst nah am Abgrund gehen will oder etwas weiter im Landesinneren. Auf felsigem Untergrund befindet sich am Ende des Pfades ein **Aussichtspunkt ❸**. Von diesem Blickwinkel ist nun die ganze Bucht zu sehen. Schaut man Richtung Norden über das Ionische Meer, so erkennt man in ca. 30 km Entfernung den 1628 m hohen Aenos auf der Insel Kefalonia.
Wir wandern auf dem gleichen Weg zurück an der **Aussichtsplattform ❷** und dem **Parkplatz ❶** vorbei. Dahinter beginnt ein zunächst gemächlich bergab führender Weg. Nach einer Rechtskurve endet dann aber die **Piste ❹**. Es folgt ein steiler, gerölliger und rutschiger Pfad, der uns bis zu einem steilen **Berggrat ❺** bringt. Von dieser ausgesetzten Position genießt man einen Frontalblick auf die Szenerie.
Auf dem bekannten Hinweg gelangen wir wieder zurück zum **Parkplatz ❶**.

TOP

45

↗ 590 m | ↘ 590 m | 15.7 km

Makris-Gialos-Strand – Kloster Spiliotissa

4.45 h

Geschichte des heiligen Klosters und reichlich Natur

Auf der stark besiedelten Insel Zakynthos – mit fast urbanen Zentren – ist der Wanderer freudig überrascht, wenn Pfade durch Regionen mit dichter Vegetation oder durch abgelegene Hochtäler verlaufen – so auf dieser Tour. Neben der Gelegenheit, am Ende der Wanderung das mediterrane Strandleben zu genießen oder in einer netten Taverne einzukehren, ist die lange Geschichte des Klosters Spiliotissa von Interesse: Denn einer Legende nach fand 1548 der Mönch Ioannikios Kopsidas in einer Höhle die Ikone der Theotokos (die Jungfrau Maria und das Jesuskind) – auch bekannt unter dem Namen Spiliotissa. Er begann mit dem Bau des heutigen Klosters Spiliotissa, das in der Vergangenheit über eine große Bibliothek verfügte. Die Klosterkirche beherbergt noch heute die versilberte Ikone mit den schwarzbraunen Köpfen, sie steht unmittelbar vor dem gut erhaltenen Ikonostas. Mit Spendengeldern restaurieren heute Nonnen das ehrwürdige Anwesen, um es wieder in alter Pracht erstrahlen zu lassen.

Der Makris-Gialos-Strand.

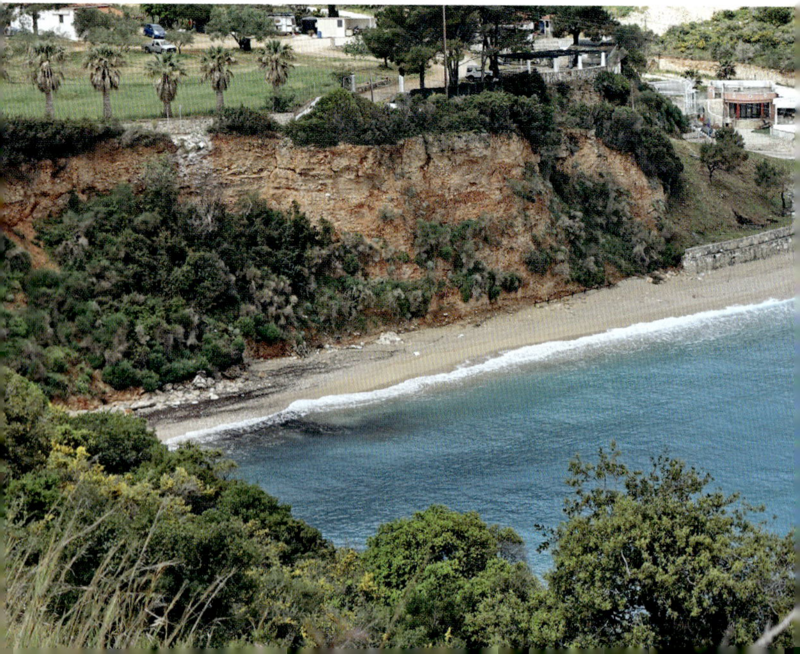

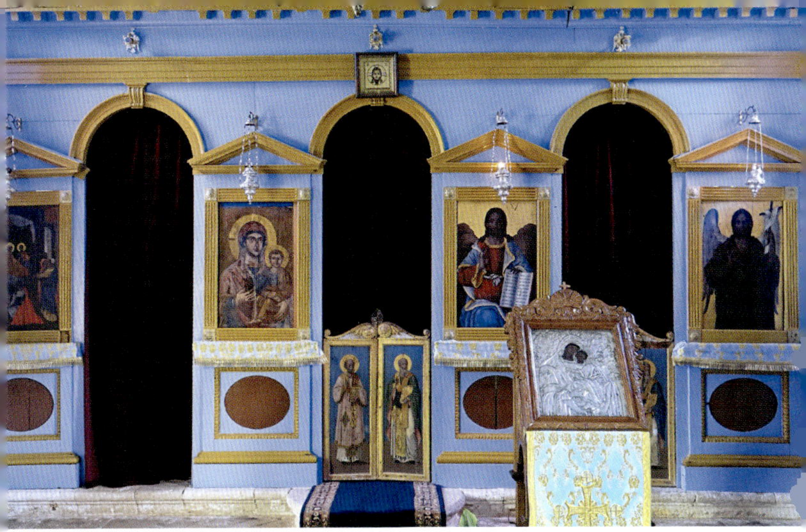

Der gut erhaltene Ikonostas des Klosters Spiliotissa.

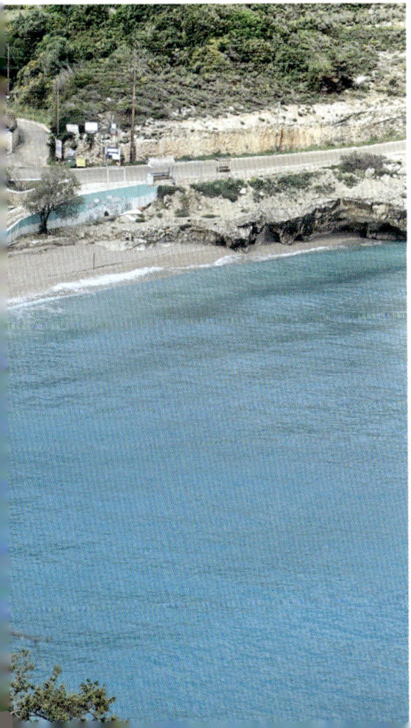

Ausgangspunkt: Taverne Pilarinos am Makris-Gialos-Strand, 15 m (37.878383 20.725033), im Nordosten von Zakynthos, 25 km entfernt von Zakynthos-Stadt. Ca. 750 m südlich des Ortes Mikro Nisi erreicht man auf der Küstenstraße die Taverne oberhalb des Makris-Gialos-Strands. Hier im Umfeld gibt es zahlreiche Parkplätze.
Anforderungen: Lange Wanderung auf Pisten durch unberührte Natur. Art des Weges: 20 % Pfad, 20 % Straße in 60 % Piste.
Einkehr: Taverne am Ausgangspunkt.

Von dem Parkplatz hinter der **Taverne Pilarinos** ❶ folgen wir der landeinwärts führenden Piste. An der Zufahrt zu einer Villa gehen wir vorbei und einen linken Abzweiger lassen wir unbeachtet. Nach einem längeren Wegstück wandern wir links an einem allein stehenden Haus vorbei und gehen nun parallel zu einem

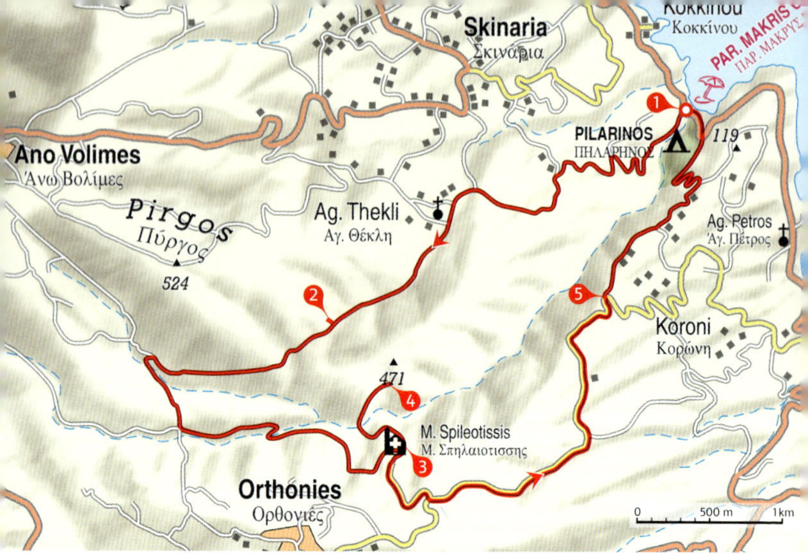

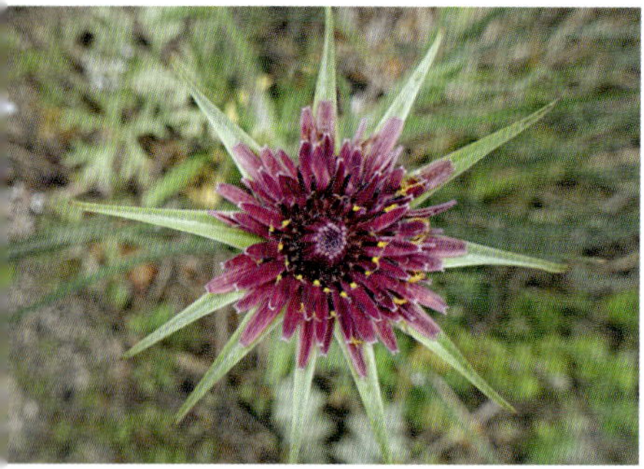

fruchtbaren Hochtal. Nach einem kurzen Stück bergab ignorieren wir die rechts abzweigende Piste, rechts von uns befindet sich ein weiteres fruchtbares Hochtal.

Es folgt eine kurze Wegstrecke bergauf auf einer asphaltierten Straße. Rechts von dieser befindet sich eine Streusiedlung. Nach einiger Zeit sehen wir rechts am Berghang einen 1948 erbauten **Wachturm** ❷ *(paratiritírio)*, ein lohnender kleiner Abstecher. Hinter der Einsattelung tut sich ein weiteres verstecktes Hochtal auf, diesmal nur Natur, keine Landwirtschaft. Auf der Schotterpiste steuern wir direkt auf viele dicht beieinanderstehende Säulenzypressen zu, an denen wir dann im Weiteren auch vorbeigehen. Bei der nächsten Möglichkeit schwenken wir an der Gabelung auf den halb linken Arm, knapp später geht es unmittelbar an einer Ruine vorbei. Nach einem kurzen Stück bergab mündet unser Weg in eine querende Piste, wir gehen hier links weiter. Aus der Ferne ist bereits die Klosteranlage zu sehen, und nach längerem Anstieg erreichen wir dann auch das **Nonnenkloster Spiliotissa** ❸.

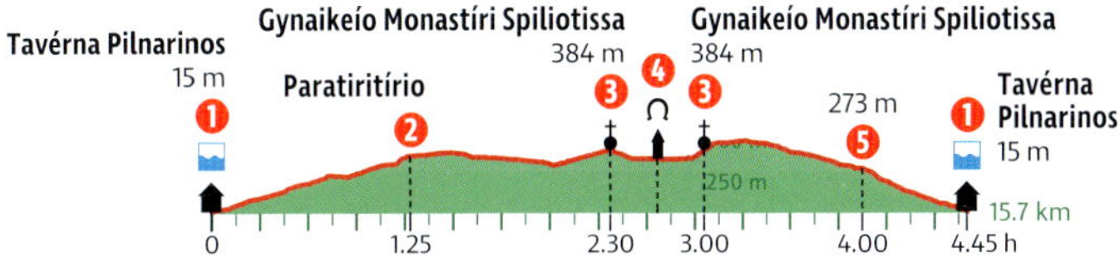

Ein kleiner und sehr lohnenswerter Abstecher führt zu einer Höhle und dem Fundort der Ikone der Theotokos. Um dorthin zu kommen, verlassen wir das Kloster durch die Hintertür, steigen über einige Terrassenfelder ab, kommen an der ehemaligen Windmühle vorbei, gehen bei der ersten Weggabelung links und folgen nun dem angelegten Pfad durch eine Schlucht bis in den gegenüberliegenden Berghang mit den **Ruinen** und der **Höhle** 4. Erwähnenswert: Wie bei einem Klettersteig wurden abschnittsweise Löschschläuche – anstatt Sicherungsseile –, an Bäumen befestigt, die beim Aufstieg über steile Wegstücke helfen. Danach geht es zum **Nonnenkloster Spiliotissa** 3 zurück.

Auf der Zufahrtsstraße zum Kloster steigen wir auf und gehen dort, wo sie endet, links und über die nachfolgende Einsattelung. Eine rechts abzweigende Straße ignorieren wir und erreichen so in der zweiten Rechtskurve der Serpentinen der Straße eine sehr leicht zu übersehende **Schlüsselstelle** 5. Hier verlassen wir die Straße nach halb links auf einem Pfad. Dieser mündet nach einiger Zeit wieder in die asphaltierte Straße, auf der wir nun kontinuierlich bergab zum **Ausgangspunkt** 1 wandern.

Ein alter Wachturm.

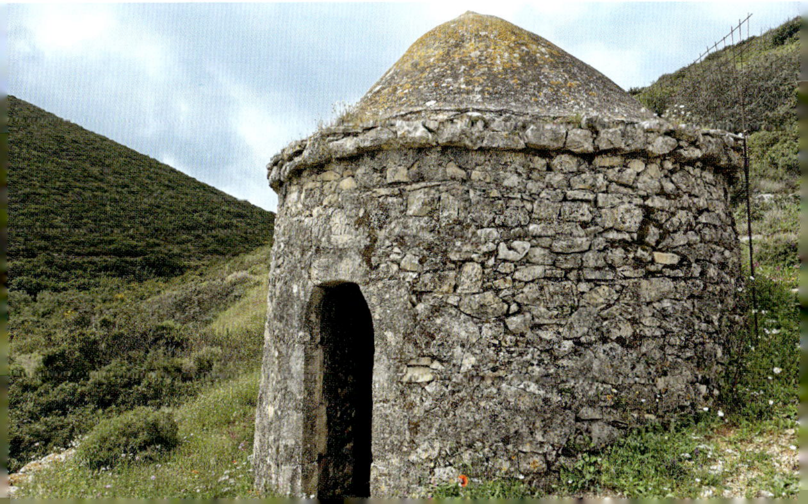

↗ 390 m | ↘ 390 m | 10.9 km

46 Abtei in den Bergen und türkisfarbenes Wasser

3.15 h

Kultur, Natur und Baden

An der geschichtsträchtigen Abtei von Agios Ioannis Prodromos (Johannes der Täufer) beginnt die Rundwanderung. Die Abtei wurde 1617 erbaut und war bis 1960 die Heimat von ca. 40 Mönchen. Der inzwischen einzig verbliebene Ordensgeistliche zeigt gerne – wenn er denn auch da ist – die ehemaligen Klosterzellen und das Innere der Kirche mit einem hübschen Ikonostas und mehreren wertvollen Ikonen. Namensgeber für das Kloster ist Johannes der Täufer – siehe auch die Steinarbeit am Eingang des Glockenturms. Er war lange Zeit der Schutzpatron von Zakynthos, bevor die Fürsprache für Zakynthos vom 1547 in Zakynthos geborenen heiligen Dionysios übernommen wurde. Nach Besichtigung der Abtei geht es auf Pisten durch das naturnahe Hinterland von Zakynthos bis zum Meer. Die folgenden Strände Alykés und Lithari befinden sich einer großen Bucht, sind ca. 1,8 km lang und laden zum Sonnenbaden ein. Auf dem Weg Richtung Norden wird aus dem feinen Sandstrand ein Kieselsteinstrand, aus einer sehr gut touristisch erschlossenen Region fast unberührte Natur.

Die Ruine in der Nähe des Klosters Johannes der Täufer.

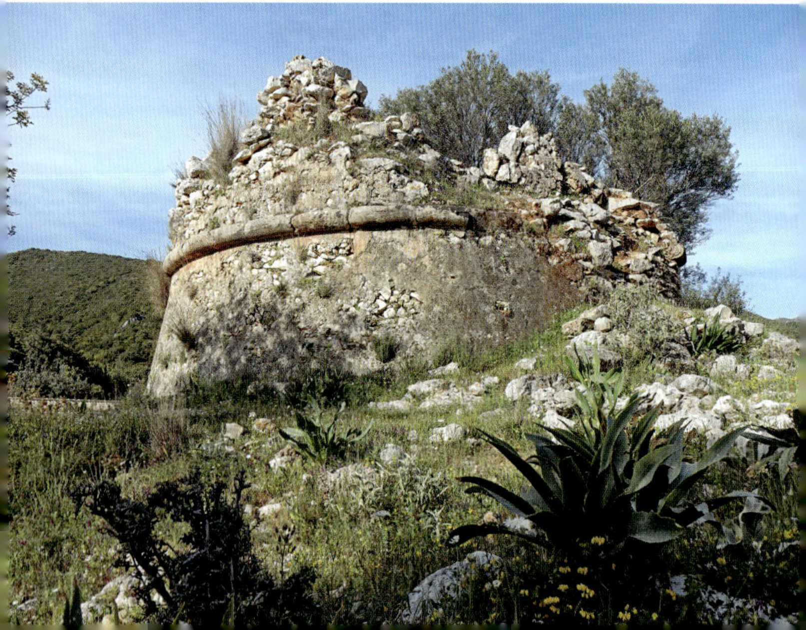

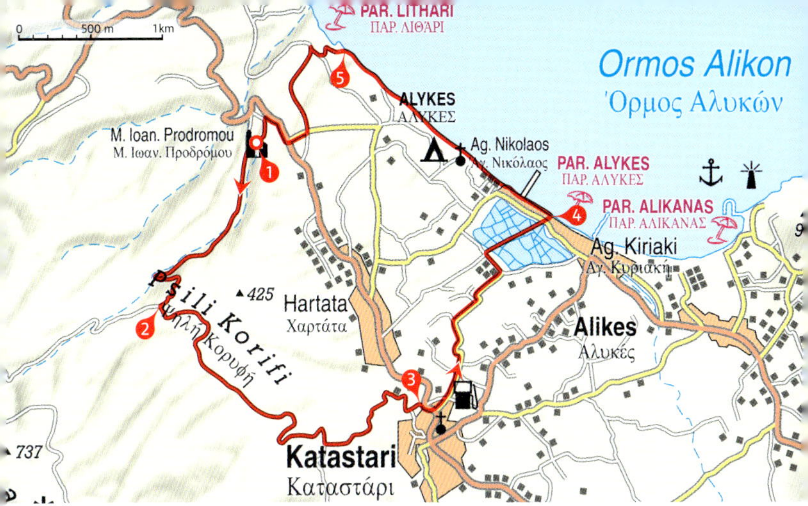

Ausgangspunkt: Kloster Ioannis Prodromos, 157 m (37.847950 20.743583), im Nordosten von Zakynthos, 19 km entfernt von Zakynthos-Stadt. Von der Verbindungsstraße zwischen den Orten Katastari und Mikro Nisi nach links in die Stichstraße zum ausgeschilderten Kloster abbiegen und dort am Vorplatz parken. – Öffentliche Verkehrsmittel: Zum Ausgangspunkt keine. Am Alykés-Strand ❹ befindet sich in unmittelbarer Nähe die Bushaltestelle Astoria-Hotel.
Anforderungen: Leichte Berg- und Strandwanderung ohne besondere Anforderungen. Art des Weges: 20 % Strand, 40 % Piste und 40 % Straße.
Einkehr: Tavernen bei Km 6,5 und Km 7,2.
Tipp: Südlich von Wegpunkt ❸ das Landwirtschafts- und Volksmuseum Vertzagio (37.820586 20.762409).

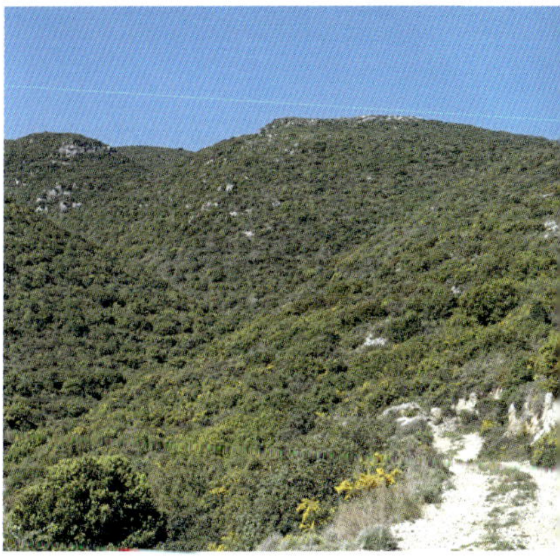

Endlose Waldwellen.

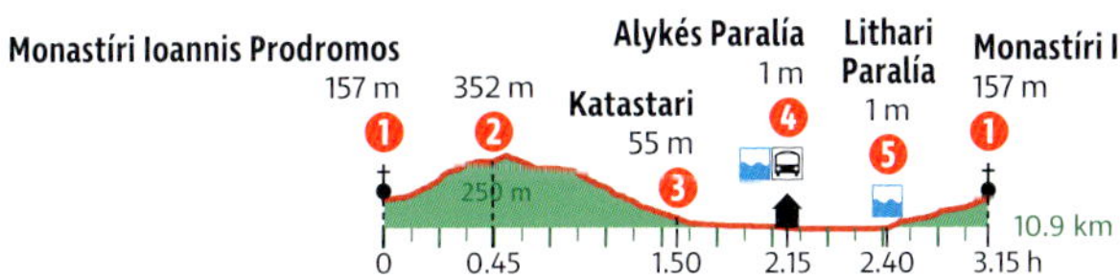

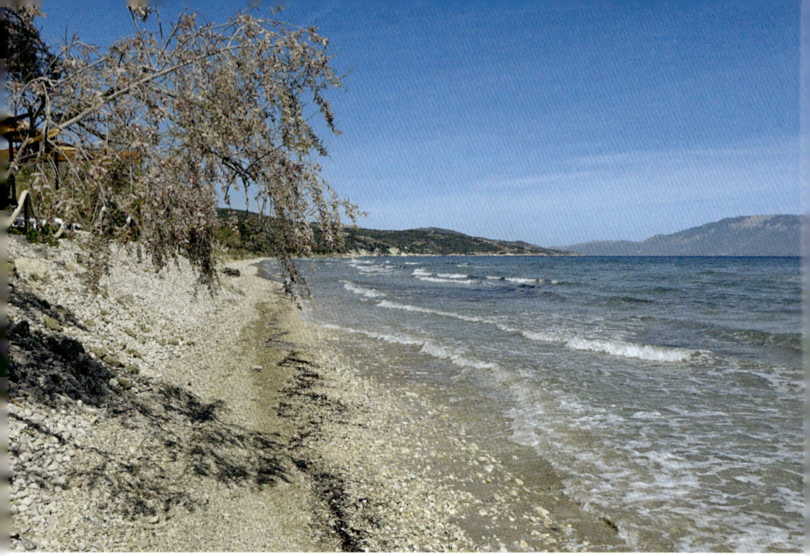

Der Lithari-Strand.

Klopft man an die Tür des **Klosters Johannes der Täufer** ❶, so wird diese in der Regel geöffnet und die Anlage kann besichtigt werden. Dann beginnt unsere eigentliche Tour auf einem schmalen Pfad rechts vom Kloster (mit Blick auf das Kloster gesehen) zu einer kreisförmigen Ruine, entlang der Begrenzungsmauer des Klosters und zu einer dahinter liegenden Piste – deren Verlauf wir lange bergauf folgen.

Auf einer Hochebene angekommen folgen wir an der **Weggabelung** ❷ der links weiterführenden Schotterpiste. Die nach links führende Nebenstraße zu Feldern ignorieren wir. Nachdem wir den höchsten Punkt der Wanderung überschritten haben, blicken wir weit über das südliche Zakynthos bis zum felsigen Gipfel des 492 m hohen Skopos. Abzweigende Wege ignorieren wir zunächst, aber auch nach mehreren lang gezogenen Kurven und einer engen Rechtskurve biegen wir oberhalb des Olivenhains nicht links ab. Erst bei der sofort darauf folgenden Weggabelung marschieren wir links weiter.

Auf der nun betonierten Piste ignorieren wir hinter der Kirche von **Katastari** die abzweigenden Straßen und marschieren bei der Weggabelung vor einer Ruine halb links. An zahlreichen Häusern vorbei führt die Straße hinunter zu einem Stoppschild an der **Verbindungsstraße** ❸. Wir gehen rechts entlang der Straße und zweigen halb links bei der Norfolktanne in eine hier beginnende Straße ab. Bei der nächsten Gabelung, vor einer einzeln stehenden Garage, orientieren wir uns am Verlauf der Straße nach links.

Es folgen zahlreiche Wegverzweigungen: Bei der Säulenzypresse rechts, bei einer weiteren Gabelung halb links, an einem zitronengelb angemalten Haus vorbei und nun immer auf dem Hauptweg bis zu einem weiteren Stoppschild. Hier gehen wir nach links, an Tavernen vorbei, und bei der nächsten Möglichkeit rechts entlang der Lagune von Alikanas, über die Straße und einen Parkplatz bis zum **Alykés-Strand** ❹. In nordwestlicher Richtung marschieren wir am anfangs noch breiten und dann zunehmend schmaler werdenden Strand entlang.

Schließlich geht der Alykés-Strand in den **Lithari-Strand** ❺ über. Wir sind nun insgesamt knapp 9 km gelaufen. Nach einem längeren Wegstück mit unverbautem Ufer sehen wir in ca. 200 m Entfernung ein einzeln stehendes Haus. Dort verlassen wir den Strand auf einer beginnenden Piste, passieren eine Ruine und erreichen bald eine breite querende Piste. Deren Verlauf folgen wir nach rechts, verlassen sie aber bereits unmittelbar hinter der Linkskurve nach scharf links. Dort, wo sie endet, gehen wir auf der querenden Asphaltstraße rechts und bei der nächsten Möglichkeit nochmals rechts, auf die Verbindungsstraße. Nach einem kurzen Stück auf dieser biegen wir links in die Stichstraße zurück zum **Kloster Johannes der Täufer** ❶ ab.

Am höchsten Punkt schweift der Blick bis nach Kefalonia.

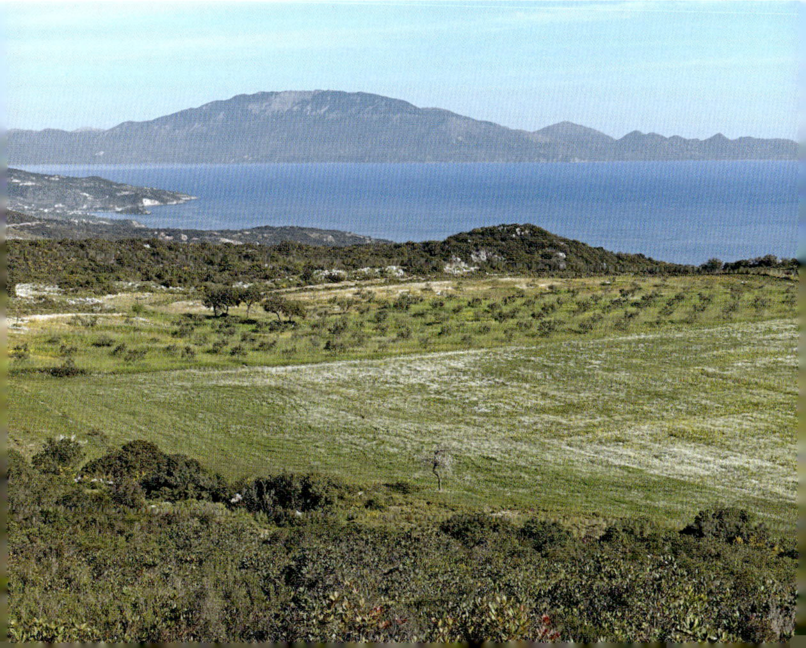

↗ 180 m | ↘ 180 m | 4.9 km

47 Skoulikado

1.30 h

Natur und Naturkundemuseum am Weg

Die Rundwanderung beginnt in Skoulikado an der Kirche Anafonitria, deren Baubeginn Mitte des 18. Jahrhunderts war. Mitte des 19. Jahrhunderts wurde sie dann endgültig fertiggestellt. Beschädigungen durch das Erdbeben von 1953 und fehlgeschlagene Reparaturarbeiten erfordern dringend notwendige Sanierungsarbeiten – wie an den Rissen, Löchern im Dach und Stützgerüsten zu sehen ist. Das Geld für die Erhaltung dieses historischen Denkmals wurde im Sommer 2022 bereitgestellt. Im Weiteren tauchen wir in die Welt der knorrigen Olivenbäume ein, die die Landschaft von Zakynthos prägen. Danach folgt ein aussichtsreicher Höhenweg: Im Norden ist die Insel Kefalonia mit dem 1628 m hohen Berg Aenos zu sehen, südwestlich die fruchtbare Hochebene von Zakynthos und im Osten der felsige Gipfel des Berges Skopos. Bei Km 3,4 der Tour öffnet das Naturkundemuseum von Zakynthos seine Türen und präsentiert über 3000 naturhistorische Exponate – eine der schönsten Sammlungen in Griechenlands, heißt es.

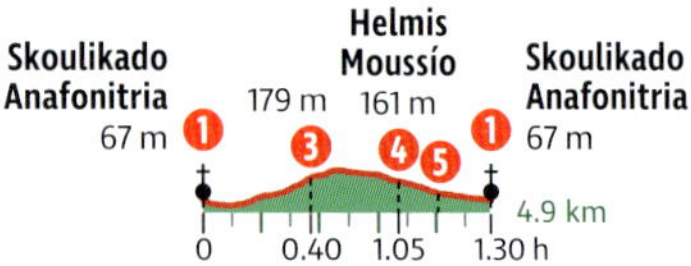

Ausgangspunkt: Dorfkirche Panagia Anafonitria in Skoulikado, 67 m (37.800017 20.782017), im Zentrum der Insel, 12 km von Zakynthos-Stadt. Der Turm der Kirche ist schon von Weitem auszumachen. Parkplätze gibt es in den engen Gassen nur wenige, bei der Kirche findet sich aber meistens ein Platz.

Anforderungen: Leichter Spaziergang mit nicht allzu vielen Höhenmetern. Art des Weges: 40 % Piste und 60 % Straße.
Einkehr: Keine.
Hinweis: Öffnungszeiten des Naturkundemuseums Helmis im Dorf Agia Marina: Anfang April bis Ende Oktober, täglich von 9.00 bis 17.00 Uhr.

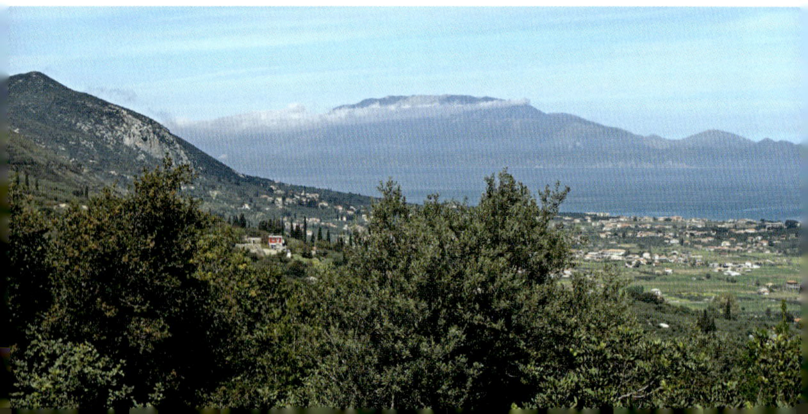

Vom Glockenturm der **Kirche Panagia Anafonitria** 1 in **Skoulikado** wandern wir in nordwestliche Richtung entlang der bergab führenden asphaltierten Straße.
Noch vor einem Brunnen (den sieht man erst, wenn man unmittelbar davor steht) und auch einer Kapelle zweigen wir links in eine **Straße** 2 ab. Rechts und links abführende Feldwege ignorieren wir und bleiben immer auf dem Hauptweg. Nach einem kurzen Stück auf einer Schotterpiste folgen wir dem Verlauf der betonierten Rechtskurve und passieren ein kleines Steinhaus. Bald haben wir den Olivenhain hinter uns gelassen und die Macchia erreicht. An der nächsten **Weggabelung** 3 nehmen wir den linken Arm. Es geht nur noch einige Meter bergauf, dann folgt ein aussichtsreicher Höhenweg, der gemächlich bergab bis zu einer Straße im Ort Agia Marina führt. Hier gehen wir links, lassen die Kirche links liegen und erreichen bald danach das **Naturkundemuseum Helmis** 4.
Weiter geht es kurz in die zuvor eingeschlagene Wegrichtung. Hinter einer neu erbauten Villa auf der rechten Straßenseite zweigen wir dann links in die Straße ab, in der sich auf der linken Seite eine Ruine befindet. Wieder in einem Olivenhain angekommen, biegen wir an der nachfolgenden Gabelung auf die Straße halb rechts ab und bleiben auf dieser, bis sie in der Siedlung **Drakas** endet 5.
Hier halten wir uns links und an der Kirche abermals links. Es geht an einem Friedhof vorbei und nach einem längeren Wegstück erreichen wir wieder unseren **Ausgangspunkt** 1.

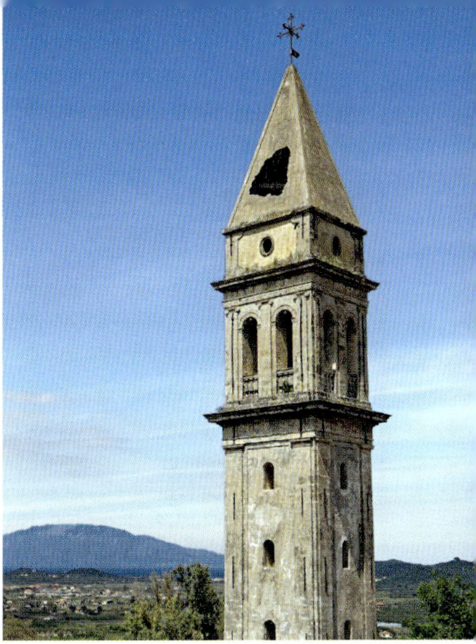

Der Glockenturm der Kirche Panagia Anafonitria.

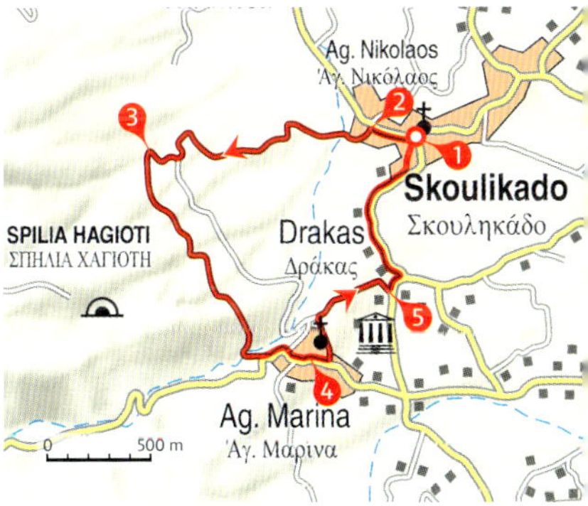

Vom Höhenweg schweift der Blick bis nach Kefalonia.

↗ 130 m | ↘ 130 m | 5.7 km

48 Weingut und Museum Callinico

1.45 h

Erkundungswanderung beim Dorf Kalipado

Starke Niederschlagsmengen in den Wintermonaten und viel Sonnenlicht während des restlichen Jahres begünstigen in der Region westlich von Zakynthos-Stadt die üppige Vegetation und reichhaltige landwirtschaftliche Produktion. Das Zentrum der Agrikultur befindet sich in einem Talkessel nordwestlich von Zakynthos-Stadt. Die Tour durch dieses Anbaugebiet von Oliven, Zitrusfrüchten und Weintrauben beginnt beim Museum und Weingut Callinico. Die Venezianer brachten während ihrer Herrschaft den Weinbau auf die Ionischen Inseln, seit 1630 wird Wein auf Zakynthos produziert, auf dem Anwesen von Callinico seit 1918. Sehr informativ ist dort das kleine Museum, inklusive Gelegenheit für eine Weinprobe – auch ohne Voranmeldung. Weiter geht es dann zu einer Kirche mit einem schönen Aussichtspunkt über dem fruchtbaren Talkessel. Eine weitere Sehenswürdigkeit sind die Ruinen des 1926 im spätgotisch-barocken Stil erbauten Herrenhauses von Abeloravdi, allerdings verbietet ein Schild das Betreten des Grundstücks.

Ausgangspunkt: Weingut Callinico, 17 m (37.796550 20.838300), 7 km nordwestlich von Zakynthos-Stadt. An der Durchgangsstraße von Zakynthos-Stadt nach Kato Gerakari befindet sich links der Wegweiser zum Weingut; Parkplätze vor dem Haupthaus und Museum.

Anforderungen: Leichter Spaziergang. Art des Weges: 20 % Piste und 80 % Straße.
Einkehr: Keine.
Tipp: Venezianischer Wachturm (37.821042 20.867108) an der Küste bei Tsilivi.

Den Parkplatz des **Weinguts Callinico** ❶ verlassen wir in südöstliche Richtung – parallel zur Durchgangsstraße nach Zakynthos – auf der beginnenden Piste. Bereits bei der ersten Möglichkeit biegen wir mit unserer Piste nach rechts ab, es geht nun entlang einiger Weinstöcke des Gutes weiter.

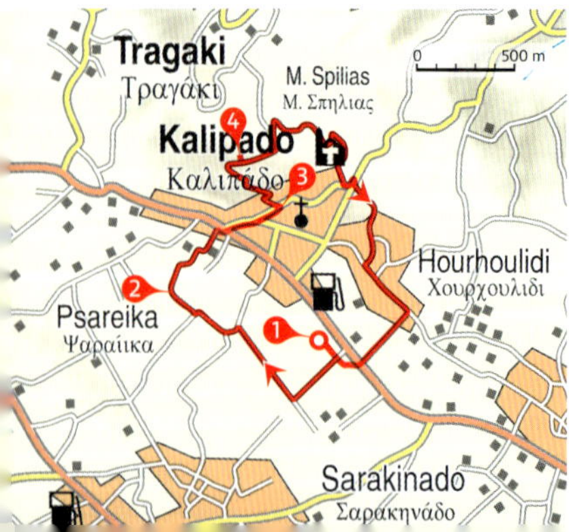

Hinter Schilfgras zweigen wir rechts auf die querende Piste ab und gehen bis zu deren Ende. Hier spazieren wir nach links, folgen dem Verlauf der Straße durch eine Rechts- und eine Linkskurve, 50 m danach verlassen wir die Straße auf einen für Fahrzeuge gesperrten Weg. Wir laufen durch ein Meer von Rebstöcken.

Auf Höhe einer **Hütte** ❷ gehen wir dann rechts, ein Metallblech dient hier als Brücke über einen Graben; danach beginnt eine Piste. Im

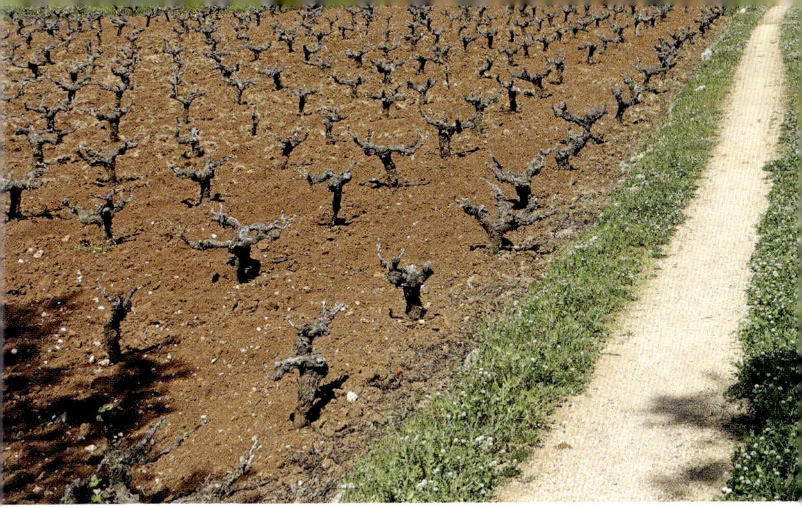

Weinstöcke und nochmals Weinstöcke.

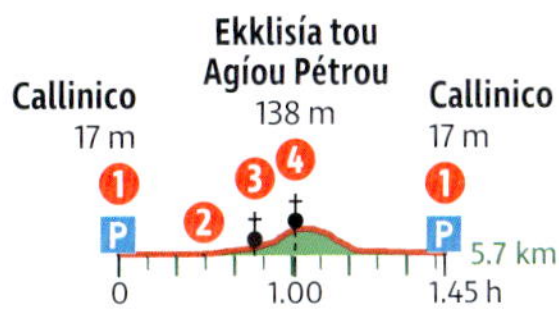

Zickzack gelangen wir zur Durchgangsstraße, die wir zur halb rechts weiterführenden Straße hin überqueren. An der nächsten Straßengabelung wandern wir geradeaus weiter bis zur unspektakulären **Kirche der Verklärung des Erlösers** 3.
Von der Kirche gehen wir einige Meter zurück und an der westlichen Einfriedungsmauer rechts auf die Piste, unmittelbar an einer Ruine vorbei. Der kurvenreiche Aufstieg endet bei der **Kirche St. Peter** 4. Treppen führen auf den brüchig aussehenden Glockenturm mit wunderschöner Aussicht über eines der fruchtbarsten Täler von Zakynthos. Auf der weiterführenden Piste gehen wir an der nächsten Weggabelung halb rechts und kontinuierlich weiter bis zum Stoppschild an der Hauptstraße.
Die Hauptstraße überqueren wir nach halb links und folgen dem Verlauf der Straße bis zu einem weiteren Stoppschild. Auch hier überqueren wir die Straße und wandern beim gegenüberliegenden Friedhof entlang der soeben überquerten Straße ca. 350 m weit nach links, um dann rechts in die Straße einzubiegen, die an der Durchgangsstraße von Zakynthos-Stadt nach Kato Gerakari endet. Auch diese kreuzen wir und gehen halb rechts über das brachliegende Feld, bis wir auf den bekannten Hinweg stoßen und auf diesem weiter Richtung Ausgangspunkt gehen. Ist das Feld an der Durchgangsstraße bestellt, so gehen wir rechts entlang der Straße bis zum **Weingut Callinico** 1, das schon bald auf der linken Seite zu sehen ist.

↗ 200 m | ↘ 200 m | 5.0 km

49 Die Venezianische Burg von Bochali

1.45 h

Die Stadt Zakynthos von oben gesehen

Durch das Gewirr aus Gassen steigen wir von der Hauptstadt der Insel Zakynthos nach Bochali auf. Das ist ein hübsches, versteckt liegendes Dorf auf einem Hügel, mit Gassen, bunten Häusern und zahlreichen schattigen Innenhöfen, schön gestaltet mit vielen Blumen. Bei Bochali befinden sich auch die Überreste einer venezianischen Festung, die tagsüber besichtigt werden kann. Von der Burg und auch vom Hauptplatz von Bochali – mit einer schönen Taverne – ergeben sich atemberaubende Blicke auf die vorgelagerte Bucht, Zakynthos-Stadt mit Hafen und die Halbinsel Skopos. Ein romantisches Abendessen unter Sternen mit der beleuchteten Stadt zu Füßen ist ein besonderes Erlebnis. Leider lassen sich die Besichtigung der Burg und die Aussicht auf die Lichter der Stadt nicht kombinieren, so macht man am besten die Tour tagsüber und reserviert dabei einen Tisch in der Taverne, um zum Abendessen auf nun bekannten Wegen zurückzukehren.

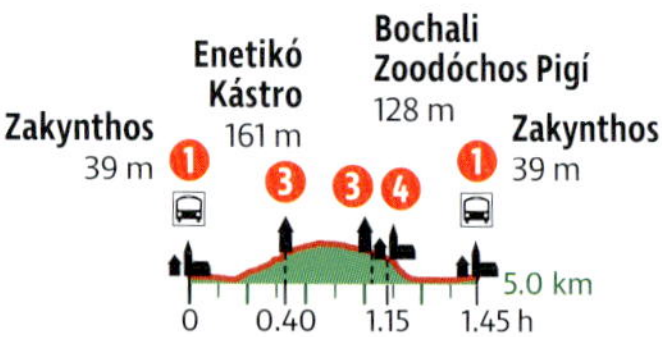

Auf Höhe des Amphitheaters in Zakynthos.

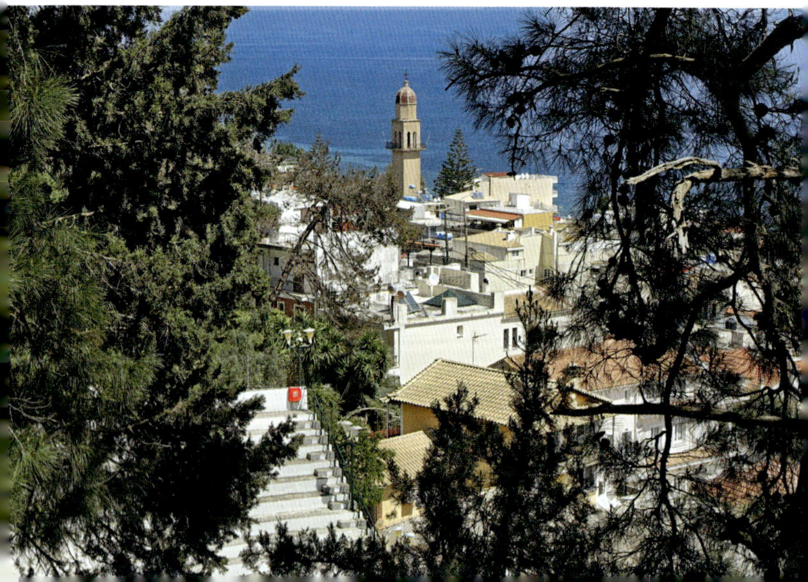

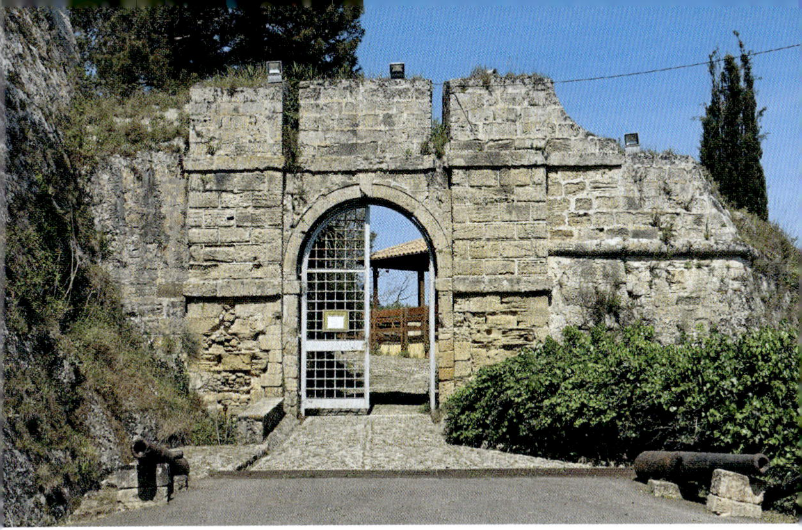

Das Tor zur Venezianischen Burg.

Ausgangspunkt: Am zentralen Busbahnhof am westlichen Rand von Zakynthos-Stadt, 39 m (37.781850 20.893100). Parkplätze gibt es in der Zufahrtsstraße oder direkt am Busterminal. – Öffentliche Verkehrsmittel: Bus von Zakynthos-Stadt.
Anforderungen: Leichter Stadtspaziergang, aber für die Wegfindung durch die zahlreichen Gassen benötigt man einen guten Orientierungssinn. Art des Weges: 20 % Pfad und 80 % Straße.
Einkehr: Taverne bei Km 3,1.
Hinweis: Öffnungszeiten der Venezianischen Burg: 8.30–15.30 Uhr (außer sonntags und dienstags).

Wir beginnen die Rundwanderung beim **zentralen Busbahnhof** ❶ in **Zakynthos**, indem wir entlang der Zufahrtsstraße in nördliche Richtung wandern. Kurz vor der ersten Linkskurve verlassen wir die Fahrstraße nach rechts über den Treppenabstieg. Am unteren Ende geht es links weiter durch die Gasse, bei der nächsten Möglichkeit rechts und dann sofort wieder nach links in die Straße.
Den nachfolgenden Platz und die Straße überqueren wir und halten uns weiterhin in nördlicher Richtung. Rechts am Wegesrand befindet sich das gelbe Gebäude einer Schule. Eine weitere Gasse bringt uns bis zu einem Stoppschild bei einer kleinen **Kreuzung** ❷. Ab hier geht es nun links durch eine kurvenreiche Straße mit prachtvollen und besonders schön gelegenen Villen, vorbei an einem Olivenhain und weiter unter Schatten spendenden Kiefern.
Am Ende der Straße führt links der Weg durch den **Haupteingang** ❸ der **Venezianischen Burg** *(Enetikó Kástro)* zur Kasse. Zahlreiche Informations-

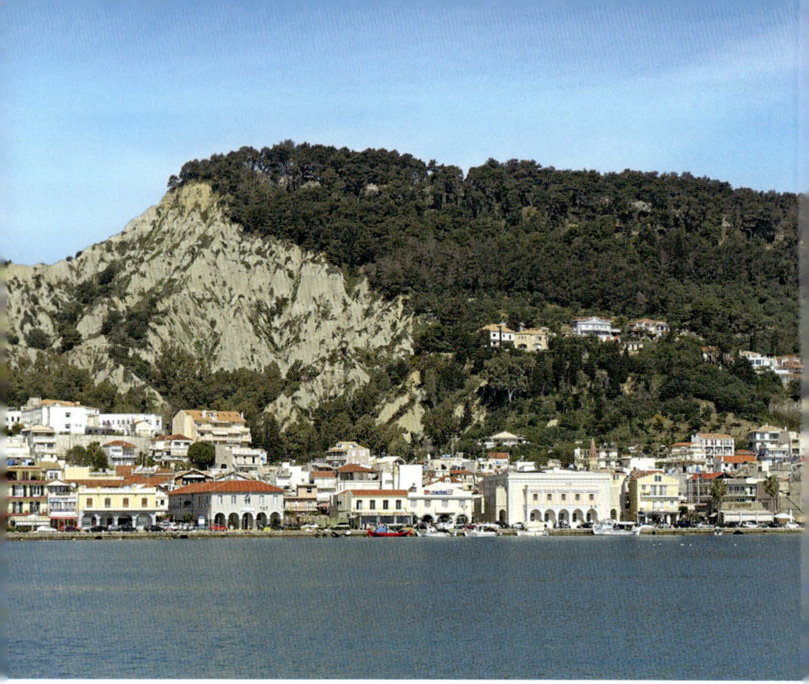

Foto oben: Zakynthos-Stadt, die Venezianische Burg und das versteckt liegende Dorf Bochali. – Rechts: Die Kirche Zoodóchos Pigí.

tafeln auf dem Gelände zeigen, wo einst die Gebäude standen, teilweise sind noch Ruinen vorhanden. Gehen wir hinter dem dritten Eingangstor gleich links an der Befestigungsmauer entlang, so gelangen wir zur gut erhaltenen Bastion Grimani, dem wohl besten Aussichtspunkt auf die Stadt Zakynthos. Ein schöner Weg führt vorbei am ehemaligen Waffenlager, einem Gefängnis, den Ruinen von Wohnhäusern und einer Kirche, der Unterkunft des britischen Führungskommandos, am südlichen Eingangstor bis zur Stellung des deutschen Führungskommandos. Diese Strecke verläuft immer parallel zur südlichen Befestigungsmauer der Burg.
Dann geht es einige Meter auf dem Hinweg zurück, auf Höhe des südlichen Eingangstors nun aber nach links und im Weiteren an der westlichen Befestigungsmauer Richtung Haupteingang. Zuvor liegen am Weg ein weiteres Waffenlager aus der venezianischen Zeit, das ehemalige Fußballfeld aus der britischen Besatzungszeit von 1809 bis 1864, eine Zisterne und die Ruinen der Kirche Agios Ioannis Theologos. Wieder am Haupteingang der **Venezianischen Burg** 3 vorbei, gelangen wir über einen Pflastersteinweg

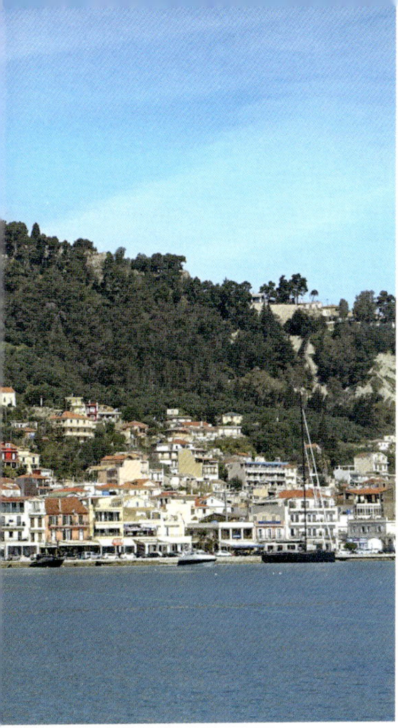

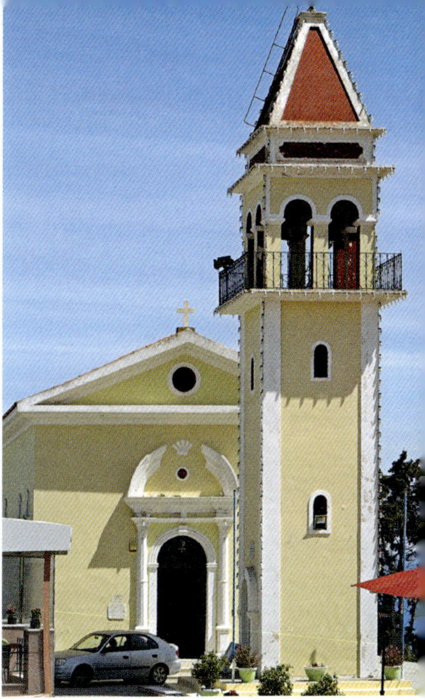

zu einem Platz mit Tavernen und gigantischer Aussicht auf Zakynthos-Stadt. Ca. 30 m hinter der **Kirche Zoodóchos Pigí** ❹ – übrigens mit schonen byzantinischen Ikonen – beginnt nach rechts ein Pfad.

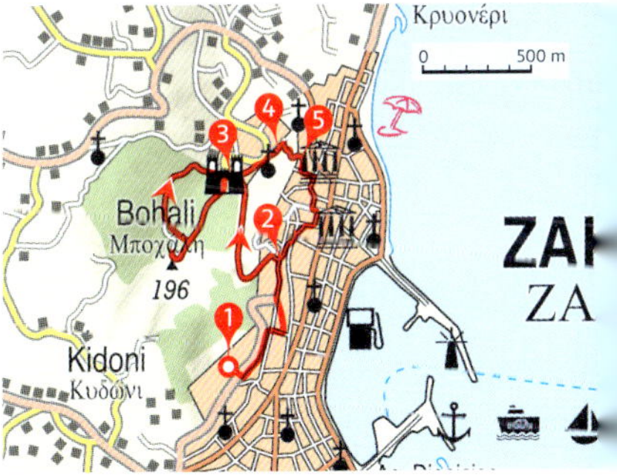

Steil geht es im Zickzack bergab, das **Amphitheater** ❺ von Zakynthos ist gelegentlich durch den lichten Wald zu sehen. An der Gabelung vor einem Zaun halten wir uns rechts. Wo die anschließende Straße endet, orientieren wir uns links, und hinter der Schule geht es nach rechts. Bei dem nachfolgenden Obelisken biegen wir halb links in eine weitere Straße ein; an deren Ende rechts und an der Weggabelung mit dem Brunnen halb links gehend, erreichen wir wieder die **Kreuzung** ❷ und spazieren nun auf dem bekannten Hinweg zurück bis zum **Busbahnhof** ❶.

TOP

50 Die Inselhauptstadt Zakynthos

↗ 40 m | ↘ 40 m | 4.0 km

1.30 h

Feuerwerk der besonderen Sehenswürdigkeiten

Die pulsierende und moderne Stadt Zakynthos fasziniert die Besucher mit ihren historischen Bauten, interessanten Museen, einladenden Restaurants, einer repräsentativen Einkaufsstraße und der großzügigen Uferpromenade mit Cafés, Jachten und Fischern, die ihren Fang verkaufen. Trotz der verheerenden Schäden nach dem Erdbeben von 1953 hat die vom venezianischen Einfluss geprägte Architektur der Stadt immer noch etwas vom Glanz der Vergangenheit. Auf diesem hier beschriebenen Stadtabenteuer werden die Top-Sehenswürdigkeiten der Inselhauptstadt erkundet.

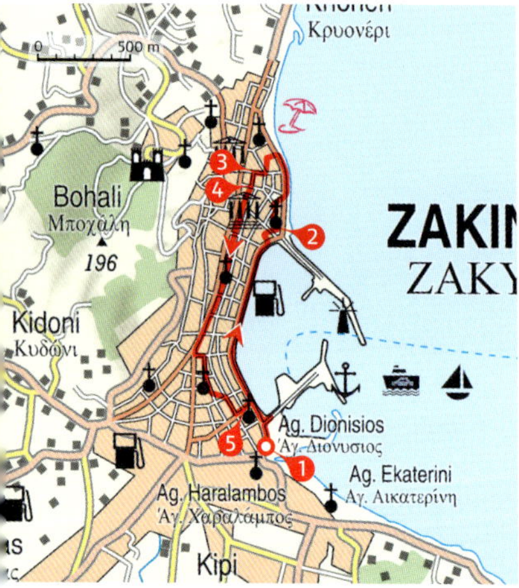

Ausgangspunkt: Parkplatz, 15 m (37.776100 20.899833), südlich der Hafenmole in Zakynthos-Stadt. – Öffentliche Verkehrsmittel: Zahlreiche Busverbindungen nach Zakynthos-Stadt.
Anforderungen: Leichter Stadtspaziergang. Art des Weges: 50 % Straße und 50 % Gehweg.
Einkehr: Sehr viele Tavernen am Weg.
Tipp: 1. Abseits vom Trubel in einer Seitengasse befindet sich die Taverne »o Zochios« (37.786617 20.898371). Um dorthin zu gelangen, verlässt man hinter der Alphabank in der Einkaufsstraße die dritte Stichstraße – Richtung Meer – und sieht dann rechts das familiengeführte Restaurant, wo man seine Eindrücke bei einem leckeren Essen sacken lassen kann.
2. Sehenswert ist die Villa Alexander Roma Mansion (37.789652 20.900269).

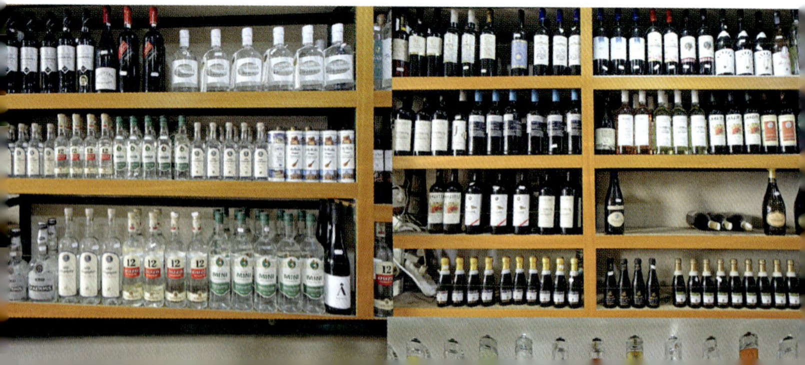

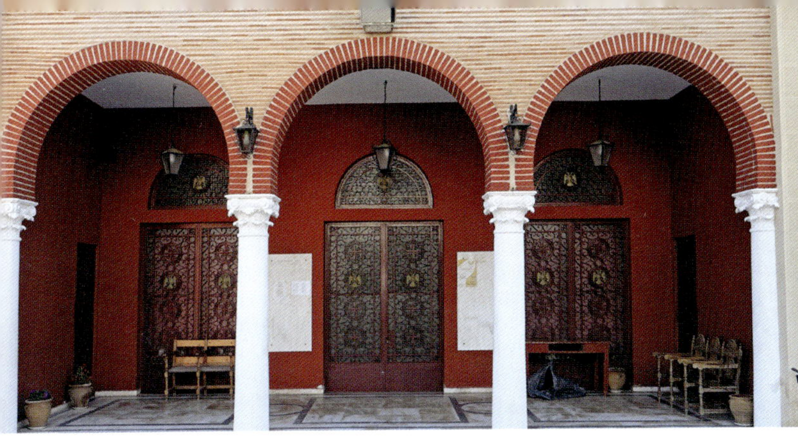

Die Kirche des griechisch-orthodoxen Metropoliten Chrysostomos.

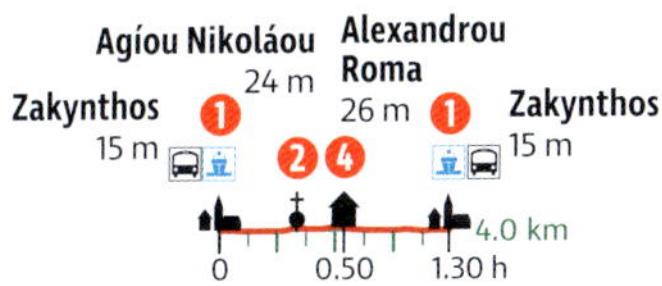

Den **Parkplatz** ❶ verlassen wir in nördlicher Richtung, queren die Zufahrtsstraße zum Hafengelände und folgen dem großzügigen Fußgängerweg an der Uferpromenade. In den frühen Morgenstunden verkaufen am Pier Fischer ihren Fang. Auch stehen große Jachten im Hafenbecken.

Auf der rechten Seite des kulturellen Zentrums von Zakynthos-Stadt – des Solomou-Platzes – befinden sich die 1560 erbaute einschiffige Kirche **Agiou Nikolaou** ❷ und das Kulturzentrum mit einer öffentlichen Bibliothek, die über 55.000 Bände umfasst. In der Mitte dominiert die Büste des Dichters Dionysios Solomos den Platz. Das repräsentative **Byzantinische Museum** zeigt einzigartige Schätze, z.B. vergoldete Skulpturen, heilige Ikonen der byzantinischen Epoche, wertvolle Fresken und holzgeschnitzte Kunstwerke. Auch gibt es eine Fotoausstellung über die Stadt Zakynthos vor dem großen Erdbeben.

An der rechten Seite des Museums gehen wir ein kurzes Stück in die Fußgängerzone, biegen dann aber rechts in den Fußgängerweg mit den Palmen und spazieren durch die Einbahnstraße bis zur Uferpromenade vor. Dort links gelangen wir zu einem weiteren Parkplatz. Wir queren ein weiteres Mal die Hauptstraße, gehen in die Einbahnstraße, biegen bei der nächsten Möglichkeit links ab und erreichen die griechisch-orthodoxe Kirche Unsere Liebe Frau von den Engeln. Sie wurde 1687 geweiht, heute ist sie ein Denkmal der nachbyzantinischen Kirchenkunst.

Schaufenster in der Einkaufsstraße Alexandrou Roma.

Weiter geht es bis zur nächsten Kreuzung, wo sich geradeaus eine Einbahnstraße fortsetzt; wir gehen rechts zum Hauptportal der **Kirche des Metropoliten Chrysostomos** ❸. Hier biegen wir links in die Fußgängerzone und gelangen zum Markusplatz mit dem gleichnamigen, einzigen katholischen Gotteshaus der Stadt. Die Kirche und ihr Kampanile wurden 1747 auf den Ruinen einer älteren Kirche errichtet. Links daneben befindet sich das Museum von Solomos und Kalvos. Es ist dem Dichter Dionysios Solomos gewidmet, der als Vater der modernen griechischen Dichtung gilt. Gezeigt werden Reliquien des Dichters sowie Porträts von Persönlichkeiten der Insel mit ihren Wappen, Keramiken, Kleidungsstücken und Musikinstrumenten.
Hinter der Alphabank beginnt links die **Einkaufsstraße Alexandrou Roma** ❹. Auf ihr schlendern wir entlang baumgroßer Fici und je nach Jahreszeit schön blühender Bougainvilleen bis zu einem Springbrunnen an einer großen Kreuzung. Hier links durch den Laubengang und bei der nächsten Möglichkeit sofort wieder rechts in die Einbahnstraße. So erreichen wir die **Panagia Faneromeni**, wohl eine der schönsten, wenn nicht die schönste Kirche der Stadt. Ihr Bau begann im 15. Jh., die reiche Außendekoration wurde 1644 während der venezianischen Herrschaft fertiggestellt. Während des schweren Erdbebens wurde sie vollständig zerstört, nur der Glockenturm blieb stehen. Die Kirche wurde dann mit den gleichen Baumaterialien in ursprünglicher Form wieder aufgebaut.

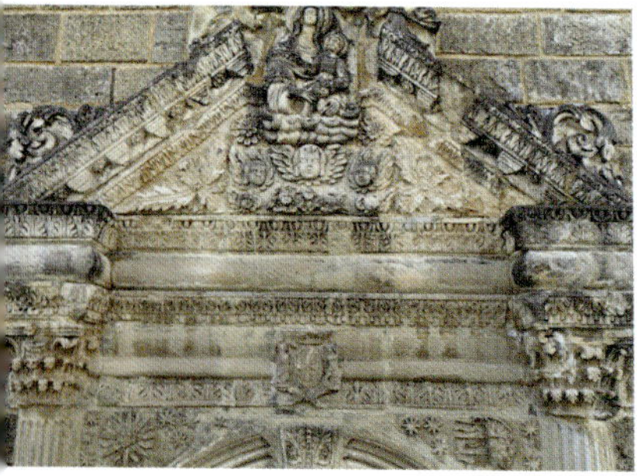

Griechisch-orthodoxe Kirche Unserer Lieben Frau von den Engeln.

Hinter der Panagia Faneromeni wandern wir nach rechts, dann sofort wieder links und bei der nächsten Möglichkeit rechts direkt auf die **Kirche Agios Dionysios** ❺ zu. Der in ganz Griechenland verehrte Heilige Agios Dionysios, Schutzpatron der Insel Zakynthos, wurde im Jahr 1547 auf Zakynthos geboren und 1577 zum Bischof ernannt; er starb 1624 und wurde 1703 heiliggesprochen. Die Kirche wurde in den Jahren 1925–1948 auf den Ruinen eines älteren Gotteshauses erbaut. Sie ist die größte Kirche auf Zakynthos, und der mächtige Kirchenturm überragt alle Gebäude der Stadt. 2000 wurde direkt neben der Kirche das Ekklesiastische Museum eröffnet, um die historischen Erinnerungen und religiösen Traditionen des griechisch-orthodoxen Glaubens zu bewahren.
Zuletzt geht es zurück ans Ufer und entlang der Bucht zum **Parkplatz** ❶.

Foto oben: Kirche Ag. Nikolaou am Solomou-Platz.
Rechts: Kirche des Schutzpatrons der Stadt, Agios Dionysios.

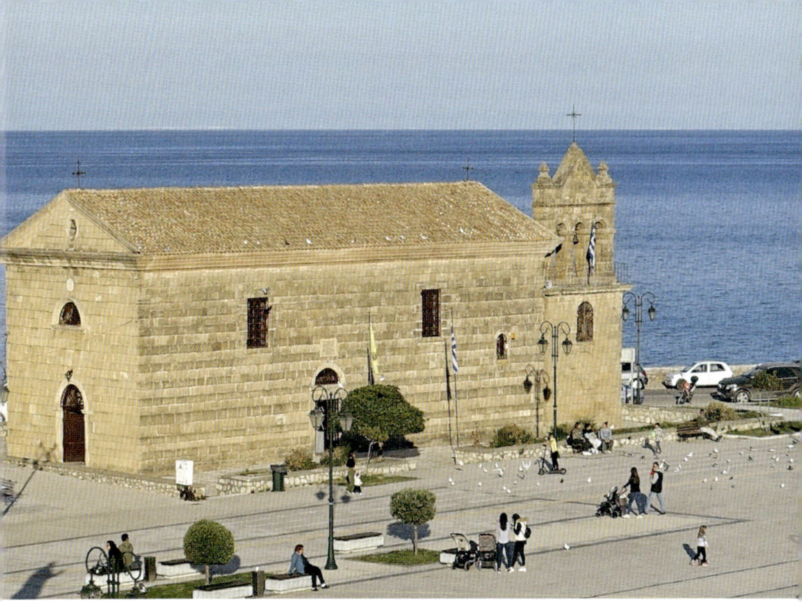

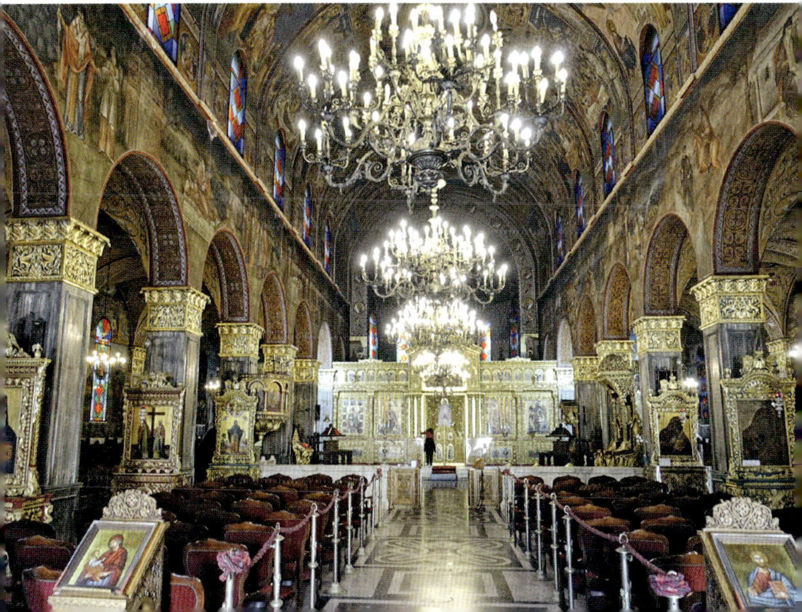

STICHWORTVERZEICHNIS

Umschlagbild: Die sogenannten Mizithresfelsen an der südwestlichen Küste von Zakynthos (Tour 37).

Bild im Innentitel: Der feinsandige Lefka-Strand (Tour 15).

Bild auf den Seiten 36/37: Blick vom Gipfel des Skopos auf Zakynthos-Stadt (Tour 34).

Alle Fotos vom Autor.

Kartografie:
50 Wanderkärtchen im Maßstab 1:50.000
sowie 2 Übersichtskarten im Maßstab 1:700.000 und 1:1.000.000

Werk-Nr.: 4626

1. Auflage 2024

ISBN 978-3-7633-4626-4

FSC www.fsc.org
MIX
Papier | Fördert gute Waldnutzung
FSC® C147178

Wir freuen uns über jeden Korrekturhinweis zu diesem Wanderführer!
Bitte per E-Mail an: leserzuschrift@rother.de

ROTHER BERGVERLAG · Keltenring 17 · D-82041 Oberhaching
Tel. +49 89 608669-0 · www.rother.de